Paincakes und andere Kuriositäten

Die Wanderjahre des Elyseo da Silva

Elyseo da Silva, Jahrgang 1976, richtete sein Leben seit Ende der Schullaufbahn auf ein einziges Ziel hin aus: das Schreiben.

Im Jahre 2016 veröffentlichte er seinen Debüt-Roman Mosaik der verlorenen Zeit. (www.mosaikderverlorenenzeit.de)

Vielfältige Lebenskonzepte ermöglichten ihm über Jahre hinweg, die Inspiration für das Schreiben auf Reisen zu suchen.

Mit *Paincakes und andere Kuriositäten – Die Wanderjahre des Elyseo da Silva* legt er nun eine Sammlung von persönlichen Reise-Abenteuern und -Anekdoten vor, die großteils auf seinem Blog *Elyseos Welt* zu finden waren.

Entstanden sind diese Aufzeichnungen zwischen 2010 und 2014.

Elyseo da Silva lebt und schreibt derzeit in Lissabon.

Paincakes und andere Kuriositäten

Die Wanderjahre des Elyseo da Silva

Die Namen der Menschen in diesem Buch wurden in einigen Fällen auf Wunsch geändert.

Bibliografische Information der Deutschen Nationalbibliothek:
Die Deutsche Nationalbibliothek verzeichnet diese Publikation in der Deutschen Nationalbibliografie; detaillierte bibliografische Daten sind im Internet über http://dnb.dnb.de abrufbar.

TWENTYSIX – Der Selfpublishing-Verlag
Eine Kooperation zwischen der Verlagsgruppe Random House und BoD – Books on Demand

© 2020 Elyseo da Silva

Herstellung und Verlag: BoD – Books on Demand, Norderstedt
Korrektorat: Anneliese Uhlich
Covergestaltung: Alf Streitberger
Buchsatz: Kia Kahawa

ISBN: 978-3-740765729

Für Jan Körber

Ohne Dich wäre ich nicht der Mensch,
der ich heute bin.

Inhalt

Vorwort

Liebe Leserin, lieber Leser!

Im vorliegenden Buch *Paincakes und andere Kuriositäten – Die Wanderjahre des Elyseo da Silva* habe ich für Dich meine Reiseberichte aus den Jahren 2010 bis 2014 gesammelt. Diese Texte erschienen ursprünglich auf meinem Blog *Elyseos Welt*, dessen Betrieb ich jedoch vor einigen Jahren eingestellt habe, um mich stärker auf die Arbeit an meinen Romanen konzentrieren zu können.

Für diese Neuveröffentlichung habe ich die ausgewählten Texte leicht angepasst, bisweilen ergänzt, bisweilen gekürzt. Wichtig war mir dabei jedoch, nicht zu tief einzugreifen. Ich wollte, dass die Geschichten weiterhin ein authentisches Zeugnis meiner Reisen darstellen und nicht durch meine rückwärtige Perspektive verfälscht werden. Zugleich war es mir ein Anliegen, den Menschen und Schriftsteller zu spiegeln, der ich zum Zeitpunkt der Entstehung war.

Das Buch ist in vier Abschnitte eingeteilt:

Den Beginn bilden die Erlebnisse auf meinem Camino de Santiago, dem Jakobsweg, im Jahre 2010.

Die folgenden drei Teile entstanden auf meinen Reisen nach Kanada; Indien; Georgien, Armenien und in den Iran. Jede einzelne dieser Reisen dauerte mindestens zwei Monate, die letzte sogar drei.

In den Jahren, in denen ich diese Reisen unternahm, arbeitete ich als freiberuflicher DaF-Lehrer in Köln und *kaufte* mich jährlich für mehrere Monate *frei,* um genügend Zeit und Inspiration für mein Schreiben zu finden.

Während ich in Kanada mit der Fertigstellung meines Debüt-Romans *Mosaik der verlorenen Zeit* beschäftigt war und dieser Abschnitt im vorliegenden Band folglich der kürzeste ist, merkte ich auf den Reisen nach Indien, Georgien, Armenien und in den Iran rasch, dass die Fremdartigkeit der dortigen Kulturen ein konzentriertes Arbeiten an meinem Folge-Roman nicht zuließ. Zu sehr beschäftigte mich, was ich erlebte.

Als Konsequenz daraus entstanden die Texte, die Du in den letzten beiden Sektionen lesen kannst.

Die Datumsangaben zu Beginn der späteren Texte beziehen sich auf das ursprüngliche Entstehungsdatum des jeweiligen Textes.

Um den Preis dieses Buches für Dich erschwinglich zu halten, habe ich keine Fotos in diesen Band mit aufgenommen. Dennoch möchte ich Dich keinesfalls um das Vergnügen bringen, eine Auswahl an Bildern zu sehen, die auf meinen Reisen entstanden sind.

Du findest sie online unter:
www.elyseodasilva.de/paincakes

Nun aber: Viel Spaß beim Lesen!

Elyseo da Silva,
Lissabon, 16. April 2020

Camino de Santiago 2010

Einige Worte zu meinem Camino vorweg

Von Juni 2009 bis August 2010 lebte ich gemeinsam mit meinem damaligen Partner in Spanien. Da wir kaum soziale Kontakte in unserer neuen Heimat hatten – wir wohnten in einem Städtchen am Meer, das über neun Monate des Jahres einer Geisterstadt glich –, war die Herausforderung, mit unserer geteilten Einsamkeit umzugehen. Letztlich scheiterten wir kolossal daran. Es war das Ende unserer Beziehung.

Ende April hatte ich mich dazu entschieden, auf den Jakobsweg zu gehen. Mein Ziel war es, unser festgefahrenes Leben wieder in Fluss zu bringen. Bereits zehn Jahre zuvor hatte ich auf dem Camino gelernt, dass es nichts Besseres gibt, als zu wandern, um einen Stillstand zu beenden. Nun, ich beendete ihn, wenngleich nicht im gewünschten Sinne.

Ubi caritas et amor, deus ibi est.

Allen Pilgern des Camino de Santiago dürfte ein Phänomen bekannt sein, das für Außenstehende schwer nachvollziehbar ist: Was uns Peregrinos selbstverständlich erscheint, all die Erlebnisse, die wir auf diesem Weg teilen, ist schwierig in Worte zu fassen. Also zumindest bleibt jenseits der oberflächlichen Beschreibung des *Geschehens* eine Ebene offen, die kaum vermittelbar ist.

Denn, was soll denn schon Besonderes dabei sein, ein paar Hundert Kilometer durchs Land zu laufen und dabei den ein oder anderen Menschen kennenzulernen? Wenn ich es so formuliere, sehe ich es selbst. Viele mag die Länge der Strecke abschrecken – aber davon einmal abgesehen?

Dennoch will ich mich daran versuchen, Euch einen Eindruck von meiner zweiten Pilgerreise nach Santiago de Compostela zu vermitteln.

Nachdem mein Freund und ich Mitte April eine Woche im schönen Asturias an der spanischen Nordküste verbracht hatten, setzte er mich am 23. April in Roncesvalles ab – und schon hier beginnt das Kommunikationsproblem. Auf dem Camino sind die am häufigsten gestellten Fragen folgende:

Wo kommst Du her?
Wo hast Du den Camino angefangen?
Wo bist Du heute losgelaufen?
Wo läufst Du heute hin?
Wie geht's Deinen Füßen?

Danach kommt dann möglicherweise die Frage nach dem Namen oder ähnlich persönlichen Dingen. Für den Fall, dass der eine oder andere über ein weniger gutes Namensgedächtnis verfügt, neigen die Pilger auch dazu, sich mit Nationalitäten anzusprechen: *Hey, Kanadier, wie geht's? Alles klar, Brasilianer?*

Schließlich, wer kann und will sich schon all diese Namen merken?

Ich selbst gab mir dabei diesmal allerdings Mühe, wusste ich doch aus Erfahrung, dass ich oftmals zu Beginn nicht sagen konnte, wer mir im Verlaufe des Weges wichtig werden sollte.

Nun aber zurück nach Roncesvalles. Jedem Pilger ist der Name dieses winzigen Pyrenäen-Dorfs nahe der französischen Grenze ein Begriff – je näher man Santiago kommt, desto mehr flößt dieser Name den später gestarteten Pilgern Respekt ein (für alle Franzosen und Frankokanadier hatte ich mir von Anfang an angewöhnt, den Namen des spanischen Dorfs wahlweise französisch auszusprechen, da die französischen Pilger, selbst wenn sie dort Station gemacht haben sollten, ansonsten nicht verstanden, wovon ich sprach: für die Franzosen also Rohnswoh – schön durch die Nase, versteht sich).

Und jedem Anfang

Nachdem ich mir im dortigen Pilgerbüro meine Credencial, den Pilgerpass und eine Jakobsmuschel für meinen Rucksack besorgt hatte, verbrachten mein Freund und ich unsere letzte gemeinsame Nacht im Zimmer einer kleinen Pension in Roncesvalles, wobei ich jedoch kaum ein Auge zutat – und das mit Sicherheit nicht, weil mir die Schnarcher in der riesigen Pilgerherberge fehlten, an die ich mich auch nach zehnjähriger Camino-Abstinenz nur allzu gut erinnern konnte. Nein, ich fühlte, dass es an der Zeit war, aufzubrechen, dass jede Faser meines Körpers nach Santiago strebte, auch wenn ich selbst noch im Bett lag und darauf wartete, dass die Minuten bis zum Morgengrauen verstrichen.

Endlich war es dann so weit. Um sechs Uhr sprang ich aus dem Bett, genoss noch einmal die heiße Dusche im Bad des Doppelzimmers und nach einem Kaffee hieß es dann Abschied nehmen – mein Freund fuhr mit dem Auto zurück nach Cambrils und ich machte mich per pedes auf die Reise.

Hingen am Tage unserer Ankunft noch düstere Regenwolken tief in den Berggipfeln der Pyrenäen, so lösten sich die morgendlichen Nebelschwaden am Tag meines Aufbruchs schnell auf und bald versüßte die Frühlingssonne mir den ersten Wandertag. Schon nach wenigen Kilometern kam ich mit zwei Jungs aus Hamburg ins Gespräch, Ljuba und Jan, mit denen ich einen Großteil der ersten drei Tage meiner Pilgerreise verbringen sollte. Das kam mir gelegen, denn einer meiner Hauptgründe für diesen Weg war ja eben der Wunsch gewesen, nach den Monaten der Einsamkeit und Isolation in der winterlichen Geisterstadt Cambrils endlich wieder einmal neue Menschen kennenzulernen.

Erneut bewies der Camino in kürzester Zeit seine erstaunliche Integrationskraft. Bereits am zweiten Tag, Ljuba, Jan und ich gelangten am frühen Nachmittag nach Pamplona, die erste größere Stadt auf dem Weg, hatte ich das Gefühl, mit ganzem Herzen ein Peregrino a Santiago zu sein, ein Pilger auf dem Weg nach Santiago de Compostela, ganz so, als wäre ich meinen Lebtag lang nichts anderes gewesen und als sei dies das einzig natürliche Ziel der Welt. Dabei lagen in diesem Moment gerade mal fünfzig der knapp achthundert Kilometer Wegstrecke hinter mir – und eigentlich war ich noch nichts weiter als ein Tourist. Das war mir in diesem Moment allerdings keineswegs klar. Wie so oft, sah ich erst im Nachhinein klarer.

In Pamplona stiegen wir in der *Casa Paderborn* ab, einer vom deutschen Verein der Freunde des Camino de Santiago betriebenen Albergue, die zu diesem Zeitpunkt von einem älteren deutschen Ehepaar, Ursula und Franz, betrieben wurde. Die beiden vermochten ihre Herkunft keineswegs zu verbergen und so wurden wir mit allerhand gutdeutschen Ratschlägen versorgt – mein persönlich liebster war der, meinen Geldbeutel ständig am Körper zu tragen, und zwar, von der Herbergsmutter explizit so erwähnt, auch beim Duschen und beim Schlafen. Also nicht etwa die Wertsachen unter dem Kopfkissen verstecken, denn auch dort seien sie keineswegs sicher. Schließlich gebe es auf dem Camino zahllose Diebe, die auf nichts anderes warteten, als mir mein Geld wegzunehmen.

Danke, liebe Ursula, für diesen Ratschlag, den ich getrost – und jetzt, aus der Perspektive des Zurückgekehrten kann ich sagen, zurecht – ignorierte.

Dennoch will ich nicht schlecht über die Casa Paderborn reden, denn die Aufnahme dort war zwar skurril, aber herzlich. Morgens um sechs wurden wir mit Air von Bach geweckt, einem meiner liebsten klassischen Stücke, das mir das Aufstehen erheblich versüßte. Noch dazu wurden wir mit einem reichhaltigen Frühstück verwöhnt – keineswegs das Standardprogramm in den Herbergen des Camino – das ließ mir meine Kreislaufprobleme gleich weniger beängstigend erscheinen.

Frisch gestärkt begannen wir also den Aufstieg zum Puerto del Perdón, einem Pass im Hinterland von Pamplona, der eine berauschende Aussicht auf die Umgebung und die Strecke der kommenden Tage bot. Den Frühling schien das Wetter in diesen Tagen übersprungen zu haben, denn aus dem kühlen April waren wir direkt in glühende Sommerhitze gestürzt – über dreißig Grad machten das Erklimmen dieses Berges anstrengender als gedacht, auch wenn ich mich bereits wenige Tage später nach solchen Temperaturen zurücksehnen sollte.

Dennoch fühlten sich diese ersten Tage meines Pilgerdaseins gut an – mit Ljuba verstand ich mich prächtig und fühlte mich gut aufgehoben – abends im Refugio bereiteten wir gemeinsam Abendessen zu und planten bereits die nächste Tagesetappe. Doch es sollte anders kommen.

Tags darauf wanderte ich allein los, da Jan bereits seit dem ersten Tag große Probleme mit seinen Füßen hatte – irgendwann im Laufe des Camino erhielt er den Beinamen *Mister Blister* – und verständlicherweise mäßig begeistert war, dass Ljuba mit mir durch die Lande zog, während er hinterherhinkte. In Puente la Reina, dem ersten Dorf dieses Tages, traf ich die beiden wieder. Sie unterbreiteten mir, dass sie an diesem Tag nur noch wenige Kilometer weiterlaufen würden. Also stand ich vor der Entscheidung, entweder allein weiterzugehen oder meinen Camino an Jans Füße anzupassen. Ich entschied mich dafür, alleine weiterzuwandern – eine Entscheidung, die ich in den nächsten Tagen noch oftmals in Frage stellen sollte.

Dieser erste Abschied auf dem Camino fiel mir schwer, obschon ich wusste, dass dieses Sich-Trennen-von-Menschen ein essenzieller Bestandteil des Weges ist – sich trennen im Vertrauen darauf, dass man sich wieder begegnet oder auch, dass es im Zweifelsfalle richtig ist, sich nicht wieder zu begegnen und andere Menschen kennenzulernen. In diesem Moment aber lag noch ein Weg von 700 Kilometern vor mir und die Behaglichkeit der Gesellschaft, das wusste ich, würde mir womöglich noch fehlen.

Es sollten mehrere Wochen vergehen, bis ich Ljuba und Jan wiedersah.

Arschengel

Der folgende Abschnitt des Camino war für mich der Schwierigste des ganzen Wegs. Es sollte beinahe eine Woche dauern, bis ich wieder in Gesellschaft geriet – und dies nicht, weil keine Menschen um mich gewesen wären – sondern beinahe ausschließlich Gruppen von Franzosen und Italienern, mit denen ich mich kaum verständigen konnte und die als Gruppe eben in ihren jeweiligen Landessprachen miteinander redeten – absolut nachvollziehbar, für mich aber denkbar ungünstig.

Die erste Albergue, die ich allein aufsuchte, war eine neue private Herberge im Geiste des Buddhismus – bereits das ungewöhnlich auf dem Camino – betrieben von dem Valenciano Miguel und seiner brasilianischen Frau Simone. Trotz des tollen Ambientes fühlte ich mich dort etwas verloren. Außer mir hatte es kaum Pilger dorthin verschlagen – die Herberge war so neu, dass sie in den gängigen Pilgerführern noch keine Erwähnung fand. Also verbrachte ich die Nacht zu zweit in einem Schlafsaal mit einem Spanier. Das hätte eine erholsame Nacht werden können. Hätte. Doch leider genügt auch ein Schnarcher, der die Ohrenstöpsel durchsägt, seinen Wecker auf fünf Uhr stellt und dann geräuschvoll Hab und Gut in Plastiktüten verpackt.

Hinzu kam, dass der Typ mir eher unsympathisch war – was vor allem an seiner rechthaberischen Art lag. Nein, ich hatte noch keine vierzig Kilometer am Tag hinter mich gebracht. Nein, ich war am Morgen nicht um fünf Uhr aufgebrochen. Nein, ich hatte das auch am nächsten Tag nicht vor. Und nein, es schreckte mich nicht, dass ich dann wohl in der Mittagshitze den Aufstieg nach Villamayor zu bewältigen hätte.

Seine Art, sich in meine Angelegenheiten einzumischen, machte mich regelrecht wütend und, obwohl kaum jemand sonst im Refugio war – nur zwei ältere Französinnen –, zog ich es vor, diesem Typen aus dem Weg zu gehen. Nichtsdestotrotz begann ich mir meine Gedanken zu machen, denn eines wusste ich über diesen Camino: Nichts geschieht umsonst. Weshalb also ging mir dieser Typ so auf die Nerven?

Mein Freund und ich hatten auf dem Weg nach Roncesvalles (Rohnswoh) im Auto ein Hörbuch gehört, in dem der Autor genau jenes Phänomen thematisiert hatte: Warum gibt es Menschen, über deren Verhalten wir uns über die Maßen aufregen, obwohl sie uns genauso gut egal sein könnten? Seine Antwort lautete: Diese Menschen sind uns als Engel geschickt – jedoch um uns zu nerven und uns auf diese Art eine Lektion zu übermitteln, als eine Art *Arschengel* sozusagen.

Für diesen Gedanken war ich, obwohl ich nicht an Engel glaube, dankbar und ich begann, die Funktion zu betrachten, die dieser erste einer ganzen Reihe von Arschengeln auf dem Weg für mich erfüllte. Was genau war es, was mir diesen Spanier so unsympathisch machte?

Schnell erkannte ich, dass es eine meiner persönlichen Eigenschaften war, die ich in ihm gespiegelt fand und die mich schier zum Wahnsinn trieb. Schließlich, und da musste ich ehrlich zu mir selbst sein, hatte nicht auch ich selbst Ljuba und Jan gegenüber immer wieder meine eigene Camino-Weisheit herausgekehrt? Jene Überlegenheit, die mir meine Camino-Erfahrung aus dem Jahr 2000 bescherte, die es mir erlaubte, Dinge als alter Hase zu beurteilen und meine Meinung dadurch mit doppeltem Gewicht in jede zur Verfügung stehende Waagschale zu werfen. Doch, das musste ich mir eingestehen, das hatte ich getan.

Der Blick in diesen Spiegel gefiel mir ganz und gar nicht. Ging mein Verhalten auf diesem Camino anderen Pilgern auf die Nerven? War ich zu dominant? Hatten meine Begleiter der vergangenen Tage überhaupt Lust gehabt, sich mit mir auseinanderzusetzen oder hatte ich mich ihnen womöglich aufgedrängt? War das der wahre Grund für ihr Zurückbleiben und ihre kurze Etappe?

Es sollte eine Weile dauern, bis ich eine für mich befriedigende Antwort auf diese Fragen fand. Zunächst aber verunsicherten sie mich, brachten mein ohnehin labiles Selbstbild ins Wanken – labil nach den schwierigen Monaten mit meinem Freund allein in Cambrils – und säten Zweifel. Ich lief in den folgenden Tagen allein, fühlte mich einsam, fand in den Herbergen keinen Anschluss an Franzosen und Italiener und stellte mir die Frage, ob dieser Camino tatsächlich das Richtige für mich war. Was wollte ich hier eigentlich?

In Viana, der letzten Stadt in Navarra, bevor ich tags darauf die rote Erde von La Rioja betreten sollte, suchte ich in der Albergue nach einem Buch, das womöglich ein anderer Pilger liegen gelassen hatte. Ich selbst hatte keinen Lesestoff dabei, da ich bei meiner ersten Pilgerreise mein Buch unangetastet wieder mit nach Hause gebracht hatte. Aber das hatte ich in diesen Tagen ebenfalls zu lernen: Dieser Camino war nicht mein Camino aus dem Jahr 2000! Vieles hatte sich verändert. Der Weg war überlaufener, aber auch kommerzieller geworden – das Schlimmste für mich aber war eine Sache, die eigentlich auf der Hand lag: All die wundervollen Menschen, die ich damals auf meinem Weg kennengelernt hatte, waren diesmal nicht da. Ich würde mich schon mit dem abfinden müssen, was ich hier und jetzt, im April des Jahres 2010 geboten bekam. Dagegen half keine noch so große Wehmut.

Ab Viana war also der „Medicus von Saragossa" von Noah Gordon mein Begleiter – und obwohl das Buch dick war, bereute ich nicht, es mit mir herumzutragen, bot es mir doch einen Schutzwall gegen allzu große Einsamkeit. Auch ignorierte ich die Kommentare der Besserpilger, die meinten, dieses Buch sei viel zu schwer, um es mitzunehmen. Nur neuerliche Arschengel – und eine Neuauflage der Kommentare zu meinem Pilgerstock, den ich bereits vor dem Camino in einer kleinen Ermita in Catalunya gefunden hatte, und der dem angriffslustigen Besserpilger auf dem Camino als zu dick und zu schwer erschien. Gegen welche Anfeindungen man sich als Pilger alles durchzusetzen hatte. Erst ab dem Augenblick, in dem ich mir eine mögliche Reaktion für den nächsten Stockkommentator zurechtlegte (du musst damit leben, meiner ist eben größer als deiner), sollte ich vor solchen Sprüchen meine Ruhe haben. Was im „normalen" Leben der Penisneid, ist auf dem Camino wohl der Stockneid.

Die erste Etappe in La Rioja war ein Albtraum. Eigentlich führte der Weg den ganzen Tag nur nach Logroño hinein und aus Logroño wieder hinaus – für einen Pilger gibt es allerdings kaum Zermürbenderes als Asphaltwüsten. Das ist sowohl extrem anstrengend für die Füße als auch, schlimmer noch, für die Seele. Hinzu kommt, dass wir Pilger in den Städten plötzlich zu exotischen

Randerscheinungen mutieren, wohingegen das Auftreten von Pilgerherden in den Dörfern des Camino gänzlich normal ist.

Der Ausmarsch aus Logroño war der Moment, in dem bei mir zum ersten Mal Tränen flossen. Ich war seit Tagen allein unterwegs, mir schmerzten die Füße und der Himmel, der an diesem Tag plötzlich die graue Tristesse der Stadt zu spiegeln beschlossen hatte, drückte auf meine Laune. *Let it be* singen und weinen – keine schlechte Kombination – und auch die Blicke der Passanten waren mir relativ gleichgültig. Dann rief ich meinen Freund an. Das erste Mal, dass ich mein Telefon bereits mittags einschaltete.

Besser wurde es an diesem Tag nicht mehr. Kaum hatte ich Logroño hinter mir gelassen und wollte in den Grünanlagen hinter der Stadt schon aufatmen, waren diese auch schon wieder vorbei und ein Martyrium am Rande der Autobahn begann. Dies zog sich bei schwülwarmem Wetter bis nach Navarette, dem Ort, dessen Refugio ich als Nachtquartier erwählte, allein weil ich nicht mehr die Kraft aufbringen konnte, weiterzulaufen. Die Herberge passte zum Tagesverlauf: die hässlichste Absteige, die mir bis dahin auf dem Camino untergekommen war, mit einladenden 80 Zentimeter-Matratzen, die mit Bettnässer-Gummischutz überzogen waren und so richtig zum Wohlbefinden beitrugen. Als besonderen Bonus bekam ich einen weiteren Arschengel serviert – wieder in Gestalt eines übergewichtigen Spaniers, der das Bett unter meinem belegte, es vorzog, sich trotz widerwärtiger Ausdünstungen nicht zu duschen, und nachts den Schlafsaal mit atemberaubenden Schnarchgeräuschen wachhielt. Mir blieb nichts anderes, als den Gestank dadurch zu lindern, dass ich die Nacht über durch meinen Schlafsack hindurch atmete. Ein Albtraum wäre mir in dieser Nacht willkommener gewesen als die reale Pilgergeruchshölle.

Am nächsten Tag begann es zu regnen. Nun, so ein kleiner Schauer wäre mit Sicherheit nicht weiter schlimm gewesen, nur zog sich dieser kleine Schauer mit Unterbrechungen beinahe drei Wochen hin. Binnen Stunden verwandelte sich die rote Erde von La Rioja in eine schmatzende Schlammtrasse. Nach der schlaflosen Nacht mit all ihren aggressiven Schwingungen wurde der strömende Regen der Morgenstunden zu einer echten Belastungsprobe für meinen Pilgerwillen. Erst als ich auf dem Weg ein Gespräch mit Sunnyboy Igor begann, trotz russischen Namens Italiener, begann sich meine Laune wieder zu heben – und als wir dann in der Herberge in Azofra einliefen und feststellten, dass wir dort in einem Doppelzimmer (!) übernachten durften, war ich beinahe wieder mit der Welt versöhnt. Igor war sympathisch, sprach Englisch – und, vor allem, er schnarchte nicht.

Die Nacht in Azofra wurde somit die erste durchschlafene Nacht seit meinem Aufbruch. Balsam für meine blank liegenden Nerven.

Die Wende

Trotz des netten gemeinsamen Tagesmarsches tags zuvor beschlossen Igor und ich, am nächsten Morgen getrennt zu laufen. Meine Laune war trotz Regens wieder besser und ich freute mich auf das Etappenziel Grañón, weil ich mich erinnerte, dass ich auf meinem ersten Camino dort meinen ersten Ruhetag eingelegt hatte und mir der Ort angenehm im Gedächtnis geblieben war, selbst wenn ich praktisch keine Bilder mehr im Kopf hatte. Nur eines wusste ich noch – die Herberge in Grañón war speziell. Darauf freute ich mich.

Der Weg an diesem Tag führte mich singend durch strömenden Regen nach Santo Domingo de la Calzada –

einem Dorf auf dem Camino, in dessen berühmter Kathedrale ein Hahn und eine Henne eingesperrt sind. Der Legende nach soll der Hahnenschrei dem Pilger eine erfolgreiche Pilgerreise verheißen – als ich in der Kathedrale war, schrie der Gockel gleich fünf Mal und das, obwohl zu dieser Zeit eine Messe abgehalten wurde – interessanter Kontrast. Nachdem ich Santiago diesmal erreicht habe, habe ich, wenn es nach dem krähfreudigen Gockel geht, offenbar noch vier zukünftige Pilgerschaften gut.

Als ich Santo Domingo hinter mir gelassen hatte, traf ich wieder auf Igor, der mit einem Katalanen namens Nestor unterwegs war, von dem er mir bereits tags zuvor erzählt hatte. Nestor kennenzulernen war ein Geschenk, wenngleich im ersten Moment ein bitteres. Ich freute mich, Igor wiederzutreffen, und war also offen für ein Gespräch. Dieses Gespräch bekam ich auch, nur redete mich Nestor derart schwach an, dass es mir meine Gesprächigkeit augenblicklich verschlug.

Ohnehin befand ich mich noch immer in meiner Zweifelphase und hatte mich am Morgen bereits gefragt, ob es Igor überhaupt recht gewesen war, den vorherigen Tag mit mir zu laufen – schließlich hatte er mir davon erzählt, dass er auf die ganze Gruppe von Italienern, für die er am Vorabend gekocht hatte, überhaupt keinen Bock hatte, aber nicht unhöflich sein wollte und sich deshalb mit ihnen abgab. Natürlich fragte ich mich, ob selbiges womöglich auch für mich gelten mochte.

Nestor also war der letzte in der glorreichen Reihe mir gesandter Arschengel. Er kommentierte als Gesprächseröffnung, in meinem Alter sei es ja wohl an der Zeit, endlich mal Geld zu verdienen und etwas aus meinem Leben zu machen – schließlich könnte ich längst, so wie er, eine Kette von Restaurants besitzen. Schon auf diese Aussage hin verging mir die Lust, weiter mit den beiden zu wandern – als Nestor, der den Camino zum ersten Mal machte, dann noch meinte, sie wollten nicht in Grañón bleiben, das sei nichts für sie, der Ort sei zu einfach, dachte ich mir, bitte, wer nicht will, der hat schon, und lief in meinem eigenen Rhythmus durch den strömenden Regen voran. (Als sie später doch in Grañón eintrafen und dort übernachteten, war es mir gleichgültig.)

Danke, Nestor – denn dein Spruch hat mir den Rest des Caminos gerettet.

Warum?

Ganz einfach – Nestors Arroganz machte mich wütend und das veränderte etwas ein mir, ein Gefühl, das mir ab diesem Zeitpunkt sagte: *Mach dir keine Gedanken. Du hast es nicht nötig, dich irgendjemandem aufzudrängen.* Vor allem aber auch: *Du bist ein interessanter Mensch und wer das nicht erkennt, der hat es schlichtweg nicht verdient, dass du dich mit ihm abgibst.*

Ich gelangte nach Grañón und schon beim Eintreten überflutete mich eine warme Brandung: Ich hatte das Gefühl, nach Hause zu kommen. Draußen hatte es vielleicht fünf Grad gehabt, im Innenraum der Herberge, dem Pfarrhaus der örtlichen Kirche, brannte jedoch ein behagliches Kaminfeuer. Marisa und Carlos, zwei Freiwillige aus Madrid, betreuten die Albergue als Hospitaleros, also als Herbergseltern, und hießen mich mit heißem Tee willkommen. Ich legte meinen Rucksack ab, breitete meinen Schlafsack auf der einfachen Matratze auf dem Boden unter dem Dach aus und merkte, wie sich etwas in mir entspannte: Ich war angekommen.

Unten setzte ich mich vor das knisternde Kaminfeuer, wärmte mich auf und begann Tagebuch zu schreiben. Noch bevor ich sicher war, ob ich das überhaupt wollte, hatte ich bereits Marisa und Carlos gefragt, ob ich einen Tag bleiben und Pause machen dürfte. Ich durfte. In diesem Augenblick begann meine eigentlich Pilgerreise.

Hospitalero itinerante
der wandernde Hospitalero

Das mag für manchen erstaunlich klingen, immerhin war ich zu diesem Zeitpunkt bereits neun Tage gelaufen und hatte zwei spanische Comunidades Autónomas zu Fuß durchquert (Grañón ist nämlich das letzte Dorf in La Rioja – wenige Kilometer später beginnt die Provinz Burgos, die erste Provinz der Comunidad Castilla y León). Dennoch hatte ich in Grañón ganz klar das Gefühl einer Zäsur auf meinem persönlichen Weg. Von Grañón aus erlebte ich den Camino als spirituelle Reise – was er zuvor nicht gewesen war.

Wahrscheinlich war die entscheidende Veränderung in Grañón, dass ich begann, Gefallen daran zu finden, für andere Pilger da zu sein, ihnen zu helfen oder, um einen alten christlichen Ausdruck dafür zu verwenden, ihnen zu dienen. Das begann damit, dass ich beim gemeinsamen Abendessen für Carlos und Marisa die Ansprache bei Tisch ins Deutsche und Englische übersetzte.

Doch bevor ich weitererzähle, will ich kurz ein paar Worte über den sogenannten „Geist von Grañón" verlieren.

Es gibt auf dem Camino de Santiago noch immer, und wieder in zunehmendem Maße, Herbergen, die wie traditionelle Hospitales de Peregrinos geführt werden. Das bedeutet, dass es keinen festen Preis für die Übernachtung gibt, sondern jeder so viel spendet, wie er kann und möchte. Denn – das ist der Grundgedanke dahinter – für den einen sind fünf Euro ein Pappenstiel, für den anderen eine Menge Geld. Auch in den übrigen Herbergen wird der zu entrichtende Betrag als Spende deklariert – ich selbst habe mich jedoch immer gefragt, wo der Spendencharakter bei einem festen Preis liegt, den es zu bezahlen gilt, um bleiben zu dürfen.

Eine weitere Besonderheit dieser Hospitales ist das gemeinsame Abendessen, das zuvor von den Pilgern zusammen mit den Hospitaleros zubereitet wird. Die Pilger müssen hierfür nichts mitbringen oder einkaufen, beteiligen sich aber an der Zubereitung. Nirgends auf dem Weg habe ich eine stärkere Verbundenheit und ein größeres Gemeinschaftsgefühl zwischen den Pilgern erlebt als in derartigen Herbergen.

Nachdem mein Grund dafür, einen Tag in Grañón zu verbringen, nicht kaputte Füße oder sonstige körperliche Leiden waren, sondern vielmehr ein Zustand seelischer Erschöpfung und zugleich die Hoffnung, aus dem Tross der italienischen und französischen Pilger auszubrechen, bot ich Carlos und Marisa selbstverständlich meine Hilfe an.

So putzten wir morgens, nachdem die anderen Pilger die Albergue verlassen hatten, gemeinsam das komplette Haus, bevor die beiden, die selbst erst seit drei Tagen in Grañón waren, sich zum Lebensmitteleinkauf nach Santo Domingo aufmachten, während ich die Rolle des Hospitaleros übernahm und im Refugio zurückblieb.

Als sie nach mehreren Stunden wiederkehrten, merkte ich, dass die beiden aufrichtig dankbar waren, mich da zu haben, denn so hatten sie unbeschwert einkaufen können, ohne sich Gedanken darüber zu machen, dass die Herberge leer stand. Also luden sie mich gleich dazu ein, mit ihnen zu Mittag zu essen – eine Einladung, die ich aufgrund permanenter Geldknappheit nur zu gern annahm. Auch den Rest des Tages unterstützte ich die beiden, wo es nur ging, übersetzte, führte deutsch- und englischsprachige Pilger in die Gepflogenheiten des Hauses ein, zeigte Schlafplätze und kümmerte mich um das allgemeine Wohlergehen. Schnell merkte ich, wie gut das nicht nur den Pilgern, um die ich mich kümmerte, tat, sondern auch mir selbst.

Am Kaminfeuer von Grañón kam es dann auch zum ersten Gespräch, bei dem ich klar das Gefühl hatte, Botschafter zu sein – wenngleich die Botschaft, die ich zu überbringen hatte (meine eigene Geschichte), bei der Empfängerin erst einmal Kummer und Tränen auslöste. Doch bereits in diesem Moment war ich mir sicher, dass dies Tränen eines neuen Anfangs waren und Ulrike, die Frau, der ich meine Geschichte erzählte, meinte am Ende zu mir, dass eben diese Geschichte, womöglich der Grund für sie gewesen sei, auf diesen Weg zu gehen – denn mein Beispiel zeigte ihr eine Betrachtungsweise auf, die ihr über sage und schreibe 30 Jahre hinweg niemand nahe gebracht hatte. Nun, das zu beurteilen steht mir nicht zu – aber nach all den Selbstzweifeln und der Unsicherheit der Woche zuvor tat es mir unglaublich gut, von jemandem so eindeutige Wertschätzung zu erfahren.

Noch dazu befand ich mich plötzlich wieder in einer Gruppe von Menschen, deren Sprache ich sprach – nicht zuletzt, weil einige der Menschen um mich herum Deutsche waren. Tatsächlich aber hatte sich zudem entweder etwas in mir verändert, sodass ich zu diesen Menschen Zugang fand, oder aber die Menschen verhielten sich mir gegenüber wieder offener.

So sehr ich nach einem zweiten wunderschönen Abend voller Gemeinschaftsgefühl und einer Nacht voller erholsamem Schlaf in Grañón damit haderte, am nächsten Tag weiterzugehen, erleichterte mir doch das Wissen um eine Herberge ähnlicher Ausrichtung im nur 23 Kilometer entfernten Tosantos den Abschied.

Als ich mich morgens gerade im Gästebuch von Grañón verewigte, trat Carlos, der Hospitalero, von hinten an mich heran und hängte mir eine Kette mit einem hölzernen Tau um den Hals. Das Tau ist das Zeichen der Templer, die es sich im Mittelalter zur Aufgabe gemacht hatten, die Pilger des Camino vor den Gefahren und Widrigkeiten des

Weges zu beschützen. Carlos' Geste berührte mich und ich wusste, dass die Begegnung mit den beiden, ihm und seiner Frau Marisa, für mich ein Geschenk auf diesem Weg gewesen war. Es hinterließ ein eigentümliches Gefühl von Freude, beim Abschied nach einem Tag in Grañón Tränen in den Augen eines erwachsenen spanischen Mannes zu sehen – denn so wie er in mir eine leuchtende Gestalt wahrgenommen hatte, begann auch ich selbst in diesem Moment, mich wieder als Lichtgestalt wahrzunehmen, und trug das Tau fortan als Auszeichnung, aber auch als Erinnerung an die Art des Weges, den ich hier gehen wollte.

In Grañón hatte es geheißen, es solle am nächsten Tag schneien – als mir dieses Gerücht zu Ohren gekommen war, hatte ich laut gelacht. Schnee? In Castilla? Im Mai? Lächerlich – schlicht ein Ding der Unmöglichkeit.

Auf meinem Marsch nach Belorado wurde ich an jenem Tag prompt eines Besseren belehrt. Offenbar gab es nichts, was nicht möglich war, und so wanderte ich einen kompletten Vormittag lang durch Schneegestöber. Ich dankte meiner weisen Voraussicht, in der ich mir sowohl eine wasserdichte Windjacke als auch einen dicken Fleece-Pulli für diesen Camino gekauft hatte – denn das alles trug ich beim Laufen an diesem ersten Tag in Castilla y León und das sollte sich so schnell auch nicht wieder ändern. Der Vorteil: Alles, was ich am Leib trug, musste ich schon nicht in meinem Rucksack herumschleppen.

Nach mehrstündigem Marsch durch den Schneesturm erreichte ich Belorado, wo ich das brennende Bedürfnis verspürte, Wurst zu essen – und zwar möglichst heiß, möglichst viel und möglichst fettig. Dieses Bedürfnis ist glücklicherweise eines, mit dem die Spanier im Allgemeinen sehr gut fertig werden – ich bekam Wurst, sie war heiß, sie war fettig und ich stopfte eine ganze Menge davon in mich hinein, um meine steif gefrorenen Finger wieder aufzutauen und meinem ungläubigen Körper die Energie wieder zuzuführen, die er an diesem Tag nicht nur auf zwanzig Kilometern Fußmarsch ohne Pause verbraucht hatte (denn wer hat schon Lust, sich im Schneesturm irgendwo ein matschiges Plätzchen für eine Rast zu suchen?), sondern auch dadurch, dass er gegen die beißende Kälte ankämpfen musste.

Zum Glück war es von dort bis zum Hospital de Peregrinos in Tosantos nicht mehr allzu weit – die Matschpartie dorthin versuchte ich mir erträglicher zu machen, indem ich mir immer wieder vor Augen führte, was ich als kleiner Junge wohl dafür gegeben hätte, einen ganzen Tag durch den Matsch waten zu dürfen.

Als ich in Tosantos ankam, es war vielleicht mittags um halb eins, betrat ich die Albergue und traf dort auf José Luis, einen Hospitalero, der wohl an die siebzig Jahre zählte, und seinen Gehilfen Pablo, der ihn für einige Tage unterstützte. José Luis war gerade dabei, einen galicischen Pilger zur Schnecke zu machen, was mir ausgesprochen gut gefiel, da er mir mit seiner Pilger-Moralpredigt aus der Seele sprach. Er fragte den verdutzten Mann nämlich, von wo aus dieser am Morgen aufgebrochen sei, und als dessen Antwort Santo Domingo de la Calzada war (also ein Distanz, die meinen Marsch um beinahe acht Kilometer an Länge übertraf), hakte José Luis nach, wann der Pilger denn aufgestanden sei. „So um fünf Uhr", war die Antwort des überrumpelten Mannes, der bald nicht mehr wusste, was ihn getroffen hatte. Denn José Luis ließ daraufhin eine Predigt über Rücksichtnahme gegenüber den Mitmenschen vom Stapel, die sich gewaschen hatte. Damit hatte er meiner Meinung nach vollkommen Recht, wobei sich meine Meinung von der durchschnittlichen Pilgermeinung stark abhob. Tatsache war nämlich, dass wir Pilger beinahe in keiner Herberge die Chance bekamen, länger als bis fünf, maximal halb sechs zu schlafen, da ab diesem Zeitpunkt die ersten Wecker klingelten und sich in den diversen Schlafsälen wuselige Zusammenpackorgien ausbreiteten wie lepröse Geschwüre – an Schlaf war beim allgemeinen Plastiktüten-Geraschel nicht mehr zu denken, Ohrenstöpsel hin oder her. Dieses Verhalten allerdings empfand José Luis als ausgesprochen rücksichtslos und in Zeiten der Kälte (wie dieses Jahr im Mai) noch dazu als völlig unsinnig – denn weder wurde es irgendwann am Tag heiß, sodass es womöglich gerechtfertigt gewesen wäre, in heller Panik vor Sonnenaufgang die Herbergen zu verlassen, um einem etwaigen Hitzschlag am Nachmittag zu entgehen, noch konnte man um diese Uhrzeit irgendetwas sehen, schließlich war es noch finster. Wo also lag der Sinn der Panikmache?

Der Galicier fühlte sich aufgrund dieser Diskussion alles andere als wohl in seiner Haut und das Ende vom Lied war, dass er beleidigt von dannen zog, lautstark beteuernd, dass er sich so nicht verhalte, weil er praktisch geräuschlos morgens aufbreche.

Natürlich. Genau wie all die anderen geräuschlosen Nilpferde.

Während der Diskussion hatte ich mit meiner Zustimmung zu José Luis Thesen nicht hinter dem Berg gehalten, denn ebenso wie er im Schlafzimmer unter den knarzenden Holzböden seines alten Refugios litt, hatte ich in den zehn Tagen meiner Pilgerschaft unter akutem Schlafmangel zu leiden gehabt. Als ich ihm dann noch schöne Grüße aus Grañón bestellte und ihm meine Dienste als Dolmetscher anbot, war ich gleich herzlich im Kreis der Hospitaleros aufgenommen und wurde fortan, kaum dass ich meinen Rucksack abgelegt hatte, als Hospitalero número tres vorgestellt. Zwar war ich selbst erschöpft, stellte meine Müdigkeit in diesem Moment allerdings zurück und kümmerte mich mit den beiden um die ankommenden Pilger – und siehe da, als ich der in ihrem Schlafsack bibbernden Krystyna, einer sechzigjährigen Polin, die ich bereits seit ein paar Tagen kannte und von der ich wusste, dass sie ihre Pilgerreise im Auftrag ihres ganzen Dorfes und ihrer vom Verlobten verlassenen Tochter unternahm, eine Tasse dampfenden Tee an die Matratze brachte und ihr ein wenig über die Stirn strich, war meine eigene Erschöpfung wie weggeblasen. Ehe ich es mich versah, war ich wieder zum Hospitalero-Mittagessen eingeladen, saß mit José Luis, Pablo und einer alten Freundin der beiden am Tisch und mampfte Hühnchen mit Gemüse.

Mir tat mein neuer Status als Hospitalero itinerante gut – schließlich war ich selbst noch fit, hatte keine Probleme mit Füßen oder Beinen und konnte somit aushelfen. Zudem hatte ich das Gefühl, dass ich sehr viel mehr an Dankbarkeit zurückbekam, als ich an Energie gab – letztlich also ein durchaus eigennütziger Antrieb.

Als ich und einige andere Pilger von der Besichtigung einer kleinen Einsiedelei nahe Tosantos zurückkamen, die eine steinalte Frau aus dem Dorf für die Pilger anbot, solange es nicht regnete – ich hatte bei der Übersetzung von allerlei Wundertätigkeiten der Virgen de la Peña, der Jungfrau des Felsens, etwas zu kämpfen gehabt – machte ich in der Küche Bekanntschaft mit Johanna, einer Deutschen, die sowohl Geige als auch Medizin studiert und das letzte halbe Jahr für Ärzte ohne Grenzen in Lateinamerika gearbeitet hatte. Mich faszinierte vom ersten Augenblick an, dass José Luis ihr ein Liederbuch hinhalten konnte und Johanna die Lieder vom Blatt weg sang, ohne sie zu kennen. Dies war der Moment, in dem ich Bekanntschaft mit den Mantra-Gesängen der Mönche des französischen Taizé-Klosters machte. José Luis war die Begeisterung für diese Lieder von den leuchtenden Augen abzulesen und mit hoher Stimme begleitete er Johannas kräftigen Gesang. Auch ich klinkte mich schnell ein, liebe ich doch das Singen und war dankbar über die Erweiterung meines

Lied-Repertoires, das ich auf den Tagen des einsamen Wanderns bis zur Neige ausgeschöpft hatte. Während des Singens bereiteten wir Patatas a la Riojana zu, einen Kartoffel-Gemüse-Eintopf mit Chorizo, der mir unterdessen wohlbekannt war, hatten doch auch Marisa und Carlos in Grañón mir gegenüber schon bekannt, dass dies das einzige Gericht sei, das sie für 35 Pilger zuzubereiten wüssten. Also gab es für mich zum dritten Mal in Folge Patatas a la Riojana, was allerdings nicht weiter störte, da es sich um ein wärmendes Essen handelte – ideal bei den frostigen Temperaturen innen wie außen.

Nach dem Essen hielten José Luis und Pablo eine kurze Taizé-Andacht in einer kleinen Kapelle ab, die unter dem Dach des alten Gebäudes eingerichtet war. Ich fungierte dabei als atheistischer Übersetzer. Das wussten die beiden natürlich nicht und ich empfand es auch nicht als nötig, ihnen davon zu erzählen. Ohnehin begann sich mein Bild zu wandeln und ich wurde dem Katholizismus gegenüber etwas milder. Gab es auch immer wieder einzelne Teile der katholischen Liturgie, die ich als überaus abstoßend empfand, so beispielsweise den Mea-maxima-culpa-Gedanken oder den Befehl, den katholischen Glauben unter alle Völker der Welt zu verbreiten, begann ich doch, für andere Teile Verständnis zu entwickeln, so beispielsweise für das Gefühl der Gemeinschaft, die gegenseitige Hilfe und die praktizierte Nächstenliebe, die mir nirgends auf dem Weg so intensiv begegnete wie in den kirchlichen Herbergen im Geiste von Grañón. Insofern hatte ich keinerlei ethisch-moralische Bedenken als ich die Andacht übersetzte – denn eines der Mantren konnte ich augenblicklich akzeptieren:

Ubi caritas et amor, ubi caritas, deus ibi est.
(Wo Nächstenliebe und Liebe sind, dort ist Gott.)

Ich selbst hätte es vermutlich nicht Gott nennen mögen, da mir dieser Begriff im Laufe der Jahrhunderte viel zu oft missbraucht wurde – aber ansonsten, so war mir bewusst, lebte ich nach der gleichen Maxime.

Castilla y León

Schon als ich nach vier Tassen Kaffee und gemeinsamem Frühstück mit Pablo und José Luis am Morgen in Tosantos aufbrach – nicht ohne mir José Luis Telefonnummer in meinem Pilgerführer notiert zu haben, sollte ich ihn bei Gelegenheit einige Tage als Hospitalero unterstützen wollen – war mir klar, dass es nach drei derart schönen Tagen voller Herzlichkeit und emotionaler Wärme erst mal bergab gehen musste. Diese Haltung war nicht unangebrachtem Pessimismus geschuldet, sondern vielmehr dem nüchternen Blick in den Pilgerführer, der verhieß, dass sich in annehmbarer Reichweite keine ähnliche Herberge im Geiste Grañóns befand. Außerdem: Wer wüsste das Gefühl echten Glücks noch zu schätzen, wäre jeder Tag auf diesem Camino von gleichbleibender Freude erfüllt?

Ich machte mich also auf und begann diesen Vormittag – es war bereits weit nach neun – mit der Aussicht auf bittere Kälte, grauen Himmel und eine endlose Strecke über die Hochebene der Montes de Oca, ohne ein einziges Dorf, wo ich hätte rasten können. Ehe ich die Berge erreichte, musste ich allerdings erst einmal die acht Kilometer bis Villafranca, Montes de Oca, zurücklegen, die mir wider Erwarten erstaunlich leichtfielen. Die vergangenen Tage hatten meine Seele erfrischt und das wirkte sich auch auf meine körperliche Kondition aus. Ursprünglich wollte ich in Villafranca eine Pause einlegen, doch als ich mich dort noch fit fühlte und feststellte, dass die letzte Möglichkeit im Dorf noch einen Kaffee zu trinken, ohne mehrere

Hundert Meter zurück zu laufen, ein Vier-Sterne-Hotel gewesen wäre – nicht meine Preisklasse – entschied ich, den Weg nach San Juan de Ortega, also die zwölf Kilometer lange Strecke über das Hochplateau der Montes de Oca, ohne vorherige Pause in Angriff zu nehmen.

Ein klassischer Fehler. Nicht, dass ich das nicht vorher hätte wissen können – aber gut.

Nach einem steilen Aufstieg gelangte ich an eine Bergquelle, die mit der Aufschrift *Kein Trinkwasser* versehen war. Ein Kommentator hatte mit Edding *Politik der Panikmache – KAUF Wasser! Konsumiere! darunter geschrieben –* Grund genug für mich meinen Wassersack erst recht dort aufzufüllen – immerhin wusste ich aus eigener Erfahrung, dass dieses Bergquellwasser, vor dem derzeit überall als nicht trinkbar gewarnt wurde, vor zehn Jahren durchaus trinkbar gewesen war und dass das Qualitätsurteil *nicht trinkbar* nichts weiter bedeutete, als dass dem Wasser nicht Unmengen von Chlor beigesetzt wurden. Insofern: Prost!

Der Marsch über die Hochebene wurde nach zwei Stunden zur Tortur. Ein beißender Wind fegte über die Bergrücken, die komplette Strecke war eine Matschpiste und ich befand mich unausgesetzt in Habachtstellung, um einem unfreiwilligen Matschvollbad inklusive Rucksack zu entgehen. Neben dem Weg bemerkte ich ungläubig den Schnee vom Vortag und die Wolkenmassen am Himmel boten selbst eingefleischten Optimisten keinerlei Anlass zur Hoffnung.

Die Kälte bedeutete zugleich, dass mir selbst eine nur fünfminütige Pause bis auf Weiteres verwehrt bliebe und die paar hastig im Laufen herunter geschlungenen Cashews, die ich noch in meinem Gepäck gefunden hatte, sich damit abzufinden hatten, dass ihnen bis San Juan nichts oder niemand in meinem rebellierenden Magen Gesellschaft leisten würden.

Was blieb mir anderes übrig – ich machte gelangweilte Miene zum eisigen Spiel und trottete weiter. Schließlich half es nichts, mich zu beklagen, und bei wem hätte ich mich auch beklagen sollen? Keiner der Mitpilger bot sich für diese Rolle an. Der Weg schien kein Ende nehmen zu wollen. Irgendwann folgte dem Gefühl des Hungers ein beharrliches Gefühl von Kälte.

Vor die Wahl gestellt, ob ich vor Wut und Frustration in diesem Moment singen oder weinen wollte, entschied ich mich fürs Singen und packte die alten Hippie-Klassiker wie *Amazing Grace*, *Kumbaya* oder *We shall overcome* aus – und natürlich Leonard Cohens *Hallelujah* – das Lied von mir und meinem Freund, das ich durch ganz Spanien trug und das am Ende der Reise wohl so ziemlich jeder, der auf dem Weg eine Weile mit mir zu tun hatte, mitsingen konnte. Als ich dann mal wieder bei *Let it be* angelangt war und gerade die Textzeile *And when the night is cloudy, there is still a light that shines on me* schmetterte, brach tatsächlich die Sonne durch die Wolkendecke und wärmte zumindest fünf Minuten lang meine eingefrorenen Gelenke. Das war einer der Augenblicke, in denen ich mich, nur für den Fall, dass es doch einen Gott geben sollte, vorsorglich bedankte.

Viele der Pilger hatten noch in der Woche zuvor über die Hitze gestöhnt, mir selbst machte die Kälte weitaus mehr zu schaffen, denn sie raubte meinem Körper mehr Energie. Noch dazu war ich den Camino im Jahr 2000 im August gelaufen, das heißt, an Hitze beim Pilgern war ich wahrlich gewöhnt und auf Hitze war ich eingestellt – auf Schnee und Frost jedoch keineswegs. Schließlich pilgerte ich ja nicht zum Polarkreis, selbst wenn man das derzeit hätte glauben mögen.

Als ich endlich in San Juan de Ortega ankam – ich vermute, ich war nicht der einzige, der sich zwischenzeitlich gefragt hatte, ob dieses Dorf womöglich einer unerwarteten Entführung durch Außerirdische zum Opfer gefallen war – wollte der Wirt in der einzigen Bar des Ortes mir nicht erlauben, mich an einen der Tische im leeren Speisesaal zu setzen, wenn ich nichts essen wollte. Das Problem dabei war jedoch, dass es ansonsten keine freien Tische in der Kneipe gab und ich wenig Lust verspürte, bei der Eiseskälte den Versuch zu starten, mich im Freien aufzuwärmen. Nach all der Herzlichkeit, die mir in den Tagen zuvor widerfahren war, nahm ich dem Wirt dieses geldgierige Gebaren übel. Das Glück jedoch war mir hold. Es erschien mir in Gestalt von Johanna, die in diesem Moment die Bar betrat. Sie nämlich wollte etwas essen – ich ja durchaus auch, aber kein Hauptgericht zu einem Preis, der in meinem knappen Budget nicht drin gewesen wäre. Großzügigerweise wurde mir erlaubt, als Begleiter mit an ihrem Tisch Platz zu nehmen.

Johanna war ähnlich genervt und erschöpft von der bisherigen Tagesetappe wie ich, dennoch beschlossen wir, gemeinsam noch einige Kilometer weiter bis nach Atapuerca zu laufen – hatte sich San Juan de Ortega doch bereits in den wenigen Minuten unseres Aufenthalts dort als ausgesprochen ungastlich erwiesen.

Trotz unserer Müdigkeit stellten wir beide fest, dass die letzten Kilometer des Tages im Gespräch wie im Fluge vergingen. Selbst als wir letztlich in Atapuerca von einer maulfaulen Frau empfangen und über Nacht in einer unbeheizten Scheune untergebracht wurden, nahmen wir das klaglos hin. Auch Johanna hatte wohl nicht erwartet, dass uns noch ein weiterer Ort wie Tosantos bevorstünde. Die gänzlich unausgerüstete Küche der Albergue und mein übermächtiger Hunger veranlassten mich schließlich doch noch, in einer Bar zu Abend zu essen und nicht wie üblich zu kochen.

Als ich die Bar betrat, stieß ich auf Roland, einen 60-jährigen südafrikanischen IT-Unternehmer, den ich in den Tagen zuvor bereits mehrmals auf dem Camino getroffen hatte und dessen Angebot, uns eine Flasche Rotwein zu bestellen, ich natürlich nicht ausschlagen konnte. Nichts Besseres hätte meiner angekratzten Laune an diesem Abend passieren können! Roland, der die Reise allein unternahm und wenige Tage zuvor auf dem Camino seinen sechzigsten Geburtstag gefeiert hatte, erzählte mir allerlei mitreißende Geschichten – angefangen mit der missglückten Hauttransplantation beim Entfernen eines krebsbefallenen Fleckens auf seiner Wange und der kompletten Leidensgeschichte der nachfolgenden Operationen (seine rechte Gesichtshälfte wirkte noch immer entstellt, sein Auge hing herab und tränte beständig), über sein Leben als Unternehmer, das ihm nicht genügend Herausforderungen bot, weswegen er erst kürzlich eine der afrikanischen Klicksprachen erlernt hatte, bis hin zum darauf folgenden mehrwöchigem Aufenthalt in einem Dorf afrikanischer Ureinwohner, mit denen er und sein dreizehnjähriger Sohn Lehmhütte, Essen und Leben geteilt hatten. Das Ganze bebildert durch Fotos auf dem iPhone – dieser Mann verstand es, mich zu unterhalten. Nach zwei Flaschen Wein wankte ich später bei bester Laune zurück ins Refugio – es war kurz vor zehn, Pilgersperrstunde. Pilgerschaft bedeutet nämlich gleichzeitig, die Hoheit über die eigenen Schlafenszeiten abzugeben – sprich: Um zehn Uhr werden die Lichter gelöscht, komme, was wolle (in manchen progressiven Herbergen erst um halb elf oder gar um elf). Dann wird geschlafen. So ist das.

Nicht ganz so fit wie gewohnt machte ich mich am nächsten Morgen auf den Weg, um die letzte Etappe nach Burgos zurückzulegen. Burgos – das bedeutete mehrerlei: Erstens war Burgos nach Pamplona und Logroño die dritte größere Stadt, die ich auf dem Camino erreichte, zweitens begann nach Burgos die berüchtigte Meseta, die gut 150 Kilometer lange Hochebene Kastiliens, vor deren monotoner Landschaft sich zahlreiche Pilger drückten, indem sie in der Stadt einen Bus oder Zug nach León bestiegen, und drittens wusste ich noch von meiner ersten Pilgerreise, dass es kaum eine Nerven- und Fuß-schädigendere Wegstrecke gab, als das Durchwandern des beinahe zehn Kilometer langen Industriegebiets, durch das uns der Camino bis an den Stadtrand führen sollte. Bei dieser Aussicht bereute ich den Rotwein des Vorabends – vor allem, da ich das Gefühl hatte, dass ich bereits beim steilen Anstieg direkt nach Atapuerca schneller aus der Puste kam als gewöhnlich. Zum Glück war ich noch immer Nichtraucher! Das machte mir die gesamte Pilgerei doch wesentlich leichter – so kam zu den zwei Flaschen Wein, deren giftige Hinterlassenschaften ich an diesem Tag auszuschwitzen hatte, zumindest nicht auch noch das Nikotin von zwanzig Zigaretten. Und Teer sollte mich an diesem Tag ohnehin noch genug erwarten (siehe Industriegebiet).

Oben auf dem Berg angekommen, lag ein kleines Hochplateau vor Johanna und mir, von dem aus sich uns ein herrlicher Blick über das Tal und auf die noch einige Stunden Fußmarsch entfernte Stadt Burgos bot. Wir hielten einen Augenblick inne, um die Aussicht zu genießen, dann machten wir uns auf den Weg hinab, hinein in die graue Pilgervorhölle des Industriegebiets, die auf uns wartete, sollten wir nicht die geheimnisvolle Alternativroute entdecken, die im Pilgerführer beschrieben war.

Beim Abstieg unterhielt ich mich mit Johanna und sie erzählte mir von ihrem Leben, sprach über ihre Zeit am Konservatorium in Wien und eine längst vergangene Liebschaft mit ihrem damaligen Geigenlehrer, wobei ihr eine gewisse Wehmut anzumerken war. Kein Wunder, seit dieser verflossenen Liebe waren zwanzig Jahre ohne Beziehung vergangen. Wen würde das nicht traurig stimmen?

Ich musste an mein eigenes zehnjähriges Single-Dasein denken und als welch nicht enden wollender Zeitraum mir dies erschienen war. Zugleich durchflutete mich ein warmes Gefühl. Gedanken an meinen Freund stiegen in mir auf und ich spürte wieder einmal, wie sehr ich ihn vermisste und wie froh ich darüber war, um jemanden zu wissen, der in der Ferne auf mich wartete, nicht im konkreten Sinne – strickend vor dem Fenster sitzend und in die Trübnis starrend – sondern einfach nur zu wissen, dass es diesen Jemand gab.

Begegnungen

Noch bevor das Industriegebiet begann, machte ich einen Wanderpartnertausch. Johanna hatte mir von einem Gespräch erzählt, das sie am Vorabend mit einer jungen Frau geführt hatte, die ich selbst nur flüchtig kennengelernt hatte, hatte ich doch meinen Abend mit dem Südafrikaner Roland im Weinrausch verbracht. Ihr Name war Alma. Von dem Moment an, als wir uns einander vorstellten, war sie mir ungemein sympathisch, da sie mich an eine liebe Freundin aus Nürnberg erinnerte. Nun berichtete Johanna mir also, dass Alma bereits in Guatemala gewesen sei und dass sie in der schottischen Kommune Findhorn lebe – zwei Dinge, die mich hellhörig machten, denn sowohl Findhorn als auch Guatemala sollten im *Mosaik der verlorenen Zeit* vorkommen. Als wir Alma, gerade im Aufbruch begriffen, vor einer Bar trafen, meinte Johanna, ich solle doch mit ihr weitergehen, sie selbst käme nach. Ich zögerte einen Augenblick, tat dann jedoch, wie mir geheißen.

Alma war 31, stammte ursprünglich von den Kanaren, um genau zu sein aus Teneriffa, lebte aber bereits seit vier Jahren in Findhorn. Eigentlich war sie nur für drei Tage nach Schottland geflogen, um sich die Kommune anzusehen, dann aber spontan dortgeblieben.

Schon unser erstes Gespräch war außergewöhnlich, denn ich merkte, dass ich mit Alma eine Gesprächspartnerin vor mir hatte, die zuhörte und auf seltsam treffsichere Art nachfragte, um mehr über meine Geschichten, mein Leben, ja, alles, was mich betraf, zu erfahren. Zunächst empfand ich dies als ungewohnt, es brachte mich indes dazu, mich selbst auf eine andere Art zu hinterfragen, als ich das in den Gesprächen zuvor auf dem Camino hatte tun müssen.

Gemeinsam wanderten wir also durch Kälte und Nieselregen in Richtung Burgos und verpassten, obwohl wir beide danach Ausschau hielten, die wundersame Abkürzung, die uns das vermaledeite Industriegebiet erspart hätte. Also hieß es der Asphaltwüste trotzen.

Nichtsdestotrotz kam nach einigen Stunden der Punkt, an dem wir den Stadtrand erreicht hatten. Wir konnten es beide kaum fassen – ich selbst, weil ich mich an die Tortur, die diese Strecke zehn Jahre zuvor für mich dargestellt hatte, nur allzu gut erinnern konnte (es war das erste Mal, dass ich einen Gin-Tonic trank und von einer Telefonzelle aus völlig verzweifelt meinen Papa anrief) und Alma, weil genug Übles vom Einmarsch nach Burgos erzählt wurde. An diesem Tag aber hatten wir die durchwanderte Ödnis kaum bemerkt – versunken in ein Gespräch, das die Grundlage für so manch weiteres werden sollte.

Zur Belohnung gönnten wir uns in der ersten Bar am Stadtrand ein paar Tapas. Wir hatten Glück: Die Auswahl war gigantisch und keiner von uns konnte sich so recht entscheiden, welcher dieser Köstlichkeiten er den Vorzug geben sollte. Hinzu kam, dass wir in Burgos waren und das hieß, eine Tapa kostete nicht wie in Barcelona fünf Euro, sondern gerade mal eins fünfzig. Ein Schlemmerparadies für ausgehungerte Pilger also, wie hätte ich einer solchen Aussicht je widerstehen können?

Die Nacht verbrachten wir in einer luxuriös eingerichteten, neuen kirchlichen Pilgerherberge namens Casa Emaús, die von einem französischen Ehepaar betrieben wurde. Zwar war das Ganze nicht billig – es hieß eigentlich, die Bezahlung erfolge auf Spendenbasis, aber zugleich wurde uns gesagt, jene Spende dürfe einen bestimmten Betrag nicht unterschreiten, ein Konzept, das mich etwas verärgerte – aber dafür tischten uns diese Franzosen abends ein mehrgängiges Menü auf, das meinen Magen mit so mancher Widrigkeit zu versöhnen imstande war.

Noch vor dem Abendessen besuchten wir die Pilgermesse in der angrenzenden Kirche und in einer kleinen Andacht nach dem Essen erfuhr ich schließlich, dass Emmaus der Ort war, an dem zwei Apostel dem auferstandenen Jesus begegneten, ohne ihn zunächst jedoch zu erkennen (der Pfarrer in Carrión de los Condes sollte die beiden später mit dem Ausdruck *die Trottel von Emmaus* belegen und amüsierte sich dabei priesterlich), bis er abends das Brot mit ihnen brach.

Alles in allem hinterließ der Aufenthalt in der Albergue letztlich ein wohliges Gefühl – auch wenn die Betreiber die einzigen waren, die mich seit meiner Rückkehr per E-Mail um eine Spende angehauen haben. Nun, fragen sei ihnen gestattet.

Am nächsten Morgen setzten Alma und ich unseren Weg gemeinsam fort. Ich hatte bei einigen Pilgern in der Casa Emaús Werbung für ein kleines Refugio inmitten von Nirgendwo gemacht, das ich noch von meiner ersten Pilgerreise in bester Erinnerung hatte. Es handelte sich um einen Ort namens San Bol, inmitten der Getreidefelder der Meseta gelegen, fernab jeglicher Zivilisation. Zum nächsten Dorf waren es von der Albergue San Bol aus an die fünf Kilometer zu Fuß.

Das Wetter war noch immer mies – unterdessen waren wir es jedoch gewohnt, ständig all unsere Klamotten am

Leib zu tragen und auch der Geruch ungewaschener Pilgerkleidung vermochte uns nicht mehr zu erschrecken. Wie hätten wir waschen sollen, wo sich seit Tagen keine Sonne hatte blicken lassen, die unsere Wäsche hätte trocknen können? Die Alternative war einfach und zwangsläufig: stinken, bis die Sonne schien. Aber wir saßen da ja alle im gleichen Kot (Entschuldigung, den konnte ich mir nicht verkneifen – mea maxima culpa).

Der stahlgraue Himmel vermochte Almas und meine gute Laune allerdings nicht zu vertreiben – wir setzten unser Gespräch vom Vortag fort und erzählten uns stundenlang Geschichten aus unser beider Leben. Um ihre Neugier zu befriedigen, beschrieb ich Alma auch die Handlung meines Romans. Sie war begeistert.

Am frühen Nachmittag begann sich die Etappe für uns zu verändern. Wir hatten die Meseta erreicht und Alma, die schon am Vortag über Knieschmerzen geklagt hatte, konnte irgendwann kaum noch laufen. Nun gibt es auf dem Camino eine althergebrachte Pilgerweisheit: *Cada uno su camino*, jeder müsse seinem eigenen Rhythmus folgen. Also meinte Alma, ich solle weitergehen. Ich hatte unser gemeinsames Wandern in den Stunden, die wir miteinander geteilt hatten, aber schon derart schätzen gelernt, dass ich ihr diese Bitte abschlug und erwiderte, ich ließe sie bestimmt nicht gerade dann allein, wenn es ihr schlecht ginge.

Also schleppten wir uns Hand in Hand, Alma mit der freien Hand auf meinen Pilgerstock gestützt, im Schneckentempo voran. Das sorgte für einen radikalen Perspektivwechsel, denn Langsamkeit bedeutet stets, einen in unserer Gesellschaft gänzlich unüblichen Blickwinkel einzunehmen.

Erst nach mehreren Stunden erreichten wir das nächste Dorf, Hornillos del Camino, mussten dort jedoch feststellen, dass das Refugio bereits voll war. Zwar hätte die Möglichkeit bestanden, in einer Turnhalle auf dem Boden zu schlafen, aber weder Alma noch mir erschien diese Aussicht im Mindesten verlockend, sodass wir uns entschieden, trotz Schmerzen an diesem Tag die dreißig Kilometer voll zu machen und nach San Bol weiter zu laufen.

Auch ich hatte bereits am Morgen leichte Schmerzen im Schienbein verspürt – das langsame Laufen hatte dies keineswegs verbessert, ganz im Gegenteil, als wir in Hornillos aufbrachen, hatte ich abwechselnd Schmerzen im Schienbein und im Sprunggelenk. Nichtsdestotrotz war Hornillos für uns beide ein Ort, der uns nur eine Botschaft übermittelte: weiter!

Dort, in Hornillos del Camino, nahm ich zum ersten Mal eine Gabe an Alma wahr, die mir auf vielen späteren Etappen des Caminos als Leitstern diente. Es handelte sich um eine ganz besondere Art, mit Menschen umzugehen, vor allem auch mit Menschen, deren unfreundliches Verhalten mich hin und wieder dazu brachte, pampig und aggressiv zu reagieren.

Nicht so Alma. Sie war die Gelassenheit selbst und blieb in ihrer Herzlichkeit den Menschen gegenüber solange konstant, bis noch die übellaunigste Bissgurke ihr mit Freundlichkeit begegnete. Das faszinierte mich und wann immer Alma ab diesem Zeitpunkt auf dem Camino nicht bei mir sein sollte, versuchte ich ihrem Vorbild in dieser Hinsicht nachzueifern. Mit Fug und Recht kann ich behaupten, dass Alma es schaffte, Licht auch noch in die düsterste Seele auf dem Camino zu bringen, und so empfand ich es rasch als Geschenk, sie an meiner Seite zu wissen, denn auch in mir brachte sie einen Teil zum Leuchten, dessen Strahlen ich ohne sie womöglich nicht wiedergefunden hätte.

Nachdem wir also in Hornillos ein Bocadillo gegessen hatten, schlichen wir fuß- und knielahm weiter in Richtung San Bol. Am Horizont dräuten schwarze Gewitterwolken, doch nicht zum ersten Mal musste ich an die Geschichte denken, die eine Freundin mir bei ihrem Besuch im vergangenen Herbst erzählt hatte: Michael Endes Fabel von der Schildkröte Tranquilla Trampeltreu, deren Lebensmotto lautete: Ich werde schon rechtzeitig ankommen. Wie oft ich mir diesen Satz vor Augen geführt habe, wenn ich mal wieder versucht war, anderer Pilger Stress zu meinem eigenen zu machen – und wie vielen Freunden ich diese Geschichte auf dem Camino erzählt habe!

Letztlich erreichten wir San Bol, bevor der Wolkenbruch herniederging, und doch hätte ich in diesem Moment in Tränen ausbrechen mögen: Es gab keine Betten mehr für uns – die letzten beiden waren zehn Minuten zuvor vergeben worden.

Da waren sie also nun alle: die Pilger, denen ich am Tag zuvor von diesem Ort erzählt hatte, die meinem Rat gefolgt waren und nun in einem soliden Bett lagen, während wir nicht wussten, ob wir bleiben konnten. Die Hospitalero Judith, eine Ungarin, war gerade nicht da und so beschlossen wir, abzuwarten und darauf zu vertrauen, dass es eine Lösung geben würde. Denn zwei Dinge waren uns beiden klar: Weder würden wir akzeptieren, dass man uns irgendwo hinführe, noch sah sich einer von uns dazu imstande weiterzulaufen.

Dennoch hielt die Albergue in San Bol bereits im ersten Moment auch eine freudige Überraschung für mich bereit: Ich traf John und Erin wieder, ein kanadisches Pärchen, das ich bereits bei der Pilgermesse am ersten Abend in Roncesvalles gesehen hatte. Ich hatte keine Ahnung, weshalb ich mich so freute, die beiden zu sehen, denn ich hatte bis dato nur mit John beim Wäsche-Waschen in Pamplona ein paar Worte gewechselt – Freude allerdings blieb Freude und ich nahm sie genauso an wie meine Verzweiflung wenige Augenblicke zuvor. Außerdem hatte ich die beiden sofort wiedererkannt, schließlich war John der einzige Peregrino, der mit einer Gitarre auf dem Rücken nach Santiago wanderte. Ich freute mich also grundlos, aber ich freute mich riesig. (Vielleicht doch nicht völlig grundlos. Nur so viel sei verraten: Die Gitarre steht mittlerweile in meinem Wohnzimmer.)

Letztlich waren es John und Erin, die es uns ermöglichten, dass wir in San Bol bleiben konnten. Die beiden hatten nämlich eine Isomatte mit und während Alma auf einer Massagebank nächtigte, verbrachte ich die eisige Nacht auf einer Isomatte unter der Kuppel im Speisezimmer von San Bol.

Der Abend war wundervoll: Judith bereitete eine riesige Paella für uns alle zu, wir aßen gemeinsam an einem runden Tisch die knoblauchhaltigste Paella meines Lebens und nach dem Essen durfte jeder ein Lied in seiner Landessprache zum Besten geben – wobei mir mal wieder auffiel, wie arm die deutsche Kultur an heute noch allgemein bekanntem Liedgut ist. (Nein, ich betrachte *Hoch auf dem gelben Wagen* nicht als deutsches Liedgut. Diesen Einwand habe ich mittlerweile zu oft vernommen!) Eine Spätfolge des Dritten Reichs.

Zum Glück waren zwei ältere Schwäbinnen dort, die das Singen eines mir unbekannten Liedes übernahmen. Beeindruckend war das Lied der Hospitalera Judith. Mit einer weit mächtigeren Stimme denn erwartet und einem riesigen Lächeln auf den Lippen trug sie eine traurige ungarische Weise vor, die tief in meinem Inneren eine Saite zum Klingen brachte. Schön.

Da es in dieser Nacht auf null Grad abkühlte und ich auf Johns Isomatte trotz Schlafsack und Decke bitterlich fror, verwunderte es mich nicht, als ich am nächsten Morgen mit Husten aufwachte – ein Begleiter, der für die folgenden anderthalb Wochen mein treuester Gefährte sein sollte. Zumindest aber bot sich mir so die Gelegenheit, es den

Schnarchern in den Herbergen mit ihren eigenen Waffen heimzuzahlen. Seit 5.45 Uhr wird zurückge– so, jetzt aber Schluss mit den Drittes-Reich-Plattitüden!

Ohne zuvor darüber gesprochen zu haben, trennte sich Almas und mein Weg am nächsten Morgen. Ich begann den Camino in Richtung Hontanas und Castrojeriz mit John und Erin, dem kanadischen Pärchen. Bereits am Abend zuvor waren John und ich in eine Diskussion über Glaubensfragen eingestiegen, was vor allem daran lag, dass die beiden in der ersten Pilgermesse in Roncesvalles neben mir saßen/ standen/ knieten, wie das in der katholischen Liturgie eben so üblich ist (meines Erachtens ein Überbleibsel aus dem Mittelalter, als die Messen noch auf Latein stattfanden und die Notwendigkeit bestand, die Menschen vom Einschlafen abzuhalten – auf und nieder immer wieder). Schon dort hatte ich bemerkt, dass die beiden den katholischen Glauben offenbar sehr ernst nahmen. Für Europäer ihres Alters (die beiden sind 24) wäre das schlichtweg ungewöhnlich, weshalb ich das Bedürfnis verspürte, diese Fragen zu thematisieren. Zudem wollte ich vermeiden, dass eine Mauer zwischen uns entstand, was zweifelsohne geschehen wäre, hätte ich diese für mich unbegreifliche Frömmigkeit nicht angesprochen.

Liebe deinen Nächsten wie dich selbst. Liebe deine Feinde. Eigenartig, was die christlichen Kirchen, die katholische natürlich im Besonderen, im Laufe ihrer Geschichte aus dieser großartigen Lehre für verheerenden Schlüsse gezogen haben.

Beinahe noch seltsamer erscheint es mir, dass ich aufgrund meines Wissens um die Kirchengeschichte, Menschen, die sich zu einer dieser Kirchen bekennen, zunächst mit Argwohn betrachte. Gehören sie zu den Erdenbürgern, die die Verantwortung für ihr eigenes Leben lieber abgeben und sich fanatisch an unhinterfragte und unhinterfragbare Regeln halten?

Sehr schnell hatte ich im Gespräch mit John gemerkt, dass mir seine Gründe dafür, Katholik zu sein, gefielen, wenngleich das selbstverständlich nichts an meiner eigenen Einstellung gegenüber der katholischen Kirche änderte. Er jedoch erklärte mir, dass sein Lebenskonzept auf der Idee der Liebe fußte und dass er nirgends so viele Menschen gefunden hatte, die dieses Konzept mit solcher Hingabe verfochten, wie in den Jugendgruppen der katholischen Kirche auf Vancouver Island (seiner Heimatinsel).

Als ich dann das unvermeidliche Thema Homosexualität zur Sprache brachte, erzählte mir Erin, dass sie in ihrer katholischen Jugendgruppe einen schwulen Freund gehabt hatte, der, als ein neuer Pfarrer die Gruppe übernahm, der Homosexualität als Todsünde betrachtete, die Kirche verlassen hatte. Nun hatte Erin in jenem Moment überlegt, ihm aus Solidarität zu folgen, war dann allerdings nach reiflicher Überlegung zu dem Schluss gekommen, dass es wohl besser sei, in der Gruppe zu bleiben, denn nur so hätte sie weiterhin Gelegenheit, ihre Meinung zu diesem Thema beizusteuern (sie findet Homosexualität völlig okay), wohingegen niemand als Korrektiv in der Gruppe verblieben wäre, um derart bornierte Meinungen auszugleichen, wäre sie mit ihm gegangen. Diese Argumentation erschien mir nachvollziehbar.

Unser Gespräch hatte sich noch eine ganze Weile hingezogen, es war unterdessen dunkel geworden in der Herberge, da San Bol nicht über elektrischen Strom verfügte, der Wein ging ebenfalls zur Neige, als Erin, die sich, während John und ich noch diskutierten, bereits bettfertig gemacht hatte, zu uns trat und mit schnippischem Ton meinte: „Also, Jungs, von mir aus können wir alle morgen auf den Schwingen der Liebe weitersegeln, aber ich gehe jetzt ins Bett. Kommst du, John?"

Herrlich. Sie hatte es auf den Punkt gebracht und sollte

im Laufe vieler weiterer Diskussionen zwischen John und mir oftmals diejenige sein, die uns Weltphilosophen die nötige Erdung verlieh. Es ergab sich also, dass die beiden Philosophen und Erdenbürgerin Erin am folgenden Morgen gemeinsam auf den Schwingen der Liebe weiterwandelten und ich Alma erst mal aus den Augen verlor. Die Stunden unserer immerhin 26 Kilometer (oder twenty-six k [sprich: kej]) langen Tagesetappe vergingen wie im Fluge und selbst die lächerliche Anhöhe nach Castrojeriz, die manch einer womöglich als Berg bezeichnet hätte, hatten wir im Nu überwunden. Als stets aufs Neue schockierend erwiesen sich allerdings auch auf dieser Etappe die vielen Gedenksteine, die für verstorbene Pilger am Wegesrand aufgestellt werden. Ich persönlich glaube zwar, dass so viele Peregrinos auf dem Weg sterben, weil es zahlreiche Menschen gibt, die den Camino noch in hohem Alter gehen oder sich bereits schwer krank einen letzten Traum erfüllen wollen – dennoch saß mir der obligatorisch Kloß im Hals, wenn ich vor einem solchen Stein innehielt und die Inschrift las. Wobei: Auf dem Camino zu sterben, ist vermutlich nicht die schlechteste Art abzutreten – schlimmer ist es wohl für die Pilger, die diesen Abgang miterleben. So kursierte beispielsweise auch in unserer Gruppe von Pilgern die Geschichte, dass sich ein schottischer Pilger bei einer Rast neben einer jungen Dänin an die Brust gefasst, dann von einem Moment auf den anderen in sich zusammengesackt und in ihren Armen gestorben sei.

Doch genug der traurigen Geschichten.

Als wir am Nachmittag in Itero de la Vega ankamen, fanden wir nach einem wohlverdienten Nickerchen einen winzigen Lebensmittelladen, in dem wir einkauften, um abends gemeinsam zu kochen. War ich seit jeher recht gut im Improvisieren von Gerichten, hatte ich mich in den über zwei Wochen auf dem Camino zum Experten gemausert und so kreierten wir ein buntes, mit Käse überbackenes Gemüse-Nudel-Gericht. Dazu gab es einen far-benfrohen Salat und John und Erin, die jede einzelne ihrer Mahlzeiten auf dem Camino fotografierten, bekamen ein sehenswertes Foto.

Die Küche allerdings – ach du meine Güte, darüber sollte ich lieber nicht sprechen. Vielleicht nur so viel – ich glaube, ich habe nie zuvor in meinem Leben in einem der-art widerlich klebrigen Loch eine Speise zubereitet. Schön zu wissen, dass dies die Küche war, die gleichzeitig dazu diente, Pilger, die sich Mahlzeiten im zugehörigen Restau-rant bestellten, zu bekochen. Neben den hohen Preisen ein weiterer Grund für Selbstversorgung.

Die Augustiner-Nonnen von Carrión de los Condes

Ich sollte noch anderthalb weitere Tage mit den Kana-diern durch die frostig-graue Meseta ziehen, geplagt von Husten und Sehnenscheidenentzündung, ehe die beiden sich von mir verabschiedeten, um nach einer sixteen kej-Etappe noch weitere siebzehn Kilometer anzuhängen – ein schier endloses Wegstück durch die Meseta, auf dem sich kein einziges Dorf befand. Meine angeschlagene Ge-sundheit so viel war mir klar, so sehr ich die Gesellschaft der beiden in den vergangenen Tagen genossen hatte, wäre hiervon überfordert. Also stieg ich im Refugio der Augustiner-Nonnen in Carrión de los Condes ab – eine Entscheidung, die sich trotz des großen und bereits am Nachmittag stark beschnarchten Schlafsaals als glücklich erweisen sollte.

Bei der Auswahl meines Nachtquartiers gab ich unter-dessen stets Herbergen den Vorzug, die in irgendeiner Form kirchlich oder spirituell orientiert schienen, fand ich doch dort meist ähnlich gesinnte Menschen, die den

Camino eher als Pfad zur Selbsterkenntnis betrachteten denn als rein sportliche Aufgabe. So kam es, dass mich die Augustinerinnen in ihren Fängen hatten, noch bevor ich überhaupt dort angekommen war – in meinem Pilgerführer war nämlich von spirituellem Programm die Rede gewesen: ein Versprechen, das die bezaubernden Schwestern voll und ganz einlösten.

Um halb sieben begann im Refugio ein freiwilliges Pilgerzusammensein, an dem ich teilnahm, nachdem ich zuvor eine Weile durch Carrión gezogen war und dabei ein Krippenspiel entdeckt hatte. In Spanien sind Krippenspiele Tradition und der Pfarrer bemerkte später, er habe das hiesige für die Pilger im heiligen Jahr stehen lassen. Ddergleichen hatte ich noch nicht gesehen: eine riesige, detailverliebte Landschaft, in der so mancher Bäcker ein Brot in den Ofen schob, so mancher Hufschmied einen Pferdehuf beschlug und obendrein natürlich die Heilige Familie das Jesuskind empfing – all das mit sich wandelnder Beleuchtung, gestaltet als kompletter Tagesablauf. Ich war begeistert.

Als ich zurück in die Herberge kam, saß dort eine freiwillige deutsche Hospitalera mit Gitarre in der Hand, verteilte Liederblätter und wir sangen zunächst einmal La Canción de la Alegría, was, wie sich alsbald herausstellte, die spanische Version der Ode an die Freude war. Schnell hatte ich Feuer gefangen und in der kleinen Gruppe sangen wir verschiedene spanische Lieder. Selbst als sich die Gruppe aufzulösen begann, blieb ich mit einigen anderen zurück und wir sangen fröhlich weiter, bis die Pilgermesse begann. Zu meiner allergrößten Freude durfte ich dann auch noch das Liederblatt mitnehmen (ich hüte es noch heute wie einen Schatz)!

Nun ist es nicht so, dass diese Pilgermessen auf dem Camino de Santiago Pflichtprogramm gewesen wären – dennoch fand ich mich auf dieser Reise wesentlich öfter in

Messen wieder, als dies bei meiner ersten Pilgerreise der Fall gewesen war.

Weshalb das geschah, weiß ich nicht so genau, aber eines war mir klar – ich begann sanfter zu werden, betrachtete die Messen nicht ausschließlich mit Argwohn und Abneigung, sondern bemühte mich um Verständnis und darum, mich für die Bestandteile zu öffnen, die den Gläubigen beim Gottesdienst Gewinn bringen mochten. Es dauerte eine Weile, bis ich für mich herausfand, was das war, und ich vermute, es ist zunächst ein Gefühl von Gemeinschaft und Zugehörigkeit, weiterhin womöglich ein Halt, den einem feste Rituale bieten, und letztlich, und diese Erkenntnis empfand ich als überraschend, die Möglichkeit, die wiederkehrenden Rituale des Gottesdienstes als Begleitmusik für die eigene Innenschau oder, um einen in unserer Kultur gängigeren Begriff zu verwenden, Meditation zu benutzen. So jedenfalls erging es mir auf dem Camino: Ich nutzte die Stunde der Messe als Phase der Ruhe und Einkehr – als meinen ganz privaten Moment an diesen menschenreichen Tagen auf dem Weg.

Interessanter Nebeneffekt war, dass ich am Ende des Caminos einen Großteil der spanischen Liturgie mitsprechen konnte. *Tomad y comed todos de él …*

In der Messe in Carrión traf ich überraschend Alma wieder – wir hatten uns seit San Bol nicht gesehen – und so konnten wir beide es kaum erwarten, uns zu umarmen und miteinander zu sprechen. Alma war in einer anderen Albergue abgestiegen, da das Refugio der Augustinerinnen bereits voll belegt war, als sie ankam. Nach der Pilgersegnung blieb uns allerdings kaum Zeit, uns auszutauschen, da in meiner Herberge das gemeinsame Abendessen bevorstand und mir, wie immer, der Magen auf halb acht hing. Also fragte ich sie, ob sie vielleicht Lust hätte, dieses siebzehn Kilometer lange Wegstück bis zum nächsten Dorf tags darauf mit mir gemeinsam zurückzulegen – oder ob sie die Einsamkeit der Meseta lieber in vollen Zügen auskosten wolle. Das Strahlen in ihren Augen beantwortete meine Frage, noch bevor sie ja sagen konnte. So verabredeten wir uns am folgenden Morgen zum Frühstück in einer kleinen Cafeteria.

Das Abendessen, das die meist lateinamerikanischen Nonnen uns zubereitet hatten, hätte reichhaltiger nicht sein können. Wir saßen beisammen, schlemmten und tranken Wein, bis eine der Schwestern meinte, wir sollten uns alle im Vorraum versammeln, weil sie uns gerne noch ein paar Worte mit auf unseren weiteren Weg geben wollten. Wir taten, wie uns geheißen, und Schwester María Juana wünschte uns einen Weg voller Licht und Stärke und meinte, dass ihre Mitschwestern im Konvent jedem von uns einen bemalten Papierstern gemacht hätten, den sie uns, zusammen mit einem Segen, auf den Weg mitgeben wollten. Da er aus Papier sei, wiege er schließlich nichts, sodass er unser Gepäck nicht zusätzlich belasten würde.

Dann begann die Segnung: Eine der peruanischen Nonnen fing mit engelsgleicher Stimme an zu singen, während die deutsche Hospitalera sie auf der Gitarre begleitete. Eine zweite Schwester ging herum und verteilte die Sterne und die letzte Schwester trat zu jedem einzelnen hin, zeichnete ihm ein Kreuz auf die Stirn und sprach einige persönliche Segensworte.

Es fällt mir schwer, die Stimmung in diesem Moment zu beschreiben – der ganze Raum vibrierte vor Liebe und Herzlichkeit, ein Gefühl, das sich mehr und mehr verdichtete.

Ich spürte, wie Tränen in mir aufstiegen. Im Moment, da die Schwester dann an mich herantrat und mir das Kreuzzeichen auf die Stirn malte, konnte ich diese Tränen nicht mehr zurückhalten – alles in mir drängte nach außen und als ich mich im Raum umsah, erkannte ich, dass ich nicht der einzige war, dem diese Segnung naheging. Alle schienen berührt und auf einigen Gesichtern glänzten feuchte Spuren.

Danach hieß es abwaschen und im Anschluss die Lichter löschen. In der Küche sah mich eine der peruanischen Schwestern an, ergriff meine Hand und fragte mich, ob alles in Ordnung sei, doch ich brachte nichts weiter zustande als ein klägliches Nicken. Jedes Wort hätte den Kloß in meinem Hals erneut zum Zerfließen gebracht.

Ich weiß nicht, was an diesem Ort geschah. Allerdings weiß ich, dass er für mich einer der reinsten Orte auf dieser Reise war und dass allein die Erinnerung an die Liebe, die jedem einzelnen von uns dort entgegengebracht wurde, genügte, um mich beim Verfassen dieser Zeilen erneut zum Weinen zu bringen.

Was mehr könnte ich dazu sagen als Danke?

Graukalte Tage voller Wärme

Spanien erlebte in diesen Tagen also, wie die Medien berichteten, den kältesten Mai seit hundert Jahren – und wir mittendrin. Mein Versuch, dem Husten, den ich seit San Bol mit mir herumtrug, mit homöopathischen Behandlungsmethoden beizukommen, zeitigte in jener ersten Nacht in Carrión de los Condes keinerlei Erfolg, sodass ich erneut eine mehr oder minder schlaflose Nacht im Massenschlafsaal verlebte.

Der nebelgraue Himmel verhieß am folgenden Morgen Nieselregen und es war vorhersehbar, dass erneut ein mürrischer Wind über die Meseta striche. Einzig die Aussicht an jenem Morgen die 17 Kilometer bis Calzadilla de las Cuezas, diese lange Durststrecke ohne ein einziges Dorf am Wegesrand, nicht allein, sondern zusammen mit Alma zurücklegen zu dürfen, stimmte mich fröhlich. Nach

Kaffee und einem typischen spanischen Frühstück machten wir uns auf den Weg. Unsere gemeinsame Wanderung knüpfte da an, wo wir sie Tage zuvor unterbrochen hatten. Wir unterhielten uns während der kompletten Strecke und erzählten uns Geschichten. Trotz beißenden Windes und wachsender Wanderunlust gelangten wir irgendwann nach Calzadilla de las Cuezas, wo wir in einer Bar einkehrten und ich erst mal einen Tinto de Verano bestellte. Das tat ich tagsüber selten, aber die Etappe, die uns noch sechs Kilometer weiter bis nach Ledigos führen sollte, hatte mich geschlaucht, nicht zuletzt wegen meines Hustens, der einfach nicht besser werden wollte.

Frisch gestärkt wanderten wir auf einer Alternativroute weiter. Diese Routen sind zumeist landschaftlich schöner als der Hauptweg, allerdings oftmals länger, was dazu führte, dass Alma und ich auf beinahe jeder Alternativroute, die wir wählten, allein unterwegs waren – symptomatisch für das Pilgern im Jahr 2010: quadratisch, praktisch, gut. Zum ersten Mal seit Ewigkeiten, so schien es uns, gab die Sonne ein kurzes Gastspiel und es wurde etwas wärmer, sodass wir die Gelegenheit beim Schopfe packten und unsere müden Glieder unter der Krone einer mächtigen Eiche ausstreckten. Ich war so müde, dass ich einnickte, aber das geschah im Schatten dieses uralten Baumes leicht, denn dort herrschte eine ganz besondere Art von Frieden und Stille.

Als wir in Ledigos ankamen, wusch ich voller Vorfreude auf ein Dasein als wohlriechender Pilger meine Wäsche, sollte es aber wenig später bereuen. Kaum hatte ich die nassen Kleidungsstücke zum Trocknen aufgehängt, zog ein Gewitter herauf, die Sonne wich tiefschwarzen Regenwolken und die Wäsche wurde ins kühle Innere der Herberge verfrachtet. Wir schliefen im Dachgeschoss einer alten Scheune, vermutlich im ehemaligen Taubenschlag, der bei den knapp über Null Grad draußen nur unwesentlich wärmer war. Das bedeutete für die folgenden Tage muffig-feuchte Klamotten in meinem Rucksack – ein wahres Pilgerhighlight.

Während mein Energie-Level in diesen Tagen aufgrund meiner Erkältung ziemlich im Keller war und ich, sobald ich eine Herberge erreicht hatte, stets als erstes schlafen wollte, fühlte Alma sich topfit. So kaufte sie an jenem Tag in Ledigos, während ich meine Siesta hielt, bereits für unser Abendessen ein: *Arrocito*, wie sie es in ihrem unverwechselbaren kanarischen Akzent nannte – ein „Reischen" (mit Zwiebeln, Knoblauch, Thunfisch, Artischocken und Tomaten). Draußen gingen noch immer Wolkenbrüche nieder, wir aber machten es uns mit Essen und Rotwein in der winzigen Küche gemütlich und luden noch Georges und Sina zum Abendessen ein.

Georges war ein liebenswerter Franzose Anfang sechzig, den ich bereits zu Beginn meiner Reise kennengelernt hatte und dem ich bis Santiago immer wieder begegnen sollte. Er stammte aus der Bretagne und hatte den Camino vor drei Jahren dort begonnen. Im ersten Jahr war er bis Saint Jean Pied de Port in den französischen Pyrenäen gekommen, hatte den Weg dort im vergangenen Jahr wieder aufgenommen, in Pamplona allerdings einen Herzinfarkt erlitten, weshalb er, nach einem Aufenthalt in einer spanischen Klinik, zurück nach Hause musste, um sich zu erholen.

In diesem Jahr ließ Georges es gemütlicher angehen, lief niemals mehr als zwanzig Kilometer am Tag und passte somit gut zu Alma und mir, die wir den Camino ja ebenso wenig als Wettlauf betrachteten.

Sina war eine Deutsch-Iranerin, die ich einige Tage zuvor angesprochen hatte, weil sie mich an eine kurdische Freundin erinnerte, und ich wissen wollte, ob sie ebenfalls Kurdin sei. Das war sie zwar nicht, dennoch waren wir uns auf Anhieb sympathisch, was, wie wir später herausfanden, nicht zuletzt daran gelegen haben mochte, dass wir beide ähnliche Erfahrungen in deutschen Psychiatrien gemacht hatten.

Zu viert verlebten wir einen lustigen Abend und erzählten uns allerhand amüsante Geschichten, bevor wir leicht angetrunken die knarzenden Treppen zu unserem Taubenschlag hinaufwankten, um uns der verordneten Nachtruhe hinzugeben.

Die nächsten beiden Tagesetappen fielen mit nur siebzehn beziehungsweise elf Kilometern ungewöhnlich kurz aus, was daran lag, dass ich zu diesem Zeitpunkt einfach nicht mehr konnte. Dennoch wollte ich keinen Ruhetag einlegen, sonst hätte ich die ganze Gruppe an Menschen verloren, die ich mittlerweile so lieb gewonnen hatte. Alma entschied sich dafür, mich zu begleiten. Das war mein Glück, denn sie vermochte mich durch ihre liebevolle Art stets etwas aufzumuntern. Ursprünglich hatten wir nicht vorgehabt, an jenem Tag bereits in Sahagún abzusteigen, als ich aber spürte, dass ich nicht mehr weiterkonnte, suchten wir die Herberge der Benediktinerinnen auf, der einzige Ort im Dorf, der speziell zu sein versprach. Dort empfing uns Alicia, eine Hospitalera um die sechzig, die mit Eulenblick durch ihre übergroßen Brillengläser spähte und während unseres kompletten Aufenthalts wirkte, als sei sie auf Speed. So verpeilt sie auch sein mochte, war sie doch eine Seele von einem Menschen. Schon der Empfang mit heißem Tee, als wir völlig durchgefroren im Refugio ankamen, nahm uns für sie ein. Nach einer Weile – ich hatte meinen Mittagsschlaf bereits hinter mir – erfuhren wir Alicias Geschichte. Sie war nämlich keineswegs als Hospitalera nach Sahagún gekommen, sondern als Pilgerin. Nur hatte Alicia, als sie in der kleinen Stadt ankam, derart geschundene Füße, dass die Nonnen ihr anboten, einige Tage zu bleiben. Im Gegenzug bot Alicia an, die Pilger zu betreuen. Sie mochte schusselig sein, diese Aufgabe jedoch tat ihr gut – denn eine Aufgabe war es, was sie an diesem Punkt ihres Lebens zu brauchen schien: Wenige Monate zuvor war ihr Mann gestorben. Wer weiß, ob sie nicht heute noch allen ankommenden Pilgern zugleich Fußbäder, Tee, Kekse oder dergleichen anbietet und dann die Hälfte wieder vergisst, bis sie zufällig das nächste Mal an einem ihrer Schäfchen vorbeiwuselt.

Den Abend verbrachten Alma und ich erneut mit Georges und Sina. Zu unserem Glück war Georges in der anderen Herberge im Ort abgestiegen. Diese hatte nämlich, im Gegensatz zu unserem eigenen Refugio, eine Küche und so lud Georges uns zum Abendessen zu sich ein. Natürlich zog sich unser Zusammensein nicht besonders lange hin, da Alicia uns bereits vor unserem Aufbruch angekündigt hatte, wer nicht vor zehn zurück sei, müsse draußen schlafen.

Am nächsten Morgen erwartete uns eine böse Überraschung. Zwar wurden wir mit Musik geweckt (das war der angenehme Teil), doch noch bevor ich in meinem Stockbett richtig die Augen aufgeschlagen hatte, hörte ich einige Pilger im Gang schon das Wort *nieve* murmeln – Schnee. Ich kroch aus meinem Schlafsack, um mich selbst davon zu überzeugen, ob wahr war, was da gemunkelt wurde, blickte aus dem Fenster in den klösterlichen Kreuzgang und Tatsache: Draußen lag mehrere Zentimeter hoch Neuschnee. Wir schrieben den zwölften Mai.

Zum Glück lag unser Tagesziel, Bercianos del Real Camino, nur wenige Kilometer entfernt – und wir fanden uns, bereits bevor die Albergue öffnete, in dem abgeschiedenen Dörfchen inmitten der Meseta ein. Da wir gehört hatten, dass es sich wieder um eine Herberge im Geiste von Grañón handeln sollte, war es nicht schwer gewesen, all unsere Freunde davon zu überzeugen, es an diesem Tage lockerer angehen zu lassen.

In Bercianos traf ich nach zweieinhalb Wochen (eine schier unermessliche Ewigkeit im Pilgerleben) zum ersten Mal wieder auf Jan – allerdings ohne Ljuba. Die beiden wanderten seit Tagen getrennt und es schien gar nicht so leicht, sich mit dem eigensinnigen Ljuba an einem vereinbarten Ort zu treffen. Hatte er nämlich Lust, weiterzulaufen als ausgemacht, tat er es einfach – Verabredung hin oder her. Ich freute mich, Jan zu sehen, wenngleich ich neugieriger darauf war, Ljuba wiederzutreffen, denn mit ihm hatte ich mich mehr unterhalten. Zudem wollte ich sehen, ob seine kühle Hamburger Ghettokind-Haltung sich im Verlaufe des Camino verändert hatte und er inzwischen womöglich imstande war, dem Jakobsweg Erfahrungen abzugewinnen, die er zu Beginn vermisst hatte. Jan wiederzubegegnen, weckte allerdings die Hoffnung in mir, auch Ljuba bald wiederzusehen. Nachdem wir uns für Camino-Verhältnisse gänzlich aus den Augen verloren hatten, hatte ich daran unterdes ernsthaft gezweifelt.

Nach gemeinsamem Kochen und Abendessen gab es in Bercianos in der hauseigenen Kapelle eine kleine Andacht, zu der sogar der junge Dorfpfarrer vorbeikam. Wir Pilger saßen alle in einem großen Kreis und es wurde ein Windlicht von Hand zu Hand weitergereicht. Wer die Kerze in der Hand hielt, durfte mit der Gruppe das teilen, was ihn bewegte, was er für sich als Erkenntnis von diesem Weg mitnehmen würde, weswegen er auf dem Camino sei und dergleichen Gedanken mehr.

Da zunächst Alma, dann Eszter, eine Ungarin, die wir am Abend kennen gelernt hatten, und dann ich sprachen, wurde diese Runde zu einem sehr offenen und persönlichen Austausch. Wir hatten den Anfang gemacht, aus der Tiefe unserer Herzen erzählt, unsere Gefühle geteilt und so taten die anderen es uns nach.

Bereits am Abend zuvor, in der Benediktiner-Herberge in Sahagún, war mir eine Spanierin aufgefallen – ich könnte noch nicht einmal sagen, in welchem Sinne, zunächst wirkte sie auf mich schlicht eigenartig. Sie mochte Ende vierzig sein und ich verstand nicht, ihre Ausstrahlung für mich einzuordnen. Auf mich wirkte sie ziemlich zerstreut und verschlossen. Als Alma etwas verspätet zum Abendessen mit Georges erschienen war, hatte sie eine Andeutung darüber gemacht, dass Milagros, so hieß die Frau, eine harte Geschichte mit sich herumtrage, wollte mir aber nichts weiter darüber erzählen, da sie der Ansicht war, wenn die Spanierin diese Geschichte mit jemandem teilen wollte, müsse sie das selbst entscheiden.

Als Milagros nun in diesem Kreis davon sprach, weshalb sie auf dem Camino war, fiel es den meisten Pilgern schwer, die Tränen zurückzuhalten. Milagros erzählte, dass tags zuvor der erste Jahrestag des Todes ihrer Tochter gewesen sei. Als sie sich in der Herberge in Sahagún mit Alma unterhalten und Alma sie dann umarmt habe, war ihr diese Umarmung in diesem Augenblick so erschienen, als umarme ihre Tochter sie durch Alma hindurch und wolle sie wissen lassen, dass es ihr gut gehe. Dies alles erzählte sie mühsam, mit brechender Stimme und unter Tränen. Von diesem Augenblick an räumte ich Milagros einen besonderen Platz in meinem Herzen ein und wann immer ich ihr begegnete, bekam sie eine Extraportion Liebe und ein Lächeln ab, die ich speziell für sie reservierte.

Noch heute freue ich mich, wenn ich daran denke, dass Milagros, am Tag, als ich sie zum letzten Mal sah, ein glückliches, aufrichtiges Lachen im Gesicht hatte, mich unter ihrem Sonnenhut hervor anblinzelte und mir sagte, dass es ihr besser gehe. Es war heiß an jenem Tag und ich wanderte mit einem guten Gefühl im Bauch weiter – dieses Gefühl bewahre ich bis heute, wenn ich an die Spanierin denke. Für sie, da bin ich mir sicher, war es die richtige Entscheidung, auf den Camino de Santiago zu gehen und ich bin dankbar, dass ich Milagros Schritt, sich gegenüber einer solch großen Gruppe von fremden Menschen zu öffnen, miterleben durfte.

Tags darauf entschloss ich mich, mal wieder eine Etappe alleine zu laufen, die letzte Wanderung durch die Meseta. Da ich bislang nur in Begleitung durch diese kärgliche Landschaft gewandert war, wollte ich zumindest auf den letzten Kilometern die Stille und Einsamkeit kosten, die die kastilische Hochebene auszeichneten. Schon als ich morgens aufbrach – es schien tatsächlich für eine halbe Stunde die Sonne – wusste ich, dass ich an diesem Tag Ljuba wiedertreffen würde, ja, ich wusste sogar wo, nämlich in der ersten Bar nach einem dreizehn Kilometer langen Wegstück ohne die Möglichkeit zu rasten. Genauso kam es auch. Doch obwohl ich mir bereits zuvor so sicher gewesen war, überraschte es mich dann doch, ihn zu sehen. Er befand sich in Gesellschaft von Nico, einem neunzehnjährigen Musiker aus der Fränkischen Schweiz, dessen spärlicher Bartwuchs ihn noch jünger wirken ließ.

Vermutlich, weil ich seit Wochen darüber nachgedacht hatte, ob ich Ljuba, meinen Wegbegleiter der ersten Tage, noch einmal treffen würde, war diese Begegnung eine Enttäuschung für mich. Ich empfand Ljuba als kühl und Nico als uninteressant und kurz nachdem wir gemeinsam aufgebrochen waren, beschloss ich, allein weiterzulaufen – zu dritt zu laufen empfinde ich ohnehin als ausgesprochen schwierig.

Mit Alma, Georges und Sina war ich in Mansilla de las Mulas verabredet. Wir hatten vereinbart, dass wir am Abend gemeinsam kochen wollten – also lud ich Nico und Ljuba dazu ein, zu uns zu stoßen, die beiden lehnten aber mit einem halbseidenen Argument ab: Sie wollten lieber noch fünf Kilometer weiter wandern, weil sie am nächsten Morgen mit dem Taxi nach León fahren und dort früh ankommen wollten. Taxi fahren? Schon das ging mir gegen den Strich. Hallo? War das eine Pilgerreise oder eine Vergnügungsfahrt? Noch weniger nachvollziehbar war es für mich allerdings, weswegen sie, wenn sie ohnehin gegen den Ehrenkodex der Pilger verstoßen wollten, nicht fünf Kilometer weiter mit dem Taxi fuhren und mit uns gemeinsam zu Abend aßen – vor allem da ich ihnen erzählt hatte, dass auch Jan käme, mit dem sie eigentlich schon Tage zuvor verabredet gewesen waren. Aber Reisende soll man bekanntlich nicht aufhalten.

Ohnehin kam an diesem Tag alles anders als geplant. Von meinen Freunden tauchte außer Georges und Jan niemand auf (leider habe ich Sina auch später nicht wiedergetroffen). Als es Nachmittag wurde, beschloss ich, eben ohne die anderen ein gemeinsames Essen im Refugio zu organisieren. Dazu trommelte ich eine Gruppe von zwölf Pilgern aus aller Herren Länder zusammen, für die ich einen riesigen Pott Spaghetti Bolognese zubereitete. Dazu gab es Salat und jede Menge Wein. Natürlich lud ich Milagros zum Essen ein, aber auch John, einen 67-jährigen Engländer, der mir bereits seit Belorado, also noch vor Burgos, immer wieder begegnet war, Tomas, einen jungen Franzosen, der auf der Gitarre in der Albergue immer wieder die zwei gleichen Lieder spielte, Abraham, einen Spanier aus Cádiz, Björn, einen Enddreißiger aus Hamburg, Juan, einen Katalanen, der sein ganzes Leben in Deutschland verbracht hatte und noch ein paar andere.

Es machte mir einen Heidenspaß für die ganze Truppe zu kochen, auch wenn es sich als Kampf erwies, einen Platz am Herd zu ergattern – ein Kampf, den ich zunächst gegen eine Gruppe von sechs Koreanern verlor und dessen Regeln ich erst zu begreifen begann, als sich auch die nächste Truppe vorgedrängelt hatte. Letzten Endes setzte ich mich durch – und da es in dieser Herberge keine festgelegte Schlafenszeit gab, wurde es tatsächlich einmal spät. Es dürfte sogar nach elf gewesen sein.

Party-Pilger

Am folgenden Tag brach ich nach einer kurzen Nacht und mit Restalkohol im Blut gemeinsam mit Björn nach León, der letzten größeren Stadt vor Santiago de Compostela, auf. Als wir mittags dort ankamen, wusste ich nicht recht, ob ich dortbleiben oder lieber zum nächsten Ort weiterwandern sollte. Einerseits hielt sich meine Lust auf Stadt auf dem Camino allgemein in Grenzen, andererseits wusste ich, dass mich bis Santiago nur noch Dörfer erwarteten. Letztlich entschied ich mich dafür, zunächst mit Björn eine Kleinigkeit zu essen – und zwar eine Tapa Morcilla, spanische Blutwurst, und es mir währenddessen zu überlegen. Selten war ich so unentschlossen wie an jenem Tag, meine Entschlussunfreudigkeit ging sogar soweit, dass ich letzten Endes eine Münze warf. Die Münze entschied, dass ich bleiben sollte, also stieg ich in der riesigen Klosterherberge im Stadtzentrum ab. Nach klösterlicher Manier wurde mir ein Bett in einem reinen Männerschlafsaal zugeteilt. In dem Saal fanden vielleicht achtzig Mann Platz, und zwar in Stockbetten, die stets zu Vierergruppen zusammengeschoben waren. Der Gipfel von mangelnder Privatsphäre, denn du lagst somit mit jemanden in einer Art Doppelbett zusammen, den du noch nicht einmal kanntest. Ich bin in dieser Hinsicht nicht überempfindlich, aber das überschritt meine Toleranzgrenzen.

Gesundheitlich fühlte ich mich in León endlich wieder fitter und so zog ich nachmittags umher und schaute mir die Stadt an – bis ich irgendwann auf Jan stieß, der allerdings in der zweiten Albergue etwas außerhalb der Altstadt abgestiegen war. Gut für ihn, denn die Herberge lag zwar ein Stück entfernt, dafür gab es keine Sperrzeit, wohingegen die Klosterherberge bereits um halb zehn ihre Pforten schloss. Ideale Voraussetzungen, um das Nachtleben Leóns zu erkunden.

Direkt vor der Kloster-Albergue lag ein weitläufiger Platz, der von der Abendsonne beschienen wurde, und so nutzten Jan und ich die Gunst der Stunde, bestellten uns in einer kleinen Bar eine Flasche Wein und ließen uns die Sonne ins Gesicht scheinen. Ringsumher saßen Pilger, die es uns gleichtaten. Wir alle konnten unser Glück nach der wochenlangen Kälte kaum fassen: stahlblauer Himmel und ein Abend, der sich nach Frühling anfühlte. Kein Wunder, dass es nicht bei unserer ersten Flasche Wein blieb! Bis zum Ablauf meiner Gnadenfrist um halb zehn hatten Jan und ich drei Flaschen geleert.

Betrunken, wie ich war, torkelte ich mit all den anderen Pilgern zu einer kleinen Abendandacht in der Klosterkapelle, die mir allerdings nur schwummrig im Gedächtnis geblieben ist. Danach legte ich mich ins Bett des Herrenschlafsaals und die schrecklichste Nacht meines Camino nahm ihren Lauf.

Habe ich eigentlich schon erzählt, dass Spanier ausgesprochen furchtsame, ja geradezu scheue Wesen sind? Natürlich kann ich diese Behauptung nicht auf alle Spanier ausdehnen – so ist es mit Sicherheit kein Problem, auf der Flucht vor freigelassenen Stieren durch die Straßen Pamplonas zu hetzen – fest steht dies aber in Bezug auf Luft. Dies hatte ich bereits in der ersten Woche herausgefunden, damals, als es auf dem Camino zuletzt heiß gewesen war und ich mich, in teutonischer Unbedarftheit, nach einem offenen Fenster im Zwanzigpersonen-Schlafsaal gesehnt hatte. Jung und schamlos leichtgläubig hatte ich gar den Versuch unternommen, ein solches Fenster zu öffnen – leider war meinem Wagemut jedoch nie mehr als ein zweiminütiger Erfolg beschieden, schon hatte ein übereifriger Erkältungsverhüter das Fenster, vermutlich aus Angst davor, Erfrierungen davonzutragen, wieder geschlossen. Spätestens, als mir das den dritten Abend in Folge passiert war, gab ich auf.

Vom Weine berauscht schlief ich in jener Nacht in León zwar zügig ein, erwachte jedoch trotz Ohrenstöpseln vom gigantischen Schnarchkonzert in jenem halbdunklen Männerschlafsaal. Meine Güte.

Mir war übel; mein Blutdruck war im Keller. Ich beschloss, zunächst einmal den Gang zur Toilette anzutreten. Wirklich elend wurde mir indes erst, als ich den Schlafsaal wieder betrat – denn erst da nahm ich wahr, dass es an die sechzig Grad hatte und roch wie im Raubtierhaus. Ich trat kurz vor die Tür und betrachtete verzweifelt den Sternenhimmel, beschloss dann aber, die verbleibenden Stunden nicht auf einem Holzstuhl unter freiem Himmel zu verbringen. Also, zurück in die suppig-warme Achselhölle.

Nach einer halben Stunde, die ich damit verbracht hatte, meinen Würgereiz zu unterdrücken, der dadurch verstärkt wurde, dass mein Blick nahezu schwarzmagisch von der halb entblößten Arschritze des neben mir transpirierenden Pilgers angezogen wurde, stand ich erneut auf, trank einen Schluck Schwedenkräuter, nahm eine Kreislauftablette und setzte mich doch auf jenen Holzstuhl unter freiem Himmel. Ich vermisste das Gefühl von Sauerstoff in meinen Lungen und musste den Ekel in mir niederringen. Nachdem ich mich eine Zeit lang bei Gott über den übelriechenden Pilgerlimbus beklagt und mich gebührend selbst bemitleidet hatte, wagte ich einen neuerlichen Schlafversuch, der mehr oder minder erfolgreich war. Zumindest war die Nacht irgendwann vorbei. Nie wieder Männerschlafsaal, so schwor ich mir.

Direkt nach dem Aufstehen musste ich trotz dieser beschissenen Nacht erst mal herzlich lachen. Das lag daran, dass mein Blick auf Dirks Gesicht fiel. Dirk war ein beinahe zwei Meter großer, spindeldürrer Fürther, der im Stockbett über mir geschlafen hatte. Seine Miene brachte ohne ein einziges Wort all das zum Ausdruck, was mir in dieser Nacht durch den Kopf gegangen war. Selten in meinem

Leben hatte ich erlebt, dass jemandes Gesichtsausdruck miese Laune so prägnant auf einen Punkt brachte. Das fand ich derart sympathisch, dass wir an jenem Morgen gemeinsam loszogen.

Nachdem wir durch ein kilometerlanges Industriegebiet León verlassen hatten, was dank der ausgesprochen geistreichen Unterhaltung, die mir mit Dirk zu führen vergönnt war, recht schnell ging, legten wir eine Frühstückspause ein, bei der uns ein Spanier am liebsten das letzte Hemd vom Leib gezogen hätte, so unverschämte Preise verlangte er. Ich bestellte ein Schokocroissant und biss mir einen halben Schneidezahn aus – eine alte Kriegsverletzung, die ich mir mit zehn Jahren beim Fangenspielen in der Schule zugezogen hatte. Nichts gänzlich Neues also, aber nervig war es dennoch. Ich entschied mich allerdings dafür, meine neu gewonnene Zahnlücke als Lektion gegen Eitelkeit zu verstehen. Was blieb mir auch anderes übrig, als es positiv zu betrachten? Schließlich hatte ich die letzte größere Stadt vor Santiago eben hinter mir gelassen und zurückzugehen kam nicht in Frage.

Als wir León schließlich hinter uns gelassen und ich akzeptiert hatte, dass ich jetzt mit einem halben Schneidzahn weitermarschieren musste, konnte ich die verbleibende Etappe nach Villar de Mazarife genießen. Es handelte sich nämlich um die schönste Wegstrecke seit Langem. Vor uns lagen die schneebedeckten Montes de León, deren Gipfel sich vor dem dunkelblauen, wolkenlosen Himmel abzeichneten. Der Camino führte uns über weitläufige, von blühenden Frühlingswiesen überwucherte Hügel und in der Luft lag der würzige Geruch von Wiesenkräutern.

Hinzu kam eines der intellektuell anregenderen Gespräche, die ich auf dem Jakobsweg führte – Dirk wusste allerlei über Politik und Geschichte zu erzählen, vor allem über Gebiete wie Tempelritter, britische Monarchen-Fehden der frühen Neuzeit, Klüngeleien und Intrigen des

Borgia-Clans und dergleichen mehr, sodass die Zeit wie im Fluge verging.

Die Geschichte, weshalb er sich auf dem Camino befand, hatte ich bereits am Tag zuvor mitbekommen. Da hatte er sich mir nämlich ungefähr mit den Worten, „Du hast bestimmt schon von mir gehört, ich bin der verrückte Pilger, über den der ganze Camino spricht", vorgestellt. Auf mein ahnungsloses Achselzucken hin, hatte er mir von der Camino-Gerüchteküche berichtet. Die allerdings kannte ich selbst allzu gut, war mir doch immer wieder zugetragen worden, dass für Alma und mich bereits fleißig die Hochzeitsglocken geläutet wurden. Schließlich galten wir als Traumpaar des Caminos. Dirk jedenfalls hatte seine Geschichte einem Hospitalero erzählt und seither pfiffen sie die Vögel von den Dächern: Er hatte sich auf den Weg gemacht, weil er seine Freundin nach seiner Rückkehr mit einem Heiratsantrag überraschen wollte. Zuvor allerdings, hatte er sich überlegt, wollte er erst mal herausfinden, ob er einer solchen Herausforderung wie der Ehe überhaupt gewachsen sei. Seine Antwort lautete: „Wenn ich 800 Kilometer zu Fuß durch Spanien laufen kann, dann kann ich auch die Verantwortung für eine Familie übernehmen."

In Villar de Mazarife trennten sich Dirks und meine Wege, weil wir uns für unterschiedliche Herbergen entschieden hatten. Ich stieg in der Albergue de Jesús ab; eine gute Entscheidung, denn die Herberge wurde von netten Hospitaleros geführt, verfügte über einen großen Garten und eine hauseigene Bar – letzteres sollte sich an diesem Sonntag noch als bedeutsam erweisen.

In der Herberge begegnete ich als erstes Ljuba und Nico, die hier einen Ruhetag einlegten, da Nico tags zuvor von einer Darmgrippe gebeutelt worden war. Er war noch immer etwas blass um die Nase und ernährte sich von Brotkrumen. Ljuba und ich hingegen beschlossen zu kochen und ich lud noch Pedro dazu ein, einen Brasilianer, den ich für mich nur den Stylo-Pilgrim nannte – war er doch mit Ray-Ban-Sonnenbrille und Calvin-Klein-Unterhosen auf dem Camino unterwegs und trat somit aus dem joggingbeanzugten Durchschnittspilger-Einerlei hervor.

Es war zwar Sonntag, doch der Herbergsvater versicherte uns, dass wir im Dorf dennoch Lebensmittel einkaufen könnten, wenn wir nur neben dem kleinen Laden an die Türe der Señora klopften – sie wäre stets gern bereit, den Pilgern auch am Sonntag etwas zu verkaufen. Das freute uns natürlich. Wir machten uns auf den Weg, um vor Ort festzustellen, dass uns leider niemand aufmachte. Die Erklärung folgte später – von mehreren aufgeregten Dorfbewohnern erfuhren wir, dass die Señora an eben diesem Sonntag zur Kommunion ihrer Nichte eingeladen sei und deswegen bedauerlicherweise nichts verkaufen konnte.

Also hieß es improvisieren: Ich kochte aus allem, was frühere Pilger in der Küche zurückgelassen hatten und aus den spärlichen Vorräten, die Ljuba, Pedro und ich noch in unseren Rucksäcken fanden, einen Linseneintopf, der sich sehen lassen konnte. Pedro war es, der zum Mittagessen die erste Flasche Rotwein auf den Tisch stellte (ich bin noch heute der felsenfesten Überzeugung, dass der günstige Preis pro Flasche in der herbergseigenen Bar uns zum Verhängnis wurde). Mein schwacher Versuch mich nach all dem Wein des Vorabends gegen ein neuerliches Besäufnis zu wehren, scheiterte kläglich und bereits als Pedro die zweite Flasche kaufte, war ich erneut in weinseliger Stimmung.

Welch spaßiger Sonntag! Im Laufe dieses sonnigen Frühlingsnachmittags vernichteten wir im Garten der Albergue de Jesús acht Flaschen Wein, wobei Ljuba, Pedro und ich zugegebenermaßen die Protagonisten dieses Pilgergelages waren. Wie nicht anders zu erwarten, entwickelte sich rasch eine gelöste Stimmung und so sprach ich mit Ljuba auch darüber, dass ich ihn als recht kühl empfunden hatte, als wir uns wieder getroffen hatten und dass ich mich für ihn gefreut hätte, hätte er es geschafft, sich für die spirituelle Seite des Caminos zu öffnen. Ich berichtete ihm von meinen eigenen Erfahrungen auf dem Weg und erhielt unerwartet Rückendeckung von Pedro, der seine Erlebnisse zu dieser Unterhaltung beisteuerte – Geschichten, die mich überraschten und die ich dem Stylo-Pilgrim nicht zugetraut hätte. Denn auch er befand sich auf einer spirituellen Suche und hatte auf dem Camino ausgesprochen interessante Erfahrungen gemacht. Don't judge a book by its cover.

Im Laufe des Nachmittags gesellten sich immer mehr Menschen zu uns – unter anderem Georges, Eszter und Milagros – nur Alma fehlte. Wie immer, wenn ich jemandem auf dem Camino aus den Augen verlor, hatte ich keine Ahnung, wo sie sich befand – nur einige Kilometer entfernt oder mehrere Tagesetappen, vor mir oder hinter mir, ging es ihr gut oder schlecht, würde ich sie wiedersehen oder nicht – all das Fragen, auf die ich keine Antwort wusste.

Unsere Pilgerparty zog sich bis kurz vor Mitternacht, dann legte ich mich ins Bett und schlief den Schlaf der Gerechten, der mir nach der Albtraumnacht im Männerschlafsaal wahrlich vergönnt war. Ich hatte das Glück, dass ich mir mit Pedro ein Zimmer teilen durfte, das hieß Schnarcherchöre blieben mir in dieser Nacht erspart. Am kommenden Morgen schliefen wir aus und standen erst um kurz vor acht auf – weder Stylo-Pilgrim Pedro noch ich hatten es besonders eilig, mit Restalkohol im Blut aus den Federn zu kommen.

Pedro, der Sohn reicher brasilianischer Eltern, studierte seit mehreren Jahren in Wiesbaden und sprach ausgezeichnet deutsch. Monatelang hatte er sich auf den

Camino de Santiago vorbereitet, mehrmals wöchentlich im Fitnessstudio trainiert und dennoch war seine Lektion auf diesem Weg augenscheinlich, dass es keine Möglichkeit gab, den Pilgerweg zu erzwingen. Väterlicherseits hatte Pedro nämlich Knieprobleme geerbt und schon die Strecke von Burgos nach León hatte er gezwungenermaßen mit dem Bus zurücklegen müssen – nun hatte er den Kampf ab León noch einmal aufnehmen wollen, jedoch bereits nach der ersten Tagesetappe erkennen müssen, dass er nicht zu Fuß nach Santiago gelangen würde. Seine Knie schmerzten fürchterlich und er kam nur langsam voran.

An jenem Morgen entschloss ich mich dazu, Pedro einige Stunden zu begleiten, da ich noch immer den Wunsch in mir trug, mich dem Tempo langsamerer Pilger anzupassen, um mich auf diese spezielle Weise auf meine Mitmenschen einzulassen. So pilgerten der Brasilianer und ich in gemütlichem Tempo die Landstraße von Villar de Mazarife nach Villavente entlang, bis uns nach einiger Zeit Ljuba und Nico einholten, die offenbar noch später als wir aufgebrochen waren. Nico war noch immer etwas blass um die Nase, fühlte sich aber fit genug, den Camino wieder aufzunehmen. Ich denke, dass ihm die Herzlichkeit und Fürsorge der Herbergseltern in Villar de Mazarife sehr gutgetan und dabei geholfen hatten, seine Darmgrippe zu überwinden. Denn bei welcher Krankheit wünschte man sich ähnlich verzweifelt einen Rückzugsort wie in diesem Fall? Die beiden Hospitaleros aber hatten sich rührend um ihn gekümmert, ihn mit Tee versorgt und ihn direkt neben einer Toilette in einem Einzelzimmer einquartiert, sodass er sich einigermaßen sicher fühlen und erholen konnte.

Während unseres Gesprächs fragte ich Pedro, ob die verschiedenen Tätowierungen auf seinem Oberkörper eine Bedeutung hätten. Ich freute mich zu hören, dass die Antwort auf diese Frage Ja war. Seine Tätowierungen hatten sogar alle Bedeutungen, erklärte er mir. Die beiden Bänder, die seinen Oberarm zierten, sollten das mathematische Ist-gleich-Zeichen darstellen. Damit wollte Pedro sich daran erinnern, dass alles, was er im Leben tat, Konsequenzen haben würde und er sich vor seinen Handlungen also dieser Konsequenzen bewusst werden sollte. Auf seiner Brust trug er ein Kreuz, nicht aufgrund christlicher Religiosität, sondern vielmehr als Sinnbild dafür, dass ohne Schmerzen kein Preis zu erringen sei. Ich musste spontan an einen Spruch denken, der mir in diesen Tagen immer wieder durch den Kopf ging: *Per aspera ad astra.*

Nur wer Schwierigkeiten in Kauf nahm, würde eines Tages zu den Sternen gelangen – ein Bild, das sich perfekt auf den Camino anwenden ließ und dieser Camino war für mich bereits seit meiner ersten Pilgerreise zehn Jahre zuvor nichts weiter als ein Abbild des Lebens im Kleinen gewesen.

Per aspera ad astra.

Blieb noch eine letzte Tätowierung – ein Tribal auf Pedros Oberarm, das sich über sein rechtes Schulterblatt zog. Das hatte er sich tätowieren lassen, als er volljährig wurde. Auch dieser Gedanke gefiel mir gut, hatte ich mir doch erst kurz zuvor Gedanken darüber gemacht, dass eine Initiation ins Erwachsenenleben in unserer Gesellschaft gänzlich fehlte – also eine Initiation in dem Sinne, dass der junge Erwachsene sich selbst in einer schwierigen Situation bewähren muss, wie es bei manchen Naturvölkern üblich ist, die ihre Nachkommenschaft auf Gedeih und Verderb in die Wildnis schicken, wo sie ihre Überlebensfähigkeit beweisen muss, bevor sie in den Stammeskreis aufgenommen wird. In unserer westlichen Zivilisation besteht dieses Aufnahme-Ritual darin, dem Sprössling je nach finanziellen Möglichkeiten entweder

Führerschein oder erstes Auto zu sponsern. Bedarf es weiterer Ausführungen?

Nach einer gemeinsamen Kaffeepause in einer kleinen Bar in Villavente setzte ich meinen Weg mit Nico fort und stellte zum zweiten Mal innerhalb weniger Tage fest, dass ich mich nicht zu sehr auf den äußeren Schein verlassen sollte – zwar war mir Nico nicht unsympathisch gewesen, ich musste allerdings innerhalb kürzester Zeit einräumen, dass ich ihn aufgrund seines jugendlichen Aussehens unterschätzt hatte. Wir vertrieben uns die nächsten Wegesstunden mit einem Gespräch, das mich überraschte und amüsierte – Nico erwies sich als ausgesprochen hinterfragter und klarsichtiger Gesprächspartner – und stiegen am Nachmittag gemeinsam in der Albergue eines kleinen Dorfes namens Santibáñez de Valdeiglesias ab, wohingegen Ljuba endlich die Ankündigung wahrmachte, die er mir gegenüber bereits ganz am Anfang des Camino ausgesprochen hatte: Er wanderte allein weiter, um einige Tage die Erfahrung des Einzelreisenden zu machen. Nico, mit dem er seit Wochen unterwegs war, war wohl nicht weniger überrascht als ich.

Sorgen

Nach unserem Aufbruch am nächsten Morgen wanderten Nico und ich gemeinsam in Richtung Astorga. Astorga ist ein kleines Städtchen in Castilla y León, dessen Hauptattraktion ein von Antoni Gaudí erbauter Bischofspalast ist. Das Wetter war unterdessen beinahe wieder zu heiß, aber nach all der Kälte wagte kein Pilger sich so recht zu beklagen. Mir jedenfalls war es lieber zu schwitzen als zu frieren. Der morgendlichen Laune waren der Sonnenschein und die schöne, hügelige Landschaft auf jeden Fall zuträglich. Das Highlight an diesem Vormittag aber war

Davids Frühstücksstand. David, ein junger Katalane, der aussah wie ein moderner Hippie-Jesus, lebte in einer halb verfallenen Scheune am Wegesrand. Vor der Scheune hatte er einen Stand aufgebaut, an dem er die vorbeiwandernden Pilger mit Frühstück auf Spendenbasis versorgte. Welch ein Frühstück aber: Bio-Säfte, Bio-Kaffee mit Milchsorten aller Art (von Kuhmilch über Reis-, Soja-, Hafer- bis hin zu Mandelmilch), Bio-Gebäck, jede Menge frisches Obst und Tee.

Für ernährungsbewusste Mitteleuropäer (Nico beispielsweise war Vegetarier) ein Traum im diesbezüglich weitgehend ignoranten Spanien. Hinzu kam Davids warmherzige Ausstrahlung, die den schlichten Ort in eine kleine Oase der Ruhe verwandelte. Auf meine Frage, wie lange er vorhabe, diesen Stand zu betreiben, meinte er, für den Rest seines Lebens. Er fühle sich berufen, den Menschen zu dienen. Respekt: Leben in einer halbverfallenen Scheune, mutterseelenallein, nur um den Pilgern auf dem Camino einen Rastplatz zu bieten – gewiss nicht jedermanns Sache.

Frisch gestärkt zogen Nico und ich dann weiter nach Astorga. Die Sonne brannte mittlerweile erbarmungslos und der Schweiß rann uns den Rücken hinab. Allerdings hatte ich Astorga als beschauliches Städtchen in Erinnerung, in dem wir gewiss einen hübschen Ort für eine Rast fänden. Gemeinhin mochte Astorga als beschaulich gelten, nicht jedoch dienstags, denn dienstags, so erklärte mir ein verhutzelter alter Mann auf Nachfrage, war Markttag. Das bedeutete, die Stadt war brechend voll und uns blieb nichts anderes als uns vollbepackt mit Rucksäcken auf dem Rücken und Pilgerstab in der Hand durch die verstopften Gassen von Astorgas Altstadt zu schieben. Wir beschlossen, unsere Rast zu verschieben und außerhalb der Stadt eine Pause einzulegen. Unser Ziel an diesem Tag war El Ganso, ein verschlafenes Dörfchen dreizehn

Kilometer hinter Astorga, dessen Herberge im Pilgerführer vielversprechend beschrieben war.

Nachdem wir in Astorga Lebensmittel eingekauft hatten, die wir nun zusätzlich zu unserem normalen Gepäck auf dem Buckel trugen – vor und in El Ganso gab es nämlich laut Pilgerführer keinen Laden mehr und wir hatten vor, abends zu kochen – verließen wir Astorga in der größten Mittagshitze. Das entsprach wieder eher der Pilgererfahrung, die ich im Jahr 2000 gemacht hatte: Nutze jeden Brunnen am Wegesrand, um deinen Kopf darunter zu halten!

Völlig erschöpft kamen wir am späten Nachmittag in El Ganso an. Der Herbergsvater der sympathischen Herberge, ein 19-jähriger *Pilgerfreak* namens Aron (O-Ton Pilgerführer), erwies sich zumindest als eines: als Freak mit Geschäftssinn. Als wir ankamen, stierte ein nach Marihuana stinkender Aron uns aus glasigen Augen an, schrieb uns in sein Buch ein, kassierte uns ab. Zwangsfrühstück am nächsten Morgen im Preis inklusive – wogegen nichts einzuwenden gewesen wäre, hätte Aron tatsächlich mehr als Butter und Toast im Haus gehabt – einzukaufen aber hatte er in seinem Tran offenbar vergessen. Immerhin, die leeren und ausgespülten Marmeladengläser erinnerten daran, dass es zu besseren Zeiten wohl einmal Marmelade gegeben hatte. Falls die Gläser nicht aus dekorativen Gründen neben dem Spülbecken platziert worden waren, um die potenzielle Anwesenheit von Marmelade vorzutäuschen.

Jedenfalls kassierte besagter Aron uns ab und ward fortan bis zu unserer Abreise nicht mehr gesehen. Wahrlich sympathisch. Vielleicht hätte er besser einen Headshop betrieben.

Nach unserer anstrengenden Tagesetappe von beinahe dreißig Kilometern war ich platt und suchte eine der örtlichen Bars auf, um einen Tinto de Verano zu trinken

– allein, denn außer Nico kannte ich in der Herberge leider niemanden und der hatte keine Lust gehabt.

Auf dem Rückweg zum Refugio klingelte mein Telefon. Meine Mutter rief an, um mir schlechte Neuigkeiten zu überbringen: Der Knoten in ihrer Brust, der zwei Wochen zuvor entfernt worden war, war nicht, wie sie mir erzählt hatte, harmlos gewesen, sondern bösartig. Das bedeutete also Krebs. Chemotherapie und Bestrahlung.

Ich saß auf einem staubigen Platz am Ende der Welt und war schockiert. Die Sonne trocknete die Tränen auf meinen Wangen. Nach Ende des Telefonats lief ich verstört zurück zur Herberge und suchte nach Nico. Wie sehr hätte ich mir in diesem Augenblick gewünscht, dass Alma da gewesen wäre. War sie aber nicht und ich hatte auch keine Ahnung, wo sie war und ob ich sie auf diesem Camino überhaupt wiedersehen würde. Also bat ich Nico, mit mir in die Bar zu kommen, wo ich noch einen weiteren Tinto de Verano trank und eine Zigarette herbeisehnte. An diesem Tag, das ist mir klar, hatte ich als frisch gebackener Nichtraucher einfach nur Glück: Niemand, wahrlich niemand in meinem Umfeld rauchte, also konnte ich auch niemanden um eine Kippe anschnorren. Sonst hätte ich es getan.

Nico leistete mir Gesellschaft, sodass ich zumindest einen Gesprächspartner hatte, mit dem ich mich austauschen konnte. Interessanterweise erzählte er mir, dass seine Oma erst vor drei Monaten an Krebs gestorben sei, nachdem sie jahrelang gegen wiederkehrende Tumore gekämpft hatte. Ich überlegte mir, ob ich seine Geschichte in dieser Situation taktlos finden sollte, empfand Nicos unverblümte Ehrlichkeit letztlich aber als liebenswert. Sinnentleertes Geschwafel hätte mir ohnehin nicht weitergeholfen. So hatte ich zumindest das Gefühl, dass er seine eigenen Erfahrungen mit dem Thema Krebs mit mir teilte. Am Ende unserer Unterhaltung erschien es uns beiden so, als hätten wir dieses Gespräch ebenso sehr seinet- wie meinetwegen geführt, denn er hatte sich zuvor mit dem Tod seiner Oma, wie er zugab, kaum auseinandergesetzt und war dankbar dafür, dass unser Beisammensein an diesem Abend ihm dazu Anlass bot. Noch dazu, wo uns am kommenden Tag ein wichtiger Punkt auf dem Camino de Santiago erwartete: das Cruz de Ferro – das Eisenkreuz, an dem die Pilger einen Stein aus der Heimat ablegten, um die Sorgen, die sie auf dem Weg mit sich herumgetragen hatten, hinter sich zu lassen.

Pilger-Familie

In der Nacht hatte ich einen Typen unter mir, der meine Ohrenstöpsel glatt wegschnarchte, weshalb ich nach einer halben Stunde in ein freies Bett auf der anderen Seite des Raumes flüchtete. Dort fand ich zumindest ein bisschen Schlaf und konnte dem Gedanken-Karussell entfliehen.

Die Etappe des folgenden Tages war eine der schönsten auf dem gesamten Weg. Schon der Weg am frühen Morgen von El Ganso nach Rabanal del Camino ist bezaubernd. Sie erinnerte ein wenig an die Etappe zwischen Roncesvalles und Zubiri in Navarra. Dann kam der Aufstieg zum Cruz de Ferro und es wurde noch schöner.

Zum Glück traf ich rechtzeitig vor dem Kreuz Alma wieder, sodass wir gemeinsam ein kleines Ritual begehen konnten, um unseren Stein abzulegen. Nico schien keine Lust zu haben, mit uns weiterzulaufen, aber das Gespräch des vorherigen Abends hatte ihn dazu angeregt, oben am Cruz de Ferro einen Abschiedsbrief an seine verstorbene Oma zu schreiben.

Es war das letzte Mal, dass er mir begegnen sollte. Wie ich es schon so oft auf dem Camino erlebt hatte, traf man sich genau so lange, bis man ausgetauscht hatte, was es auszutauschen gab.

Alma und ich blieben später in El Acebo, einer schönen Herberge im Geiste von Grañon, wo wir gemeinsam das Abendessen zubereiteten. Zum Abschluss des Tages verfolgten wir einen beeindruckenden Sonnenuntergang über den Bergen. Stimmungshebend war auch ein Gespräch, das ich mit John, dem 67-jährigen Engländer, über Literatur hatte. Er war uns schon mehrfach begegnet, lief den Camino aufgrund seiner schlechten Knie mit zwei Stöcken und kam, auch wenn er länger brauchte, oft am gleichen Ort an wie wir.

Der Tag darauf sollte einer der härteren werden. Die Hitze war endgültig zurückgekehrt und wir hatten 32 Kilometer zu bewältigen. Der schönste Abschnitt war am Morgen der Abstieg nach Molinaseca. Ponferrada dagegen ist eine eher hässliche Stadt. Dennoch hatte ich dort Unaufschiebbares zu erledigen: Sockenkauf. Meine Wandersocken hatten Löcher bekommen, was mir noch auf den letzten 500 Metern eine neue Blase beschert hatte. Ich nutzte den Ausflug, um mir eine kleine Pizza einzuverleiben, ein Geschenk des Himmels für meine Laune.

Nach Ponferrada führte der Weg über glühende Asphaltstraßen und erforderte einiges an Kondition. Zum Glück traf ich am Ende, fünf Kilometer vor Cacabelos, Alma wieder, sodass wir den zugegebenermaßen wieder schönen Endspurt gemeinsam zurücklegen konnten. Dennoch sollte uns an diesem Tag kein Glück beschieden sein: Die letzten beiden Betten wurden vor unserer Ankunft vergeben.

Mala suerte – oder vielleicht auch nicht, denn wir bekamen Matratzen, um unter freiem Himmel zu schlafen. Da es im Refugio keine Küche gab, aßen wir ein Menú del Peregrino – mein erstes seit Roncesvalles. Wir hatten einen lustigen Abend, lachten viel, tranken leckeren Wein aus dem Bierzo, einen Rosé, das war mal etwas Anderes, und großartiges Essen: Paella, Lamm und als Nachspeise

Milchreis. Nach den Strapazen dieses Tages hatten wir es uns verdient.

Die Nacht verbrachten wir dann unter dem Sternenhimmel und die Beziehung zwischen Alma und mir veränderte sich. Wir begannen, gänzlich unschuldig, miteinander zu kuscheln. Das tat uns beiden sehr gut. Zudem war es das erste Mal seit Jahren, dass ich so viel Nähe zu einer Frau zugelassen habe. Die Entbehrung körperlicher Nähe ist ein Preis, den wir Pilger auf dem Camino für gewöhnlich zu entrichten haben. Gerade deshalb fühlte sich dieser Kuschelschlaf an, als würden wir unsere Batterien aufladen.

Von Cacabelos führte uns der Weg zunächst nach Villafranca del Bierzo. In dem beeindruckend schönen Dorf legten wir eine Frühstückspause ein, bevor wir die einzigen waren, die nach der Brücke über den Fluss den *Camino duro* einschlugen, den Weg über die Berge.

Ich muss zugeben, dass ich persönlich Wege über Asphalt und am Rande der Landstraße als wesentlich härter empfinde als Wege durch die Natur, selbst wenn diese Wege bergauf führen. Denn das tat der *Camino duro*, der harte Weg, natürlich, und zwar nicht zu knapp, dafür jedoch bot er einige Atem beraubende Aussichten auf den hinter uns liegenden Bierzo und war es schon deshalb wert. Hinzu kam, dass Alma mir jede Menge spanische Pflanzennamen beibrachte.

Als anstrengender empfand ich auf den 12,3 Kilometern des *Camino duro* übrigens den steilen Abstieg nach Ende des Aufstiegs. Klar, der Aufstieg brachte mich zum Schwitzen, der Abstieg aber zehrte an der psychischen Kraft, weil ich mich ständig konzentrieren musste, um nicht zu stürzen. Am Fuße des Berges erreichten wir Trabadelos, ein Dorf, das direkt neben einer viel befahrenen Carretera und der Autovía um seine Lage nicht zu beneiden ist. Obwohl wir kaputt waren, entschieden wir uns, weiterzulaufen, was bedeutete, dass wir zunächst einmal an besagter Carretera entlanglaufen mussten – ein Stück, dass mir aufgrund seiner Nervigkeit bestens im Gedächtnis geblieben ist. Mittlerweile schützt zumindest eine kleine Mauer aus Stahlbeton den Pilger vor herandonnernden LKWs, was im Vergleich zu meinem Camino im Jahre 2000 durchaus eine Bereicherung war. Also legten wir noch sieben weitere Kilometer bis Vega de Valcarce zurück. Das lohnte sich insofern, als das Tal des Valcarce hinreißend schön war, sobald wir die Landstraße wieder verlassen hatten.

In Vega de Valcarce entschieden wir uns für das Refugio municipal (die städtische Pilgerherberge), das etwas günstiger war als die Alternative und über eine Küche verfügte.

Völlig ausgehungert suchte ich zunächst einen kleinen Supermarkt auf, wo ich einkaufte, um für Alma und mich zu kochen – letztlich jedoch für ein paar Menschen mehr. Ich machte einen Kartoffel-Kichererbsen-Auberginen-Eintopf. Danach badete ich mich noch, soweit möglich, im steinigen und eiskalten Fluss.

Abends führten Alma und ich noch ein Gespräch über die vorherige Nacht. Die Zärtlichkeiten, die wir ausgetauscht hatten, waren ehrlich und rein, vielleicht gerade, weil für mich von vornherein eine Grenze bestanden hatte. Mein Freund wartete zu Hause auf mich. Ohnehin erstaunte es mich, dass ich mich so sehr zu Alma hingezogen fühlte, das war mir sehr lange bei keiner Frau geschehen. Zugleich verwirrte es mich und ich fühlte mich überfordert, da ich keine falschen Hoffnungen wecken wollte.

Der folgende Tag war mein härtester auf dem bisherigen Camino. Der Morgen begann damit, dass alle Pilger in unserem Schlafsaal bereits um fünf Uhr morgens aufstressten und außer Alma und mir der letzte bereits um Viertel vor sechs das Refugio verlassen hatte. Wir standen dann auch auf und Alma stellte fest, dass ihr Kulturbeutel verschwunden war – ein Ärgernis, das sich nicht aufgeklärt hat. Es wäre nicht so tragisch gewesen, hätte sich in diesem Beutel nicht ein Medikament gegen ihre Bienenallergie befunden.

Der Tag startete also mies und dann verloren Alma und ich uns auch noch beim Aufbruch, sodass wir den Aufstieg zum O Cebreiro bis La Faba getrennt voneinander unternahmen. Dort trafen wir uns dann allerdings wieder und erklommen O Cebreiro gemeinsam – ein schönes, aber zugleich anstrengendes Wegstück. Wir hatten insgesamt eine Steigung von 700 Höhenmetern zu überwinden.

Mein ursprünglicher Plan war es gewesen, in O Cebreiro zu bleiben, auch wenn es sich dann um eine kurze Etappe gehandelt hätte; doch ich fühlte mich erholungsbedürftig. Da wir allerdings bereits um elf Uhr dort ankamen und Alma ebenso wenig Lust hatte wie ich, den Wandertag in diesem Moment zu beenden, entschieden wir, nach Hospital de Condesa weiterzulaufen. Das war – warum auch immer – der Todesstoß für meine Laune.

Die Refugios in Galicia kosten unterdessen allesamt fünf Euro und es gibt zwar Küchen, aber keine Töpfe, Besteck oder Geschirr. Wie hirnrissig! Sollten wir Pilger Töpfe und Teller etwa mit uns herumschleppen?

Alma war so lieb, für mich zu kochen (sie lieh sich Topf und Geschirr von einer Nachbarin), und ich schlief nach dem Essen beinahe drei Stunden. Dennoch blieb meine Laune angeschlagen und ich wusste nicht einmal, weshalb. Schlechter Tag. Die gehörten allerdings dazu – und der letzte auf diesem Weg lag schon lang zurück.

Nach diesem Tiefpunkt wanderten Alma und ich am nächsten Tag getrennt durch wunderschöne Wälder, die zum Glück einigen Schatten spendeten, nach Samos. Es war brütend heiß. Für mich war das seit Längerem die erste Sing-Etappe. Mein Liederschatz hat sich auf diesem Camino ungemein vergrößert und es tat gut, mal wieder für mich zu sein beim Laufen.

Der Morgen in Hospital de Condesa hatte mit einem spanischen Freak begonnen, der uns alle erstmal aufs Wildeste beschimpfte, als die ersten Pilger – zugegebenermaßen zu früher Stunde – in ihren Sachen zu kramen begannen. Ein derartiger Wutausbruch am Morgen war anstrengend, selbst wenn ich den Auslöser nachvollziehen konnte.

Umso besser, dass die Tagesetappe durch das Singen einen Ausgleich bot. Noch dazu ist das frühe Aufstehen bei der momentanen Hitze verständlicher als vor Wochen. Die Temperaturen klettern bis auf 34 Grad und das Wandern in der Mittagssonne wird unerträglich.

Als ich, dem Hitzschlag nah, in Samos ankam, erwartete mich eine freudige Überraschung. Im Supermercado traf ich John und Erin, die Kanadier, wieder– inklusive Erin II, einer weiteren Kanadierin Anfang 40, die die beiden unterwegs aufgelesen hatten. Vor diesem Camino hatte ich den Namen Erin noch nie gehört und plötzlich kannte ich gleich zwei davon! Wir entschieden uns dafür, trotz des Preises von elf Euro in einer neuen privaten Herberge abzusteigen, die drei Wochen zuvor eröffnet hatte. Luxus. Wir kochten abends gemeinsam und luden Alma ein, die in der klösterlichen Herberge abgestiegen war. Zehn Jahre zuvor war auch ich dort abgestiegen, die Nacht war mir jedoch in verheerender Erinnerung geblieben. Nach einem 40-Kilometer-Marsch hatte ich die ganze Nacht wachgelegen, da die Betten so kurz waren, dass meine Füße nicht mit hineingepasst hatten. Das wollte ich mir nicht noch einmal antun!

Nach dem Essen plauderte ich noch bis kurz vor zwölf

mit John, was mir nach dem schwierigen Tag mit Alma guttat, da ich meine Gedanken mit ihm teilen konnte.

Die Etappe des folgenden Tages war kurz aber nichtsdestotrotz kräftezehrend. Den Morgen verbrachte ich im Gespräch mit John und Erin, was wie immer anregend und witzig zugleich war. Der Camino führte uns durch Wälder bis nach Sarria. Nach der Stadt mussten wir eine gewaltige Steigung erklimmen, bevor es dann nach Barbadelo ging.

Die private Herberge in Barbadelo war teuer und bot wenig – vom unfreundlichen Herbergsvater und dessen Tochter einmal abgesehen. Sicherlich ohne Hintergedanken gab sie uns auf Nachfrage die Info, dass wir im Dorf Lebensmittel kaufen könnten. Leider stellte sich das als unmöglich heraus, was John und mich einen drei Kilometer langen Fußmarsch ins nächste Dorf kostete, um dort in einem winzigen, zur örtlichen Bar gehörigen Supermarkt einzukaufen. Aurora, die Barbesitzerin und Verkäuferin in Personalunion, war eine der langsamsten Personen, die mir in meinem Leben je begegnet sind. Dennoch – oder vielleicht eben deswegen – war dieser Einkauf witzig und am Ende spendierte Aurora uns sogar zwei Glas Wein, damit wir die Strapazen des Rückwegs durch die Mittagssonne gestärkt zurücklegen konnten.

Bevor wir abends kochten, lud uns ein Pole namens Andrzej auf eine Flasche Wein ein – unter der Bedingung, dass John seine Gitarre holen und wir singen würden. Nichts lieber als das! Alma war ebenfalls mit von der Partie und schnell stieß noch eine Truppe spanischer Männer aus Granada dazu. Bei dieser Gelegenheit lernten wir auch Nacho kennen – einen jungen Typen aus Valencia, dessen melancholische Ausstrahlung in Verbindung mit seiner schönen Stimme eine wahre Freude waren.

Nach dem spanischen Gesang kochten wir dann gemeinsam Linseneintopf. Dazu gab es einen Tomatensalat mit Thunfisch und von Alma gesammelten frischen Wiesenkräutern. Die Blumen auf dem Salat sahen nicht nur toll aus, sondern machten das ganze Mahl zu einem besonderen Erlebnis. Ich für meinen Teil nahm mir jedenfalls vor, ab sofort mehr Blumen zu essen.

Die letzten 100 Kilometer

Tags darauf kehrte der Regen zurück. Nach der Hitze der vergangenen Tage war ich darüber eher froh, denn kalt war es nicht und das Wandern fiel uns wieder leichter, vielleicht leichter als zu irgendeinem Zeitpunkt auf diesem Camino bisher.

Der Weg nach Sarria war ein Schock. Es gab kaum fünf Minuten am Tag, in denen einem niemand begegnete. Pilger, wohin man sah. Der Grund dafür war simpel: Wer die letzten 100 Kilometer nach Santiago zu Fuß zurücklegt, bekommt die Compostela, die Urkunde, die besagt, dass du erfolgreich deine Pilgerreise nach Santiago absolviert hast.

Ich stand mit meinem Schock nicht allein da – uns allen, die wir schon ein hunderte Kilometer langes Wegstück hinter uns gebracht hatten, erging es ähnlich. An diesem Tag trafen wir auch John, den 67-jährigen Engländer, wieder. Im Refugio erzählte er uns von seinen zwölf Kindern. Mir klappte der Kiefer runter.

Die Ankunft an der Albergue municipal in Portomarin erwies sich denn auch als Albtraum erster Güte: Eine Schlange von Rucksäcken und Pilgern erwartete uns, die alle darauf warteten, dass die Herberge um eins ihre Pforten öffnete. Wir hatten sie betreten: die Pilgerhölle der letzten 100 Kilometer. Plötzlich hatte sich der Weg verwandelt, und zwar in etwas, was man sich für einen spirituellen Weg nicht vorstellen mag. Wir befanden uns in der Massenabfertigung. Die Pilger wanderten mit Telefon am Ohr. Ein Mann schrie minutenlang in sein Handy, während Alma und ich hinter ihm herliefen. Irgendwann meinte ich zu ihr: „Er scheint ganz schön sauer zu sein." Ihre Antwort brachte mich zum Lachen: „Nein", sagte sie, „Er ist bloß Franzose."

Tags darauf begannen wir unsere Wanderung abermals im Regen. Das schreckte mich allerdings inzwischen nicht mehr – auf diesem Camino war uns schon jegliche Art von widrigem Wetter begegnet und allesamt hatten wir es überlebt. Zudem war es noch immer 20 Grad warm, insofern mussten wir zumindest nicht frieren. Dennoch hatten Alma, John, die beiden Erins und ich uns bereits tags zuvor dafür entschieden, diesen Tag in der Albergue *Fonte del Peregrino* in Ligonde zu verbringen. Auf dem Camino schien dies laut unseren Pilgerführern der letzte Ort zu sein, der an den Geist von Grañon anknüpfte.

So fanden wir also auch auf den letzten hundert Kilometern einen Ort, an dem unsere Seele noch einmal durchschnaufen konnte. Wir kamen bereits um elf Uhr an und mussten dann zwei Stunden warten, bis die Hospitaleros von der christlichen Gruppe *Agape* uns ins Dormitorio (den Schlafsaal) einließen. Während dieser Zeit allerdings spielte John Songs auf seiner Gitarre und wir sangen von *Wonderwall* über *Hallelujah* bis *Ubi caritas* und *Laudate omnes gentes* ein Sammelsarium an Liedern, die uns einfielen. Es war die reine Freude.

Die Pilger, die in der Fuente del Peregrino einkehrten, um Tee oder Kaffee zu trinken, ohne bleiben zu wollen, freuten sich über unser musikalisches Rahmenprogramm und zogen gestärkt weiter. Mit uns entschloss sich auch Maik, ein Endvierziger aus der Berliner Ecke, im Hospital abzusteigen.

Er sollte mein letzter Arschengel sein. Beharrlich belegte er mich mit Beschlag und erkor mich zu seinem persönlichen Übersetzer, da er außer Deutsch kein Wort in einer Fremdsprache sprach. Ich machte das eine Weile mit, merkte jedoch bald, dass mir diese Inanspruchnahme meiner Person, ob ich wollte oder nicht, gegen den Strich ging. Ich versuchte also, meine Grenzen abzustecken. Das gelang mir schließlich auch, war aber eine Herausforderung, womöglich nicht zuletzt, weil Maik auf Psychopharmaka war. Insofern fiel es mir schwer zu beurteilen, inwieweit sein übergriffiges Verhalten den Medikamenten geschuldet war.

Diesen Nachmittag verbrachten John, die beiden Erins, Alma und ich damit, die Existenz unserer kleinen Pilgerfamilie zu feiern. Wir legten uns alle gemeinsam in zwei der fünf nebeneinanderstehenden Betten. Wir lachten, wir kuschelten, rollten umher, erzählten uns Geschichten, fragten einander, welches Essen wir uns aussuchen dürften, wenn wir in diesem Augenblick die freie Wahl hätten, wie wir unsere etwaigen Kinder nennen würden und dergleichen Dinge mehr. Einzig John, der Engländer, fehlte, er hatte das Refugio nicht gefunden, wie sich später herausstellen sollte.

Dieses Sleep-Over mitten am Nachmittag war einer der nahsten und schönsten Momente dieses Caminos. Das Sleep-Over von Ligonde sollte uns alle für die Zukunft verbinden.

Auch der Abend in der Fuente der Peregrinos war herrlich. Die Agape-Hospitaleros kochten ein wunderbares Menü für uns und wir durften noch nicht einmal helfen: Es gab Salat, eine Art Chili-Suppe und als Nachspeise Crêpes. Dieser Tag als Ganzes war also ein letzter Seelentröster, bevor es am nächsten Morgen nach einem ausgiebigen Frühstück mit Müsli, Obst und Kaffee weiterging auf den Pilgerhighway in Richtung Santiago.

An jenem Morgen trennten sich Almas und meine Wege wieder von denen Johns und der beiden Erins. Alma und ich legten eine enorme Tagesetappe von 35 Kilometern zurück, weil meine Zeit langsam knapp wurde. Ich wollte unbedingt bis Samstag in Santiago ankommen, da ich bereits am Montag Besuch in Cambrils erwartete. So hätte ich zumindest einen ganzen Tag am Zielpunkt unserer Pilgerreise.

Obwohl alle Neu-Pilger bereits am Vorabend panisch Betten in den privaten Herbergen reserviert hatten, ließen Alma und ich uns weiterhin Zeit und widerstanden der um sich greifenden Betten-Paranoia. Der Tag war zum Laufen ideal, aber irgendwann am Nachmittag wurde uns doch der Weg lang und wir sehnten uns danach anzukommen. Wieder war der Tag geprägt vom Leitmotiv der Toleranz. Die große Lektion der letzten 100 Kilometer. Bei all den Handy- und Großgruppenpilgern keine einfache Angelegenheit für uns, die wir bereits 700 Kilometer auf dem Buckel hatten. Dennoch erreichten Alma und ich um halb fünf die schön gelegene Herberge in Ribadiso Abaixo und es gab noch drei Betten – zwei davon für uns! Wir konnten unser Glück kaum fassen und priesen den Stern, unter dem unser Weg stand. Da hatte sich auch unser verzweifeltes „New York, New York"-Singen der letzten Kilometer gelohnt: *Start spreading the news ...*

Abends blieb uns mal wieder keine andere Wahl, als uns ein Pilgermenü einzuverleiben, da natürlich auch die Küche in Ribadiso zwar schön anzusehen, ohne Geschirr und Besteck jedoch nutzlos war. Wir verabredeten uns mit Nacho, dem Valenciano, und seiner Gruppe von Freunden und nach einem zähen Anfang wurde der Abend noch recht nett, weil ich den Spieß einfach umdrehte und diesmal selbst derjenige war, der die Fragen stellte. Nach dem Abendessen hatte ich das dringende Bedürfnis, mich hinzulegen, wohingegen die anderen noch weiterzogen. Die 35 Kilometer an diesem Tag hatten mich geschlaucht und ich schlief wie ein Baby, bis am nächsten Morgen um fünf die Stresspilger aufsprangen, um ihr übliches Tohuwabohu zu veranstalten.

Alma, die auf der anderen Seite des Raumes lag, kletterte kurzerhand aus ihrem Bett und sprang mit in meins, sodass wir die kommenden beiden Stunden im Kuschelschlaf vor uns hindösten.

Die Etappe führte durch die von mystischen Nebeln durchzogenen, sonnigen Morgenwälder Galicias – Alma und ich führten ein Gespräch über ihre Eltern, die sie während all der Jahre, die sie in Findhorn gelebt hatte, kein einziges Mal besucht hatten. Sie waren mit Almas Entscheidung, dort zu leben, nicht einverstanden. Schnell kamen wir zum Thema Abgrenzung vom Elternhaus und von den Konzepten und Vorstellungen der Eltern. Bei unserer Frühstückspause trafen wir – wer hätte es glauben mögen – wieder auf John, den Engländer, diesen zähen Knochen, und wir alle freuten uns tierisch, unter den zahllosen Neupilger-Gesichtern unsere vertrauten zu sehen.

Den Rest der Etappe trennten sich Almas und meine Wege, zunächst lief sie mit John, dann mit Nacho und ich lief mit John. Der ist ein wunderbarer Gesprächspartner. Unsere Unterhaltung führte uns durch die englische Politik, vom Königshaus über Lady Di bis zu Maggie Thatcher. Wir waren noch immer ins Gespräch vertieft, als wir in Pedronzo ankamen, jenem unfassbar unsympathischen Ort an der Carretera, der bei meinem ersten Camino dafür gesorgt hatte, dass ich am letzten Tag 46 Kilometer gelaufen war, weil ich keine Lust hatte, dortzubleiben. Diesmal aber war meine kleine Pilgerfamilie dort und so blieb auch ich – und siehe da, es gab sogar Töpfe und Pfannen im Refugio, sodass wir gemeinsam zu Abend essen konnten. Natürlich versammelten sich noch andere Pilger um uns – und wie sich herausstellte, feierte einer davon an diesem Abend seinen Geburtstag: Welch ein Anlass für uns zu singen!

Wie nicht anders zu erwarten, kam früher oder später der erste Musterpilger, um uns einen Vortrag darüber zu halten, dass es sich nicht gehöre, auf dem Camino Partys zu feiern. Wenn der wüsste! Aber es galt weiterhin das Gebot der Toleranz. Auch wenn die wiederkehrende Lektion langsam fad zu schmecken begann.

Die Nacht in dem stickigen Raum wurde – mit dem schnarchenden John unter und Alma im viel zu engen Bett neben mir – zu einem letzten Albtraum.

Doch dann hieß es am nächsten Morgen natürlich:

¡A Santiago voy!

Diese letzte Etappe war deutlich nerviger als erhofft – und auch, als ich sie in Erinnerung hatte. Die miese Nacht trug natürlich das ihre dazu bei. Außerdem war ich diese letzten Kilometer auf meiner ersten Pilgerschaft, wie bereits erwähnt, im Anschluss an unsere diesmalige Vortags-Etappe gelaufen. Genau wie bei längeren Autofahrten ist es auch beim Pilgern so, dass sich die Zeitwahrnehmung ab einem gewissen Punkt verschiebt und alles erträglicher wird, was einem zu Beginn wie eine Ewigkeit vorgekommen wäre.

Erst führte uns an jenem Morgen ein ewiger Aufstieg durch schöne Wälder, wir kamen am Flughafengelände vorbei und immer weiter hinauf auf den Monte de Gozo – oder *Mount Gonzo*, wie John ihn gern nannte. Anstatt von Vorfreude und einem ersten Blick auf Santiago erwartete uns oben allerdings nur eine dunstige, wolkenverhangene Sicht ohne Stadt. Puh.

Ich musste trotzdem eine Weile dort ausharren, da Alma sich mit einer bezaubernden 70-jährigen Französin namens Claire unterhalten hatte, während ich vorangegangen war, um Claire nicht zum wiederholten Male erklären zu müssen, dass Alma und ich kein Paar seien, obwohl sie doch fand, dass wir so hervorragend zusammenpassten. Da die Französin ihre strengen christlichen Wurzeln erwähnte, wollte ich mich einem Gespräch über das Thema Homosexualität lieber nicht aussetzen.

Nichtsdestoweniger hatten Alma und ich schon eine Woche zuvor beschlossen, dass wir unter allen Umständen gemeinsam nach Santiago gelangen wollten, denn auf eine Art war dieser Camino zu unserem gemeinsamen Weg geworden. Insofern wartete ich natürlich auf sie und tat es gern.

Der Abstieg vom Monte de Gozo war seltsam, der Himmel grau, unsere Stimmung bedrückt. Am Stadtrand von Santiago schlug ich vor, noch eine Kleinigkeit zu trinken. Also betraten wir eine kleine Pizzeria. Ein Glücksgriff. Zu unseren zwei Karäffchen Sangría wurden uns Tapas gereicht – das besserte unsere niedergeschlagene Stimmung augenblicklich. Noch dazu gab die Wirtin uns Tipps, wo wir abends schön würden weggehen können.

Frisch gestärkt legten wir also schließlich die letzten Kilometer durch die Randbezirke Santiagos zurück. Diese letzte halbe Stunde auf dem Camino liefen Alma und ich Hand in Hand. Unerschütterlich sangen wir *Ubi caritas*. Wir konnten nicht mehr. Die Blicke der Menschen, die uns von allen Seiten trafen, waren uns gleich. Sollten sie gucken.

Niemand war da, um uns zu begrüßen, als wir an der Kathedrale ankamen. Das war schade und wäre keineswegs ungewöhnlich gewesen, da die Pilgerschar sich im Verlaufe des Weges ja immer wieder aufteilte und neu zusammenfand. Nun, wir nahmen es hin und legten uns auf der Praza do Obradoiro vor der Kirche auf den Boden. Dann blickten wir zu Santiago Apostol, dem Pilger, auf.

Ein schöner Moment: erschütternd, seltsam, überwältigend.

Nachdem wir eine halbe Stunde so da gelegen und unseren erschöpften Gedanken nachgegangen hatten, brachen wir auf und besorgten uns die Pilger-Urkunde, die Compostela.

Unsere Pilgerschaft war an ihr Ende gelangt.

Abschluss

Wie bereits am Ende meiner ersten Pilgerreise zehn Jahre zuvor, war die Erfahrung, in Santiago de Compostela anzukommen, ernüchternd. Plötzlich hatte ich das Ziel verloren, das über Wochen hinweg meine Tage bestimmt hatte. Ich konnte nicht mehr nach Santiago laufen, denn ich war ja bereits in Santiago.

Am Tag nach meiner Ankunft traf ich nachmittags John, den Engländer, auf dem Platz vor der Kathedrale. Er winkte mich zu sich und natürlich setzte ich mich zu ihm.

Wie er es im Laufe der Zeit so oft getan hatte, sah er mich aus seinen klaren blauen Augen an und meinte dann: „Elyseo, du hast eine Gabe."

Fragend sah ich ihn an.

„Immer, wenn ich unterwegs Menschen traf und du und Alma gerade nicht bei mir wart, immer, wenn ich dann mit jemandem über euch beide gesprochen habe, begannen die Augen dieser Menschen zu leuchten! Bewahre dir diese Gabe!"

Das war womöglich das schönste Kompliment, das ich in meinem Leben bekommen habe.

Noch zehn Jahre später versuche ich, mich daran zu erinnern, dass ich dieser Mensch sein kann, wenn ich gerade in einem Tief oder einer Sinnkrise stecke.

Dabei – was war es schon, was Alma und ich taten? Was sollte so ungewöhnlich daran sein?

Wir banden die Menschen ein, hörten ihnen zu, bemühten uns, für und mit allen zu kochen, zu essen und Gemeinschaft zu schaffen.

An jenem letzten Abend, dem Tag nach unserer Ankunft

in Santiago, versammelte sich unsere kleine Pilgerfamilie noch ein letztes Mal. Alle waren sie da: John, der Engländer, John, der Kanadier, den ich im Laufe der Jahre noch viel besser kennenlernen sollte, die beiden Erins, Eszter und natürlich Alma und ich selbst.

Wir vollzogen ein gemeinsames Abschiedsritual, um den Camino de Santiago gehen zu lassen und uns auf die Rückkehr in all unsere so unterschiedlichen Leben vorzubereiten: In einem typisch galizischen Lokal bestellten wir eine Queimada – ein hochprozentiges Gemisch, das traditionell brennend in einem Tontopf serviert wurde.

Als die blaue Flamme über dem Topf loderte, der in unser aller Mitte stand, intonierten wir die folgenden Verse (und noch heute höre ich Almas Stimme, wenn ich sie lese):

Queimada, Queimadita

You that are so beautiful
We walked away from our old selves
as we walked mile after mile
uphill, downhill, and done with friends
in sunshine and snow,
in the rain and the cold,
seeking meaning and sense of our lives
Burn away fear,
Burn away sadness, selfishness, distrust,
and let us here
be filled with joy, generosity and confidence.
Let us learn and live through pain and loss
Let the flame warm us with love
and hope in the light of peace
Queimada, Queimadita
Bring to all of us our hopes and dreams.

Der harte Kern meiner Pilger-Familie – Alma, John, die beiden Erins – sollte mir über die kommenden Jahre erhalten bleiben.

Ich habe sie alle, teils mehrfach, wiedergesehen. Mit John wohnte ich während meiner beiden Kanada-Aufenthalte monatelang zusammen, die beiden Erins besuchte ich ebenfalls und kam in ihrem jeweiligen Zuhause unter.

Alma sah ich erst knapp acht Jahre später in ihrer neuen Heimat in den Blue Ridge Mountains in Virginia wieder. Wir konnten beide nicht fassen, dass so viel Zeit vergangen war. Stundenlang wanderten wir mit ihrer Hündin durch die Berge und knüpften da an, wo wir so viele Jahre zuvor aufgehört hatten.

Vancouver Island 2013

Vorbemerkung:

In den Jahren nach meiner Rückkehr aus Spanien arbeitete ich in Köln als freiberuflicher Deutschlehrer. Um mir genügend Zeit zum Schreiben einzuräumen, kaufte ich mich zweimal pro Jahr frei. Diese Zeit verbrachte ich im Ausland – mit Abstand am häufigsten in Lissabon – und widmete mich dem Schreiben meiner Romane.

Drei Jahre nachdem wir uns auf dem Camino de Santiago kennengelernt hatten, verbrachte ich in diesem Rahmen zwei Monate bei John und den Erins in British Columbia, Kanada. Da ich während meines Aufenthalts dort das *Mosaik der verlorenen Zeit* beendete, traten meine Aufzeichnungen über die Reise selbst in den Hintergrund. Dennoch habe ich mich entschieden, euch diese Bruchstücke nicht vorzuenthalten.

Blütenmeer und Umzugskartons

4. April 2013

24 Stunden von Tür zu Tür, dieser Reisemarathon liegt nun glücklicherweise hinter mir. Zunächst ging es von Düsseldorf nach Toronto, ein achtstündiger Flug, auf dem ich dummerweise den einzigen Platz erwischte, wo unter dem Vordersitz eine überdimensionierte Eisenbox ihr Zuhause gefunden hatte. Das bedeutete, dass ich über acht Stunden versuchte, meine Füße irgendwo hinzuquetschen, ohne mir dabei das Blut abzudrücken, was sich als Kunstform für sich erwies. Füße auf den Gang ging nicht – es sei denn ich wollte die vorbeilaufenden Stewards und Stewardessen zu Fall bringen. Unter dem Sitz wurde es also eng. Überhaupt konnte ich die ganze Situation nur lösen, indem ich ein Kissen zwischen Unterschenkel und

Eisenbox platzierte. Hinzu kamen zwei ausgesprochen ungesellige Nachbarn zu meiner Linken, die während der acht Stunden kein einziges Wort wechselten, weder miteinander geschweige denn mit mir.

Zum Glück leben wir im 21. Jahrhundert und eine Auswahl an Filmen sorgte für Unterhaltung. In Toronto angekommen hatte ich zwei Stunden Zeit und nutzte diese produktiv, indem ich in Kettenrauchermanier meinen Nikotinspiegel in die Höhe trieb (drei Zigaretten in Folge wären mir unter normalen Umständen zu viel). Draußen blies ein eisiger Wind, gepaart mit gelegentlichem Schneefall.

Weiter ging es dann in Richtung Vancouver, diesmal nicht mit der Lufthansa, sondern mit Air Canada, wo man nur gegen Entgelt mit einer Mahlzeit versorgt wurde. Unterdessen war ich jedoch so müde, dass es mir gelang, ein wenig zu schlafen. So verging die Zeit bis zum spektakulären Landeanflug auf Vancouver verhältnismäßig rasch.

Die kanadischen Einreiseformalitäten hatte ich bereits in Toronto hinter mich gebracht, dass in Vancouver niemand mehr meinen Pass sehen wollte und John bis ans Gepäckband kommen konnte, um mich in Empfang zu nehmen, überraschte mich allerdings.

Fast schon angekommen, dachte ich – die Fährfahrt hinüber auf die Insel würde bloß anderthalb Stunden dauern. Wie naiv ich war. Die Fähre legte natürlich nicht direkt vom Flughafen ab (hätte ich mir eigentlich denken können). Insofern hieß es zunächst mit Skytrain und Bus zur Fähre zu gelangen, dann die Fährfahrt hinüber auf die Insel und, wer hätte es geahnt, eine weitere Busfahrt von knapp einer Stunde bis nach Victoria. Zu diesem Zeitpunkt allerdings schockte mich nichts mehr, ich war erschöpft und nickte immer wieder ein, Kopf nach hinten, Mund weit geöffnet. Nun hatte ich es aber tatsächlich beinahe geschafft.

Was einige Stunden Schlaf für die Laune bewirken können!

Zunächst erwachte ich gegen fünf Uhr nachts, schaffte es aber bis halb neun weiterzuschlafen, nachdem ich mir im Kopf eine To-do-Liste für den folgenden Tag zurechtgelegt hatte. Dies nicht ohne Grund: John war erst tags zuvor in die Wohnung eingezogen, sodass wir gemeinsam umgeben von Stapeln von Umzugskartons auf einer Matratze auf dem Boden nächtigten. Ich hatte keinerlei Vorstellung, wie wir in diesem Chaos leben sollten!

Wenn ich das Gefühl habe, vor einem diffusen Berg nicht zu bewältigender Aufgaben zu stehen, helfen solche Listen mir dabei, nicht den nötigen Optimismus zu verlieren.

So auch gestern – John meinte zunächst, er sei kein Listentyp, freundete sich aber schnell mit dem Gedanken an, vor allem, da Kaffeetrinken und Frühstücken ganz oben auf meiner Liste standen.

Wir gingen in ein hübsches Restaurant und ich bestellte mir Pancakes mit Ahornsirup, was, wie John mir schnell klarzumachen verstand, hauptsächlich in meinem Kopf ein typisch kanadisches Frühstück war. Das war mir allerdings gleich und ich genoss das Gefühl, das mir die Pancakes vermittelten, nämlich nach langer Zeit wieder in Amerika zu sein.

Unser beider Stimmung war nach vier Kaffee auf dem Höhepunkt und wir starteten einen ausgesprochen produktiven Tag, der dazu führte, dass wir nun ein Bett und eine Schlafcouch in der Wohnung haben, zudem ein Bücherregal, Grundnahrungsmittel und einen Aschenbecher. Außerdem habe ich jetzt einen eigenen Schlüssel, was sofort dazu beitrug, dass ich mich mehr zu Hause zu fühlte.

Hier ist es wunderschön, was nicht zuletzt damit zu tun hat, dass alles blüht und ich gestern im Pulli draußen herumlaufen konnte, ohne zu frieren. Die Menschen sind herzlich und offen. Bislang vermittelt mir jeder den Eindruck, willkommen zu sein.

Von unserer Wohnung bis zum Meer ist es eine Viertelstunde zu Fuß, sodass ich gestern Abend, obwohl ich nach unserem vollgepackten Tag hundemüde war, noch einen kleinen Spaziergang dorthin unternahm. Am Strand beobachtete ich einige Otter, die im Wasser planschten, über mir kreisten Möwen und für den Fall, dass ich einem Bären begegnen würde, hatte ich mir bereits Johns Strategie angeeignet: bellen und mich groß machen, um den Unhold in die Flucht zu schlagen. Zugegebenermaßen stand dies gestern Abend nicht zu befürchten. Auf dem Nachhauseweg begegnete mir ein Mann, der über einen Zaun hinweg etwas zu beobachten schien. Neugierig blieb ich stehen und fragte ihn, was er da sähe. „Eulen", erwiderte er und deutete mit dem Finger ins Halbdunkel. Ich kniff die Augen zusammen, konnte jedoch nichts erkennen. Verdammt! Ich hatte noch nie Eulen gesehen!

Zeit, der Eitelkeit abzuschwören und meine Brille zu tragen. Hier gibt es Tiere. Und ich will sie sehen, verdammt noch mal! Das heißt also, ab sofort Brille.

Während John abends noch ausging, musste ich dringend schlafen – habe offenbar Jetlag. Dafür war ich heute bereits um halb sieben Uhr morgens joggen, das erste Mal seit Monaten. Gut, dies hier gleich zu Beginn wieder angefangen zu haben. Die Lage unserer Wohnung ist dafür ideal – bis zum Beacon Hill Park sind es hundert Meter. Der Park selbst führt direkt bis zum Ozean. Ich wäre selbst schuld, wenn ich diese Gelegenheit ungenutzt ließe.

Revoltierende Omis
und menschenfressende Raubkatzen

14. April 2013

Ich kann revoltierende deutsche Großmütter auf Kanadas Straßen sehen. Mit zornesroten Gesichtern protestieren sie gegen Milch- und Käsepreise.

Was ist aus dem guten, alten Milchsee geworden? Wo ist der Butterberg abgeblieben? Und wie in Gottes Namen heißt das Äquivalent dazu in Käseform?

Vor den Regalen kanadischer Supermärkte jedenfalls lobe ich mir die viel gescholtene EU-Agrarsubventionspolitik. Offenbar scheint sie doch eines zu verhindern, nämlich radikale Preissteigerung durch Monopol-Bildung. (Interessant in diesem Zusammenhang, dass es 37 Jahre dauerte, bis ich verstand, dass der Name des beliebten Brettspiels Monopoly nichts anderes bedeutet als Monopol – wie offensichtlich müssen Dinge sein?)

Dem Discounterpreis-gewohnten Deutschen jedenfalls schaudert, wenn es zuschlagen heißt, weil das Kilo Käse *on sale* ist und dementsprechend nur 25 Dollar kostet (was in etwa 20 Euro entspricht).

Glücklicherweise schaffe ich es unterdessen, kaum noch darüber nachzudenken und einfach sorgenfrei zu konsumieren, wie sich das für einen Mitteleuropäer schickt. Außerdem kaufe ich prinzipiell Mengen ein, die die durchschnittliche kanadische Großfamilie ernähren könnten – das ist nämlich billiger. Mein Mitbewohner aus Köln, der mich unlängst fragte, ob ich Anteile an einem Molkereibetrieb erworben hätte, als er den Milchvorrat im heimischen Kühlschrank begutachtete, wird bestätigen können, dass es kein Problem für mich ist, vier Liter Milch zu vertilgen. Weshalb also nicht gleich im Kanister kaufen?

Meine anfängliche Panik vor finanziellem Ruin jenseits des großen Teiches hat sich unterdessen in eine subtile Furcht verwandelt, die ich immer besser in den Griff zu bekommen lerne. Nein, ich werde nicht Opfer des amerikanischen Alb-Traumes werden, denn ich war ja niemals Millionär. Meine Teller wasche ich ohnehin, diesbezüglich steht also keine Verschlimmerung zu befürchten.

Habe ich kurz nach meiner Ankunft noch in höchsten Tönen den kanadischen Frühling gelobt, muss ich dieses Urteil leider als voreilig revidieren. Gewiss, es gab da diesen ersten Tag, heute nenne ich ihn gerne den Tag vor dem Wintereinbruch.

Die Kälte kehrte zurück.

Trotzdem grünt und blüht alles. Es vergeht kaum ein Tag, an dem wir nicht von Sonne, über Regen, Sturm, blauen Himmel, grauen Himmel bis hin zu Hagel alles haben.

Nach ein paar Tagen gewinne ich erste Eindrücke von kulturellen Unterschieden zwischen Deutschland und Kanada.

Uns Deutschen wird ja oft emotionale Kälte nachgesagt, nicht selten gepaart mit einem Mangel an Begeisterungsfähigkeit. Ich habe mich schon oft gefragt, weshalb wir so wahrgenommen werden. Nachdem ich mich nun, nach beinahe siebzehn Jahren, wieder auf angloamerikanischem Boden bewege, wird mir die Antwort klarer.

Als Deutschem kommt es mir, so habe ich das gelernt, verdächtig vor, dass die Menschen hier alles *amazing* und *awesome* finden. Ist das nicht übertrieben, frage ich mich. Unrealistisch? Exaltiert?

Nun, das ist eine mögliche Betrachtungsweise. Genauso lässt es sich allerdings umdrehen: Weshalb empfinden wir Deutschen Dinge, die uns gefallen, als *nicht übel* beziehungsweise *gar nicht so schlecht*? Ist das keine permanente

Wendung positiver Erlebnisse ins Negative? Weshalb benutzen wir die doppelte Verneinung, um auszudrücken, dass wir etwas mögen? Und, lassen wir dies mal so stehen, weshalb scheint es uns darüber hinaus verdächtig, wenn jemand dies nicht tut, sondern freudige Ereignisse mit positiven Beschreibungen belegt?

Gewiss dem mag man entgegengehalten, dass diese ständige Wiederholung von *awesome* und *amazing* in vielen Fällen übertriebene Freude zeige, die den Erlebnissen unangemessen sei. Allerdings bestimmt der Gebrauch von Sprache zugleich dieses Erleben. Es überrascht mich mithin kaum, dass die Menschen auf der Straße mir hier zuallermeist mit einem offenen Lächeln begegnen, während schon dies in der Heimat für Argwohn sorgen würde. Zumindest habe ich persönlich oft den Eindruck, dass wir Deutschen ein misstrauisches „Warum lächelt der so komisch?", „Was will der von mir?" im Hinterkopf haben, wenn jemand es wagt, einem grundlos zuzulächeln.

Es fällt mir schwer, mich von der verbreiteten Überheblichkeit gegenüber der angelsächsischen Kultur freizumachen. Ich frage mich bloß, weshalb dieser Negativismus im deutschen Denken so omnipräsent ist, dass uns eine andere Ausdrucksweise sogleich verdächtig erscheint.

Unterdessen ertappe ich mich jedenfalls dabei, wie ich fleißig *awesomes* und *amazings* in meine Reaktionen einstreue, wenn mir Kanadier, die ich neu kennen lerne, etwas erzählen.

Bei John und Erin, meinen beiden Camino-Freunden, tue ich das nicht, dazu kenne ich sie zu gut. Aber gerade John ist es, der mich hin und wieder amüsiert darauf hinweist, dass *not the worst* nicht unbedingt eine positive Beschreibung darstellt.

Apropos Kanadier kennenlernen.

Freitag und Samstag war ich zum ersten Mal aus, seit ich in Victoria bin. Erin kam aus Port Alberni nach

Victoria zu Besuch. Sie und John hatten sich vor einer Weile getrennt und seither lebte sie in der kleinen Stadt im Landesinneren von Vancouver Island. Wir waren mit ein paar Freunden von ihr und John zunächst in einem Pub etwas trinken – ich natürlich nur Cranberry-Soda (Anm. des Autors: Im Jahr 2013 verzichtete ich neun Monate lang auf Alkohol.), wobei die Alkoholpreise in Kanada bei uns wohl ganz andere Bevölkerungsgruppen als Omis zum Revoltieren brächten.

Danach zog ich weiter ins *Paparazzi*, den einzigen Gay-Club der Stadt. Glücklicherweise hatte Erin mir zuvor bereits erzählt, dass sämtliche Clubs vor Ort bereits um zwei Uhr schließen – sonst wäre ich später aus allen Wolken gefallen.

Als ich ankam, ich verstand gar nicht so recht, weshalb, meinte ein Typ vor der Kasse zu mir, ich solle einfach den Arm ausstrecken. Natürlich folgte ich brav, tue ich ja immer. Mysteriöserweise kam ich umsonst in den Club.

Selbiger erwies sich als bizarre Freakshow. Übergewichtige Typen um die fünfzig rissen sich das Shirt vom Leib, was kaum an der Hitze gelegen haben dürfte, denn der Club war beinahe leer. Draußen regnete und stürmte es eisig, sodass selbst das Rauchen einer Zigarette zu einem Frostbeulen-verheißenden Abenteuer wurde. (Besonders schön beim hiesigen Nichtraucherschutzgesetz ist die Regelung, dass das Rauchen mit einem Mindestabstand von drei Meter zur nächstgelegenen Tür- oder Fensteröffnung zu erfolgen hat. Das lässt wahrlich jedes Bürokratenherz höher schlagen!)

Mir war es also nicht einmal mit Pullover und Halstuch zu warm in diesem Club.

Auch ansonsten tummelte sich von Trans-Gruftis über hüpfende Schnauzträger bis zur gemeinen Jungschwulette allerhand Volk in diesem Laden. Bei Victorias Größe hatte ich dergleichen nicht erwartet.

Meine Aufmerksamkeit wurde bald allerdings anderweitig in Beschlag genommen. Die Leute, mit denen ich zufällig umsonst hineingekommen war, verwickelten mich in ein Gespräch, allen voran Christina, die mit ihrem Mann Randy unterwegs war. Die beiden gingen mit ihren beinahe fünfzig Jahren ab wie Twens, rissen einen blöden Spruch nach dem anderen und verbreiteten rundweg gute Laune. Auch hatten sie zahllose interessante Geschichten zu erzählen, beispielsweise von Randys Transgender-Stiefsohn, der von der mütterlichen Familienseite mit heftigem Widerstand zu leben hatte, bis Randy diesen Teil der Familie eines Tages zur Rede stellte. Was, so seine Worte, ist denn nun genau der Unterschied zu vorher und der Grund dafür, ihn plötzlich nicht mehr zu lieben? Diese couragierte Handlung wärmte mein Herz. Auch ansonsten waren die beiden ausgesprochen unterhaltsam und ich genoss es, nicht mehr allein unterwegs zu sein.

Ihre Mitgliedschaft in der Legion, einer Veteranenvereinigung, in der auch Kinder und Kindeskinder Mitglied werden konnten, war übrigens der Grund für unseren kostenfreien Eintritt. Hätte ja nie geglaubt, dass Ex-Soldaten mir mal bares Geld sparen würden.

Als wir um zwei Uhr aus dem Club geworfen wurden – die wenigen Anwesenden hatten sage und schreibe um zehn vor zwei mit dem Tanzen begonnen – bekam ich auf der Straße zufällig mit, dass ein Typ zu einem anderen sagte „Lass uns lieber hier lang laufen, das ist sicherer". Ich konnte mir eine ironische Nachfrage nicht verkneifen – wer bereits in Victoria war, wird dies verstehen, denn es handelt sich allenfalls um eine Kleinstadt – und schon befand ich mich im nächsten Gespräch und einige Minuten später in jemandes Wohnung ein paar Blocks weiter.

So zog sich meine Nacht also in die Länge und ich kam erst um für hiesige Verhältnisse erstaunliche vier Uhr morgens nach Hause.

Das Ausgehen tat mir gut – seither fühle ich mich geerdeter, habe das Gefühl nicht mehr nur einen Menschen zu kennen, habe eine Einladung nach Vancouver und eine zu einem Barbecue in Victoria erhalten, alles in allem eine ansehnliche Bilanz für einen nüchternen Abend.

Gestern lernte ich ein Detail über Vancouver Island kennen, von dem ich lieber nie gehört hätte. Und zwar gibt es hier *cougars* – gefährliche, menschenfressende Raubkatzen. Angeblich hilft, anders als bei Bären, noch nicht einmal bellen und sich groß machen, im Zweifel mag dies sogar als Aufforderung zu einem bestialischen Spiel aufgefasst werden. Von diesen *cougars* hat Vancouver Island die größte Population weltweilt. Oh weh, oh weh!

Ich dachte, ich lindere meine Furcht vor lebensbedrohenden Raubkatzen, indem ich google, wie sie denn auf Deutsch heißen. Mittlerweile habe ich also herausgefunden, dass es sich bei den *cougars* um Pumas handelt, Berglöwen also. Ich bin nicht sicher, ob ich mich jetzt besser fühle. Vor allem Johns Kommentar „Just because you have not seen them does not mean they have not seen you" trug nicht eben zu meiner Beruhigung bei.

Als ich heute mit ihm frühstücken war, meinte er, kaum je greife ein *cougar* Menschen an.

Kaum je?!

Hm.

Und wenn, dann ohnehin eher Kinder.

Seit ich gestern Abend feststellen musste, dass ich hier bei jedem billigen Pub meinen Ausweis vorzeigen muss, um hineinzukommen, bin ich verunsichert, wie genau die das hier mit äußeren Merkmalen der Volljährigkeit nehmen.

Und wenn schon die Menschen es nicht so genau nehmen, wer kann dann etwas über *cougars* sagen?

Ich bin auf der Hut!

Von Walen und der See

4. Juni 2013

Obschon zurück in Deutschland will ich euch von einigen Geschichten zu erzählen, die mir während meines zweimonatigen Aufenthaltes in Kanada widerfuhren. Aufgrund der Fertigstellung meines Romans blieb das Schreiben von Reiseberichten leider weitgehend auf der Strecke. Es wäre gewiss eine willkommene Ablenkung gewesen (ihr kennt das – es ist so ähnlich, wie an einer Master-Arbeit zu sitzen und plötzlich diese Wahnsinnslust auf Fensterputzen und Schimmelflecken-Entfernen zu entwickeln), aber das *Mosaik der verlorenen Zeit* ging vor.

Da ich nun rückblickend erzählen werde, lasse ich die Chronologie außer Acht.

Ich möchte mit einem der letzten Erlebnisse auf Vancouver Island beginnen, meiner Whale-Watching-Tour. Eine der Haupt-Touristen-Attraktionen an der kanadischen Küste ist die Beobachtung freilebender Wale.

Als Mitteleuropäer hatte ich noch nie einen dieser gigantischen Meeressäuger zu Gesicht bekommen. Nichtsdestoweniger schreckten mich neben dem Touristen-Klischee die horrenden Preise. Ich beschloss, während der zwei Monate meines Aufenthalts alles auf das Prinzip Hoffnung zu setzen – schließlich war es schon vorgekommen, dass Wale auf der Fährfahrt von Vancouver nach Victoria beobachtet wurden, ja selbst auf dem *Breakwater* im Victoria Harbour habe er sie schon gesehen, behauptete John (dass dies nur einziges Mal geschehen war, als er noch ein kleiner Junge war, erwähnte er erst, nachdem ich wochenlang Tag für Tag einen mehrstündigen Spaziergang dorthin unternommen hatte).

So vergingen die Wochen also wallos. Keine Wale auf der Fähre, keine Wale im Hafen, keine Wale am *Breakwater*

– zwei Tage vor meiner Rückkehr blieb mir keine Wahl. Bedauerlicherweise erwies sich der für meine Unternehmung auserwählte Tag als windig und regnerisch. Prince of Whales, der erste Veranstalter, den ich aufsuchte, meinte, er hätte seine Touren für diesen Morgen abgesagt, der Nachmittag sei voll, falls die Tour denn stattfinde. Ebenso erging es mir bei den nächsten Anbietern – abgesehen von einem, der mir versicherte, sein Unternehmen hätte ein Hurrikan-sicheres Boot, in dem ich – der Typ musterte mich von oben bis unten – sogar meine Jacke ausziehen könne ich, weil es innen so schön warm sei. Nun, auch das war nicht eben exakt, was ich suchte. Kreuzfahrten hebe ich mir für den Ruhestand auf.

Also klapperte ich weiter den Hafen ab, bis ich zur Fisherman's Wharf gelangte. Just im Moment, als ich die Hütte eines Whale-Watching-Anbieters betreten wollte, kam mir ein Pärchen zuvor. Ich hörte noch, wie der ältere Mann hinter dem Tresen sagte, nein, er fahre nicht hinaus, es gebe zu wenige Leute. Da warf ich ein, dass auch ich interessiert sei. Eigentlich, so meinte er, brauche es vier Leute. Er besann sich kurz. Dann fügte er seufzend hinzu – na gut, ich mache es.

Ob es denn tatsächlich ungefährlich sei, wo doch alle anderen Agenturen gemeint hätten, die Flut des Jahres breche herein, fragte ich, doch er prüfte den See-Wetterbericht und erwiderte, es sei kein Problem.

Als wir in unserer Nussschale von einem Boot auf den stürmischen Ozean hinausfuhren – alle in Ganzkörperüberlebensanzüge gehüllt wie rote Astronauten – kamen mir Zweifel.

Das waren echte Wellen, die uns da entgegenbrandeten, so viel stand außer Frage. Im Boot gab es nichts, woran ich mich hätte festhalten können. Die Gischt spritzte über die Reling und binnen Minuten waren unsere Anzüge tropfnass. Das Boot pflügte sich schnaufend seinen Weg durch die Wellen – es war ein einziges Auf- und Ab. Mein ganzer Körper erstarrte in Panik.

Dann sah ich zu meinem Kapitän.

Ich musste an John denken. Der Satz, der mir von ihm im Gedächtnis bleiben wird, ist simpel und dennoch so treffend. *We'll be fine.* (Bären, Pumas, sonstige Naturgewalten, John reagierte stets gleich. Ein ums andere Mal hatte er recht behalten.)

Ich musterte den Mann. Er war Mitte fünfzig. Seit 19 Jahren machte er solche Touren. Zuvor war er Fischer gewesen und mit seinem Vater zur See gefahren, seit er elf war.

I'll be fine , dachte ich. Und in der Tat begann ich, mich zu entspannen. Wenn dieser Mann nicht wusste, was er tat, wer dann? Wer war ich schon, um zu beurteilen, ob es in Ordnung war, an diesem Tag hinauszufahren?

Ab diesem Augenblick hatte ich Spaß. Kurz darauf fing ich sogar an, den rauen Seegang zu genießen. Auf einen spiegelglatten Ozean hinausfahren, das konnte schließlich jeder.

Anderthalb Stunden fuhren wir, bis wir schließlich Saturna Island erreichten, wo dieser Tage der einzige Wal gesichtet worden war.

Was mich faszinierte, war der Abwechslungsreichtum der See. Warfen uns in einem Moment wütende Wellen hin und her, waren die Wasser im nächsten beinahe still. Das hatte ich nicht geahnt. Ich freute mich, etwas Neues über den Ozean verstanden zu haben.

Nah an der Küste Saturnas sahen wir letztlich die erste Fontäne aus dem Wasser aufsteigen. Ein Wal. Ein Buckelwal, um genau zu sein. Und er atmete genau so, wie es in den Naturdokus vorgesehen war!!

Mit unserer Nussschale näherten wir uns und folgten dem Riesen eine Weile. Bis auf vier Meter kamen wir heran. Welch ehrfurchtgebietender Anblick! Drei Mal stieg der Wal auf, um zu atmen, dann tauchte er ab und wir konnten nur erahnen, wohin er zu schwimmen gedachte. Zum Abschiedsgruß sahen wir stets die Fluke, dann verschwand er in den Tiefen. Ein wahres Spektakel.

Der Rückweg dauerte ebenso lang wie der Hinweg. Ich hatte mich ein wenig mit Kapitän Ron unterhalten und herausgefunden, dass er die kleinste Agentur betrieb. Er besaß nur dieses eine Boot. Als wir in der Nähe des Wales waren, preschten plötzlich zwei Zodiacs des Prince of Whales heran – vollbepackte Luftkissenboote.

„Where is he? Where is he?", riefen die Prince of Whales-Führer aufgeregt.

„Aber er ist doch gleich hier", sprach mein Kapitän mit ruhigem Bass.

Als ich das sah, war ich dankbar, dass ich Kapitän Ron gefunden hatte. Ihm vertraute ich. Er war ein Seemann, wie ich ihn mir vorstellte. Ein wenig rau, genau wie die See an jenem Tag. Aber authentisch. Und ich mochte die familiäre Atmosphäre auf unserer Nussschale. Das hätte Prince of Whales mir nicht bieten können.

Nach vier Stunden kamen wir letztlich wieder im Inner Harbour von Victoria an. Ich schlüpfte aus meinem roten Astronautenanzug. Der war offenbar nicht ganz dicht gewesen. Ich sah aus, als hätte ich mir in die Hosen gemacht.

Nichts für ungut, dachte ich mir – und machte mich auf den halbstündigen Fußmarsch nach Hause.

Es war ein abenteuerlicher Tag gewesen. Ich hatte einen Wal gesehen, den ersten meines Lebens, ich hatte etwas über den Ozean gelernt und ich hatte dieses herrliche Gefühl gehabt, wirklich am Leben zu sein.

Zahnpasta-Pops und Bäranoia

13. Juni 2013

Da saß ich nun also, vor mir ein schäumendes Gebräu, dessen schierer Anblick Skepsis in mir aufsteigen ließ: eine dunkelbraune Flüssigkeit, auf deren Oberfläche eine Kugel Vanilleeis trieb, die sich in rasantem Tempo dem Sprudel ergab. Flüchtig betrachtet wirkte das Ganze wie ein missglücktes Experiment aus dem Highschool-Chemielabor. Hätte mich jemand um eine Prognose gebeten, ich hätte Hitzeentwicklung vorhergesagt.

Mit weit aufgerissenen Augen sah Erin mich an.

„Und?" fragte sie.

Ich lächelte, biss die Zähne zusammen, führte das Glas zum Mund.

„Wie findest du es?"

Eine berechtigte Frage.

Trinkbar war es. Sicher. Auch gab es wider Erwarten keine Hitzeentwicklung. Verätzungen im Mundraum? Fehlanzeige. Jedenfalls nicht spontan. Dass es aussah wie im Glas umherwirbelnde Kotze, war gewiss eine unangebrachte Assoziation meinerseits.

Aber dieser Geschmack!

Seither – und diese Szene liegt unterdessen anderthalb Monate zurück – frage ich mich, wer wohl auf die Idee kam, einen Zahnpasta-Pop zu erfinden. Noch mehr allerdings interessiert mich die Frage, welche Sorte Zahnpasta. Es liegt mir auf der Zunge. Im wahrsten Sinne des Wortes. Es ist eine ganz bestimmte Sorte. Und doch will mir nicht einfallen welche.

Wer kommt auf die Idee, ein Getränk zu entwickeln, das unverkennbar schmeckt wie Zahncreme, es in zwei Liter-Flaschen zu füllen und mit Kohlensäure zu versetzen?

Rootbeer.

Und, als ob das nicht schlimm genug wäre, warum in Gottes Namen Vanilleeis? Ein *Rootbeer-Float*. Ihn zu probieren war eines der vielen Dinge, die ich in Kanada zum ersten Mal in meinem Leben tat.

Noch immer sah Erin mich an.

„Du magst es nicht", mutmaßte sie.

„Es ist nicht so übel", begann ich, ganz der Deutsche, konnte mir einen Nachsatz aber dann doch nicht verkneifen, „wenn man Zahnpasta-Pops mag."

Erin nahm es mir nicht übel. Immerhin hatte ich, als ich bei ihr in Port Alberni war, bereits gelernt, alles, was mir widerfuhr, *gorgeous, awesome* und *amazing* zu finden, sodass meine gezügelte *Rootbeer*-Begeisterung nicht weiter schwer wog.

Erst gegen Ende meiner Zeit in Kanada, mehr noch, als ich zurück in Deutschland war, fiel mir auf, dass diese Begeisterungs-Äußerungen eine positive Veränderung meiner Wahrnehmung bewirkten. Es ging nicht spurlos an mir vorüber, alles als fantastisch zu bezeichnen. Meine gesamte Grundstimmung war positiver. Diese Beobachtung fand ich bemerkenswert. Nie in meinem Leben hatte ich so lange Zeit im englischsprachigen Ausland verbracht.

Mir war klar, dass ich in meinen verschiedenen Fremdsprachen unterschiedliche Persönlichkeiten entwickelte – oder zumindest Facetten meiner Persönlichkeit stärker in den Vordergrund traten – mein englisches Ich kannte ich bislang allerdings nicht besonders gut.

Insofern freute ich mich, mich selbst kennen zu lernen – *I am Elyseo, nice to meet you – no, not Aleesio, pretty close, though, it's Elyseo, yeah, Ay-lee-sayo, exactly* – und festzustellen, dass ich diesen Ayleesayo in seiner positiven Art schnell zu schätzen lernte.

Nicht nur, weil ich meinen Rootbeer-Float nicht zur Neige leeren musste, war Port Alberni ein genialer Ort, allem voran, um zu schreiben. Erin ist Highschool-Lehrerin, sodass sie einen geregelten Tagesablauf hatte, der mir jede Menge Zeit ließ. Ich hatte ein eigenes Zimmer, von dessen Fenster aus mein Blick über die Siedlung und die dahinter gelegenen Wälder schweifen konnte. Mehr und mehr gewinne ich den Eindruck, dass ein schöner Ausblick meine Kreativität und Konzentrationsfähigkeit beflügelt. Zumindest arbeite ich besser, wenn ich eine ansprechende Aussicht habe.

Meinen kreativen Schub hatte ich also in Port Alberni. Dort beendete ich den ersten der vier Handlungsstränge des *Mosaik der verlorenen Zeit*, was mir ungemein Auftrieb gab.

Wenn ich nicht in meinem Zimmer saß und schrieb, ging ich im nahegelegenen Park spazieren. Lasst euch nicht täuschen, ein kanadischer Park fiele bei uns unter die Kategorie tiefste Wildnis.

Da ich dort zum ersten Mal alleine in der Natur unterwegs war, hieß es, mich meinen Bären-Ängsten zu stellen. Kein Wunder, dass diese voll durchbrachen, war doch das Erste, was ich beim Betreten des Parkes sah, ein Bären-Warnschild: ein Bär mit boshaft gefletschten Zähnen und heimtückischem Blick, der aussah, als hätte er nicht gefrühstückt – oder allenfalls schlecht, mit anschließender Verstopfung.

Die Wahl war indes, ob ich mich fortan nur noch in Vorortsiedlungen herumtreiben oder meine Hasenherzigkeit überwinden wollte.

Ich entschied mich für Letzteres. Ein erstaunliches Stück Selbstbeobachtung.

Der Adrenalinspiegel steigt, ich wage mich in den Wald. Jeder Laut, jede Bewegung wird zur potentiellen Bedrohung.

Das? Was ist das? – Ach, nur ein Fels.

Und dort? Ja, genau, dort hinten? – Puuh, doch kein Puma. Zum Glück …

Interessanterweise fühlte ich mich immer sicher, sobald ich ein Terrain bereits einmal durchwandert hatte. Beim zweiten Mal hatte ich ja bereits die Erfahrung gemacht, dass es hier weder Bär noch *Cougar* gab. Diese sind schließlich an Orten festgewachsen, sodass es unmöglich war, dort welche zu treffen, wo ich zuvor keine getroffen hatte. Obschon mir die Absurdität dieser Logik klar war, freute ich mich doch, dass ich dem Ort nach einer Weile mit einer gewissen Neutralität begegnen konnte, denn er war wunderschön: Ein Gebirgsbach schoss unterhalb des schattigen Waldpfades vorbei, die Möwen balgten sich um Fisch, der Frühling erblühte in all seiner Farbenpracht.

Ab dem zweiten Tag begleitete mich dann noch Hündin Lilly, sodass ich das Gefühl hatte, eine streitmächtige Gefährtin an meiner Seite zu haben. Balsam für Wildlife-geschundene Europäer-Nerven.

Dienstagabend dann nahm Erin mich mit zum Kanufahren auf einem nahe gelegenen See. Selbstverständlich sah ich erneut meine körperliche Unversehrtheit in Gefahr, obschon die Alligatoren-Vorhersage keinerlei Alligatoren vorhergesagt hatte. Aber wer wusste schon, was einem auf so einem Boot nicht alles zustoßen konnte! Ohnehin gehört es zu meinen Grundeigenschaften, neuen Dingen zunächst mit gebührendem Misstrauen zu begegnen.

Zu viert bestiegen wir an jenem Abend das Boot. Alles, worauf es beim Kanufahren ankommt, ist Rhythmus. Nicht unbedingt meine größte Stärke, zugegebenermaßen. Vermutlich stehe ich jeglicher Art sportlicher Betätigung nicht zuletzt aufgrund meiner Schulsport-Traumatisierung so skeptisch gegenüber. Schnell allerdings lernte ich, dass die Menschen in Port Alberni ausgesprochen wohlwollend sind.

Das begegnete mir in Kanada immer wieder: Während ich in Deutschland stets das Gefühl habe, man müsse Aktivitäten im Zustand der Meisterschaft beginnen, erlaubten mir die Kanadier, Dinge noch nicht zu können. An diesem Ort war es einem erlaubt, Dinge zu lernen, ganz ohne dafür abschätzige Blicke einstecken zu müssen. Dies begriff ich auf unserer Kanu-Tour.

Mein Rhythmus-Gefühl erwies sich, wie vorhergesehen, als nicht perfekt. Auch bekam Erin einige Wasserspritzer ab, weil ich die Sache nicht im Griff hatte. Aber das war alles kein Problem. Im Gegenteil, ich bekam sogar ein Lob dafür, dass ich mich gar nicht so schlecht anstellte.

Das Kanufahren machte einen Heidenspaß! Ein stahlblauer Himmel überspannte einen Bilderbuch-See. Im Hintergrund lächelten uns die bewaldeten Berge zu. Wir paddelten eine Stunde und danach spürte ich Muskeln in meinen Armen und meinem Rücken, von deren Existenz ich bis dahin keine Ahnung gehabt hatte. Es war herrlich. Zum Glück habe ich Freunde, die mich bisweilen zu meinem Glück zwingen!

Die Tage in Erins Haus vergingen viel zu schnell. Zwar hatte ich mir vorgenommen, auf jeden Fall noch einmal dort hinzufahren, solange ich in Kanada war, doch natürlich kam es anders, als ich erwartet hatte.

Meine Rückkehr nach Port Alberni wird wohl ein wenig warten müssen.

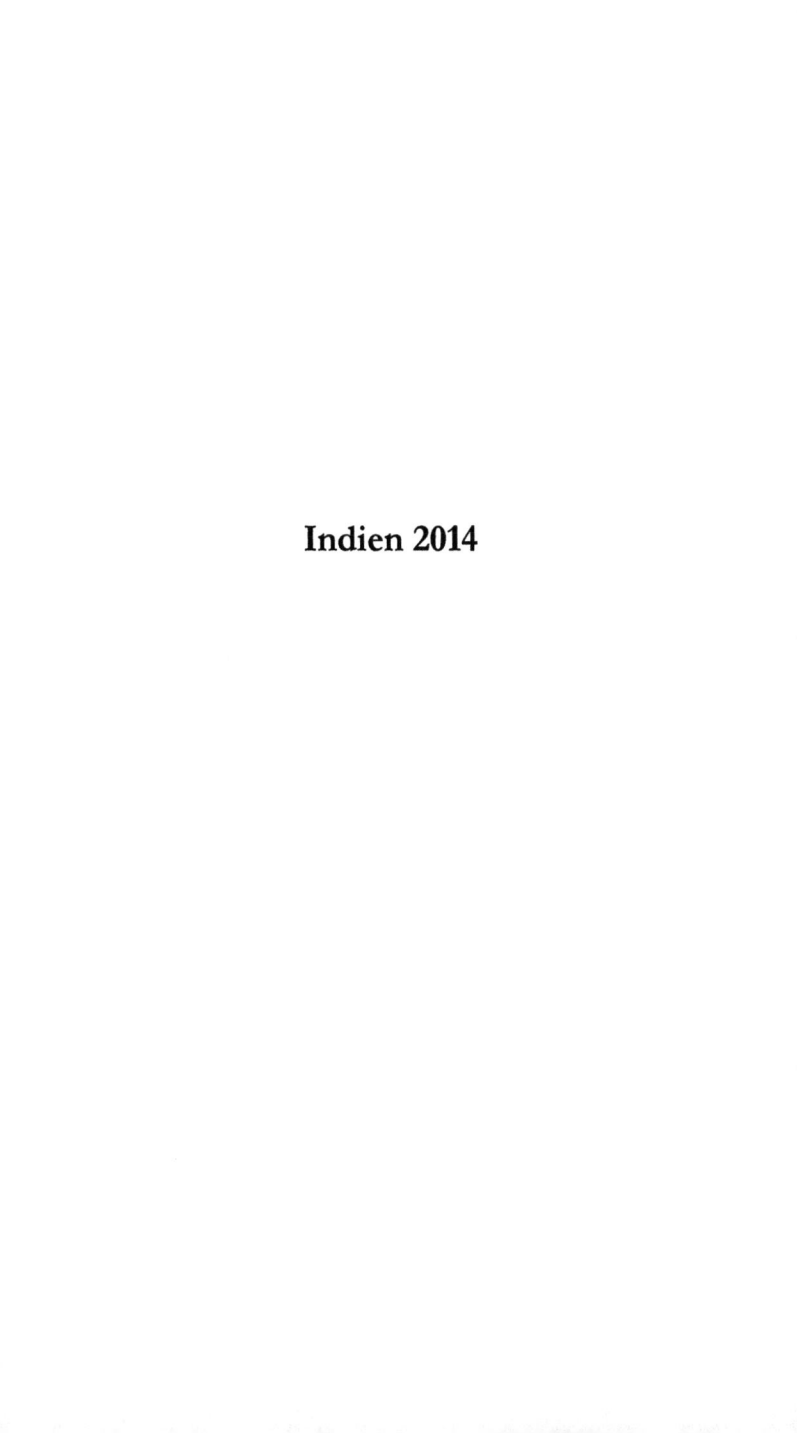

Indien 2014

Mumbai

7. März 2014

Als ich zehn war, las ich Klaus Kordons „Monsun oder der weiße Tiger" – eine Geschichte, die in Indien spielt und die vom Leben mehrerer Straßenkinder erzählt. Ich hatte mir das Buch aus unserer Schulbibliothek ausgeliehen und es fiel mir schwer, es nach der Lektüre zurückzugeben. Eins stand für mich fest – früher oder später musste ich dieses geheimnisvolle Land mit eigenen Augen sehen, seine Gerüche schmecken, die verborgenen Gassen erkunden, die Farben auf meiner Haut spüren.

Es sollten beinahe dreißig Jahre vergehen.

Entsprechend aufgeregt war ich, als ich in Mumbai ankam. Mein Flieger landete um halb zwei nachts. Mein erster Kontakt mit Indien war, dass wir eine Stunde lang auf der Rollbahn standen und unser Pilot irgendwann meinte, er würde uns ja gerne irgendetwas sagen, wie es nun weitergehe, aber es spreche leider keiner mit ihm.

Nach den Einwanderungsformalitäten bezahlte ich im Flughafen ein Prepaid-Taxi, was, wie ich später feststellte, gleich das erste Mal war, das ich abgezogen wurde. Dann: Hinaus ins Taxi und hinein in die indische Luft.

Indien riecht. Mal nach Abgasen, mal nach Jasmin, mal nach Scheiße, mal nach Räucherwerk. Die Taxifahrt war abenteuerlich, aber ich kam letztlich früh um halb fünf im Hostel an.

Nach nur wenigen Stunden Schlaf stürzte ich mich, aufgeregt wie ich war, in den Trubel. Diese ersten Stunden waren schwer. Das lag nicht daran, dass mich der Verkehr stresste, obschon es für europäische Verhältnisse unvorstellbar chaotisch zuging. Das Prinzip ist jedoch ähnlich wie in Rom: Jeder achtet auf den anderen und nichts passiert. Das Einzige, was nicht funktioniert, ist Schüchternheit. Wenn du gehen willst, geh, sonst wirst du nirgendwohin kommen. Schwer war vielmehr, dass ich nicht Nein sagen konnte. Also hörte ich die Geschichten zahlloser Menschen, wusste nicht, was tun, gab Geld, gab keines, folgte Indern in Touristenbüros, obwohl ich nichts wollte, hörte wieder andere Geschichten. Das Skurrilste war ein älterer Typ, der in der Nähe des Gateway of India an mir vorbeilief und mich stehen bleiben hieß. Ehe ich mich's versah war er mit einem spitzen Metallstab in meinem Ohr zugange und verstrich mein Ohrenschmalz auf seinem Daumen. *Ear-cleaning.* Er erzählte mir eine Geschichte vom Pferd, drückte mir eine Karte in die Hand, zauberte einen mysteriösen Ohrenschmalz-Stein aus meinem Ohr, zerdrückte ihn auf seiner Hand und war, bevor ich widersprechen konnte mit seinem Metallstab im zweiten Ohr unterwegs. Auf der Karte stand zu lesen, dass es 500 Rupees koste, einen Stein zu entfernen, 1000 Rupees (12 Euro) für zwei. Dann spürte ich plötzlich einen Druck auf dem Ohr und er fragte scheinheilig, ob er den zweiten Stein auch entfernen solle.

Widersprich niemandem, der einen Eisenstab in deinem Ohr hat.

Intuitive Regel.

Ich sagte ja, aber gab ihm die 1000 Rupees nicht. Ich gab ihm hundert. Immer noch zu viel.

Von da an überdachte ich meine Taktik. Ich begann, kritischer zu werden.

In anderen Situationen wiederum machte ich die Erfahrung, dass Menschen sich tatsächlich nur mit mir unterhalten wollten.

Walkie-Talkie, mit diesem Namen stellte er sich mir vor, führte mich beispielsweise durch einen Slum der Fischer. Ich war froh, ihn dabei zu haben, allein hätte ich mich an meinem ersten Tag da nicht hingetraut. Er war obdachlos und führte mich eine Weile herum – ich gab ihm dann ein wenig Geld dafür. Wenig später sprach mich ein anderer Mann an, ich hatte unterdessen gegessen und einen Kaffee im Leopold's getrunken (jeder, der *Shantaram* gelesen hat, kennt das) und mir vorgenommen, nicht mehr mit jedem zu sprechen.

Er aber versicherte mir, er wolle kein Geld. Also gingen wir eine Weile spazieren, setzten uns an den Marine Drive und sahen auf die Bucht. Sein Name war Sunil. Nach einer Stunde verabschiedete er sich und ging seiner Wege. Auch das ist Indien, auch das ist Mumbai. Die Menschen unterhalten sich gerne. Sie sind neugierig. Viele Europäer würden sagen, sie starren einen an. Ich mag das, ehrlich gesagt. Auch ich bin von Natur aus neugierig und würde mehr starren, wenn es in Deutschland nicht so unhöflich wäre. Hier ist es gang und gäbe. Die Menschen starren mich an, ich starre zurück. Mittlerweile wiege ich meinen Kopf und lächle. Die indische Geste. Irgendwas zwischen ja, okay und ich bin dir wohlgesonnen. Zum ersten Mal bewusst wahrgenommen habe ich sie bei Vijay. Zu dem aber später.

Am Abend meines ersten Tages ging ich essen. Ich liebe das Essen hier. *Do as the Indians do* ist meine Devise. Das heißt ich esse mit den Fingern, beiße in rohe Zwiebeln als Beilage, schlucke unglaublich saure Pickles herunter, nehme Fenchel – den *Mouthfresher* – wenn ich fertig bin. Ich esse Naan, Roti oder Chapati, bislang praktisch keinen Reis. Außerdem beinahe immer vegetarisch.

Als ich aus dem Restaurant kam, sprach mich ein Ostafrikaner an und erzählte mir seine Lebensgeschichte. Mit dem Boot über den Indischen Ozean. Zig Kameraden ertrunken. Er ganz allein gestrandet ohne Geld.

Ich hörte ihm zehn Minuten zu. Dann sagte ich. „Ich wünsche Dir das Allerbeste. Aber ich gebe Dir kein Geld." Erstaunt sah er mich an. „Ich wünschte, ich könnte das alles hier ändern", erklärte ich mich, „aber ich kann es nicht. Glaub mir, ich wünsche Dir Glück." Ich berührte seinen Oberarm. Er sah mich an, nickte und so schieden wir voneinander.

Ab dem nächsten Tag gab ich kein Geld mehr. Allerdings ist die Bettelei ohnehin in Colaba am stärksten. Dort verkehren die meisten Touristen.

Ich entschied mich an meinem zweiten Tag dafür, den Marine Drive, die Uferpromenade, hinunterzuwandern bis zum Chowpatty Beach. Dort machte ich eine gänzlich neue Erfahrung.

Reihenweise kamen Menschen zu mir und fragten: „One picture, Sir?"

Zunächst missverstand ich. Ich wollte das Handy des ersten Mannes in die Hand nehmen und ein Foto von ihm machen.

„No! NO! With you, Sir!"

Oh. Okay. „Sure."

Was soll ich sagen? Ich fühlte mich wie ein Filmstar. Von kleinen Kindern über gestandene Männer – alle ließen sich mit mir ablichten. Eigentümliches Gefühl. Aber wenn es sie freut! Später im Kamala-Nehru-Park umringte mich eine ganze Gruppe Kindergartenkinder, um ein Foto zu bekommen. Ich mochte es.

Den Rest des Tages durchwanderte ich Malabar Hill, das Reichenviertel, bis mir im wörtlichen Sinne die Füße bluteten. Ich hätte ein Taxi zurück nehmen können – das kostet fast nichts. Dann aber dachte ich daran, wie die Menschen dort lebten und lief. Lieber würde ich am nächsten Tag keine Sandalen mehr anziehen. Komische Logik, ich weiß – schließlich leben Taxifahrer ja auch von den Touristen. Nun, es war trotzdem die Art, wie ich dachte.

Als ich nach dem Essen – meine erste wirkliche Mahlzeit des Tages nach acht Stunden Fußmarsch – ins Hostel kam, hatte ich einen neuen Zimmergenossen. Es war acht Uhr, das Licht war aus. Jetlag, vermutete ich und legte mich ebenfalls hin. Zu mehr als einer Zigarette um halb zwölf Uhr nachts war ich an diesem Tag ohnehin nicht mehr zu gebrauchen.

Tags darauf ging ich auf eine Slum-Tour. Das hört sich grotesk an, war aber eines der Dinge, die mich mehr interessierten als die typischen Sehenswürdigkeiten.

Aus mehrerlei Gründen war es gut, das zu tun. Zuerst lernte ich, dass Menschen, die im Slum leben, nicht arm sind. Die armen Menschen leben auf der Straße. Wir besuchten einen Slum namens Dharavi. In Dharavi leben so viele Menschen wie in Köln. Auf 2 Quadratkilometern. Ein Haus in Dharavi kostet 15000 bis 20000 Rupees Miete pro Monat. Sunil, von dem ich vorhin erzählte, hat eine reguläre Arbeit in Mumbai und verdient 25000 Rupees. Aber die Menschen in Dharavi verdienen gut.

Eine weitere Sache, die ich lernte: Im Slum zu leben, macht kreativ.

Dharavi ist einer der größten und ältesten Slums. Die Bewohner Dharavis haben die komplette Recycling-Industrie der Stadt übernommen. Hier wird alles recycelt: Plastikflaschen, die überall in der Stadt weggeworfen werden, Metallbüchsen, Öl- und Farbbehältnisse, alles. Das Ganze ist professionell organisiert. Maschinen kommen zum Einsatz, zum Teil werden sie von den Bewohnern dort selbst gebaut. Niemand sonst möchte diese Arbeit machen, da sie unschön ist und mit toxischen Gasen einhergeht. Die Bewohner Dharavis aber tun sie. Wer dort arbeitet, verdient gut. 300 bis 400 Rupees pro Tag, plus der Möglichkeit, an seinem Arbeitsplatz zu schlafen. Viele Menschen kommen aus allen Teilen Indiens nach Dharavi, um dort Geld zu verdienen und dann in ihre Heimat zurückzukehren.

Es gibt auch andere Arbeit dort: Töpferhandwerk, Stickerei, sogar mit Computern betriebene Maschinen.

Das Leben im Slum ist kreativ. Die Menschen sind erfinderisch und überleben. Schwierig wird es in der Monsunzeit. Der weiße Tiger in Klaus Kordons Roman ist der Tod. Viele Menschen sterben während des Monsuns.

Was mich im Slum aber am meisten überraschte, war, dass die Kinder zur Schule gehen. Sogar in Schuluniform. Und schon die kleinsten sprechen Englisch. „Hi!", „How are you?", „What's your name?", „Bye!", erklang es von allen Seiten. Hände wurden geschüttelt, Lächeln getauscht, Augen leuchteten.

Das Leben im Slum ist lebendig. Fröhlich. Chaotisch. Eine eigene Stadt. Mit winzigen Räumlichkeiten und Gässchen, in denen man zum Teil den Kopf einziehen muss. Und doch eine Stadt mit Geschäften, Gesellschaft, Schulen und allem.

Der Gründer der Slum-Tours ist ein 24-jähriger Slumbewohner namens Shailesh. Vor einem Jahr hatte er die Idee, Touristen durch den Slum zu führen. Heute arbeiten sieben Slumführer für ihn – alle stammen selbst aus einem Slum.

Den Profit steckt er nicht etwa ein, sondern reinvestiert ihn in den Slum. Er hat ein Gebäude gemietet und unterrichtet Jugendliche zwischen 14 und 18 in Chemie, weil er das studiert hat, aber es gibt auch andere Lehrer. Ich hatte nichts weiter mit Shailesh zu tun, aber sein Konzept berührte mich.

Ich verspürte einen gewissen Stolz, weil er ein Mensch ist und ich auch einer bin. So einfach und zugleich seltsam ist das bisweilen.

Wer sich für Shaileshs Slum-Touren interessiert, findet alle Informationen auf seiner Website: https://www.mysticalmumbai.com/ – unterdessen hat sich das Spektrum auf allerlei verschiedene Touren erweitert, wie ich sehe.

Nach der Slum-Tour fuhr ich mit der Bahn zurück ins Hostel. Die indischen Bahnen sind wieder eine eigene Angelegenheit, allerdings keineswegs so, wie ich sie mir vorgestellt hatte – keine Menschen auf den Zugdächern. In den Regionalzügen aber gibt es keine Türen, die Leute springen aus den Zügen, wenn sie in die Bahnhöfe einfahren und halten ihre Gesichter während der Fahrt in den Wind; wenn ein Zug zum Stehen kommt und nicht weiterfährt, laufen sie auf den Gleisen zum Bahnhof – in langen Schlangen, Hunderte...

Ich hatte nach dem Ausflug durch den Slum einen leichten Sonnenstich, sodass ich den Rest des Abends im Bett verbrachte.

Am nächsten Tag hatte ich Geburtstag. Bis früh um fünf ging es mir nicht besonders gut, sodass ich schon befürchtete, den Tag mit Kopfschmerzen zu verbringen. Dann aber wurde es zum Glück besser.

Morgens machte ich mich auf und kaufte mein Zugticket nach Udaipur, Rajastan (wo ich auch gerade auf einer Dachterrasse mit Seeblick sitze und diesen Blogpost schreibe). Ticketkauf in Indien ist nicht so einfach, aber da ich meinen Pass vorzeigen musste, sah die Frau am Schalter, dass ich Geburtstag hatte und war ausgesprochen liebenswürdig zu mir.

Als ich nach einer Stunde (ich fürchte, das war schon schnell) mein Ticket in der Tasche hatte, ging ich erstmal frühstücken. In ein Café mit echtem Kaffee – also kein indienüblicher Nescafé. Vierfacher Preis, extra für Touris, aber war ja Geburtstag.

Als ich dort rauskam, sprach mich ein Junge von 16 Jahren an und fragte mich, ob er mir helfen könne. Tatsächlich suchte ich die National Gallery of Modern Art (NGMA – hört sich an wie eine Droge). Zwar wusste er nicht, wo sie war, aber er fragte einen Freund. Schon waren wir zu dritt:

Vijay, der mich angesprochen hatte, Elyseo und Babu.

Die Galerie hatte geschlossen. Also schlug Babu, der Freund, vor, einen Chai zu trinken. Klar, alles war besser, als meinen Geburtstag allein zu verbringen. Das war eine großartige Entscheidung.

Wir tranken Chai und ich fragte die beiden, ob sie Lust hätten, mir *ihr* Mumbai zu zeigen. Sie willigten sofort ein. Also fuhren wir mit dem Zug zu einer Wäscherei, wo täglich 6000 Leute mit der Hand ihre Wäsche waschen und zum Trocknen aufhängen. Vijay lief mit einer Tüte in der Hand herum, in der sich zwei Schuhputzbürsten befanden. Er sei shoe-shining-boy erzählte er, aber das Leben sei hart, weil er keine Lizenz habe und somit nirgends an einem festen Ort bleiben könne. Die Polizei vertreibe ihn immer. Eines Tages, so sagte er, werde er eine shoe-shining-box haben. Dann könnten sie ihn nicht mehr vertreiben. Und eine Lizenz. Seine Augen leuchteten.

Aha, dachte ich mir. Ihr wollt mein Geld.

3500 Rupees sollte sie kosten, die shoe-shining-box. Eine Menge Holz – etwa 43 Euro. Vijay hatte schon 490 Rupees gespart. Babu meinte, er gebe 1000 Rupees dazu.

Ich sagte nichts.

Wir sahen uns eine kleine Galerie für moderne Kunst an. Vijay vertraute mir an, dass er normalerweise nicht hineingelassen würde. „I'm shoe-shining-boy." Deshalb hatte er seine Tüte mit den Bürsten Babu gegeben. Der kannte die Türsteher.

Es machte Spaß, mit Vijay Kunst anzuschauen. Er wollte die Fische aus dem Bild schneiden und essen.

Sein Englisch war dafür, dass er es sich selbst mit Hilfe von ein paar Freunden beigebracht hatte und weder lesen noch schreiben konnte, recht ansehnlich. Wir konnten uns unterhalten und verstanden einander sogar meist.

Als wir aus der Galerie kamen, setzten wir uns in den Schatten.

„Ich kann das nicht zahlen", sagte ich.

Das müsse ich selbst wissen, erwiderte Babu.

Ich dachte nach. Wollte auf Nummer sicher gehen.

„Dann fahren wir jetzt gemeinsam hin und holen diese shoe-shining-box", sagte ich.

Das gehe nicht, so Babu. Er treffe einen Freund, der von weither komme.

„Das ist meine Bedingung", entgegnete ich.

Müsse ich selbst wissen, er.

Dann verabschiedete er sich und ging.

Vijay blieb.

Ich fragte ihn, ob er Hunger habe. „Ja", antwortete er. Die Antwort kam nicht überraschend. Also gingen wir ins Food Plaza, ein kleines Restaurant, mehr ein besserer Imbiss. Vijay strahlte. Er sei noch nie in einem teuren Restaurant gewesen. Ein teures Restaurant.

Seine Augen leuchteten. Er konnte die Karte nicht lesen. Irgendwas mit Gemüse, meinte er. Kein Fleisch. Ob er Cola wolle. Er wiegte den Kopf. Das heißt ja, dachte ich und erinnerte mich an Shantaram.

Vijay aß mit Begeisterung. Ich freute mich über seine Gesellschaft.

Er sprach darüber, was er tun würde, wenn er eines Tages eine shoe-shining-box habe. Hart arbeiten, damit seine Mutter und seine beiden kleinen Geschwister nicht mehr betteln gehen müssten. Die beiden zur Schule schicken, indem er jeden Tag 200 Rupees sparte. Sie alle schliefen am Bahnhof. Vijays Vater war tot. Alkohol.

In seinen Augen lag der Traum von einer besseren Zukunft. Er ist 16. Besitzt ein Hemd, eine Hose, ein paar ausgelatschte Sandalen.

Nach dem Essen schlug ich vor, zum Colaba Lighthouse zu laufen – einem Leuchtturm, der ganz am Ende des Colaba Causeway, ein Stück außerhalb zu finden sei, wie mein Reiseführer verhieß.

Anderthalb Stunden wanderten wir durch die brütende Mittagshitze. Irgendwann blieb Vijay stehen. „I have a birthday present for you", sagte er.

Ich schaute ihn fassungslos, ja konsterniert an. Er nahm eine Kette ab, die er um den Hals trug. Eine kitschige Jesus-Figur an einem Metallband.

„I have nothing else", entschuldigte er sich.

Ich neigte mich vor und er hängte mir die Kette um. Das einzige, was er besaß. Ich verbiss mir die Tränen.

Das war eines der schönsten Geschenke, das ich je bekommen habe. Ich trage die Kette seither immer bei mir.

Bei 35 Grad durchwanderten wir eine endlose Militärzone. Wir waren gespannt. Es war ein weiter, schweißtreibender und staubiger Weg. Doch wir waren guter Dinge, lachten viel und freuten uns an der Gesellschaft des anderen.

Schließlich kamen wir an. Das musste es sein. Die Karte ließ keinen Zweifel zu. Doch da erwartete uns: Nichts! Es gab kein Lighthouse. Vielleicht doch. Vielleicht war es dieser Betonklotz hinter einer stacheldrahtbekrönten Mauer, unterdessen ohne Licht.

Vijay und ich aber beschlossen, dass dies das schönste Lighthouse sei, das wir je gesehen hatten. Außerdem, was sei schon ein *two-minute-walk*.

„Gorgeous", sagte Vijay. Ich stimmte zu. „Amazing."

Das Lighthouse war unser Running-Gag für den Rest unserer gemeinsamen Zeit.

Mit dem Bus fuhren wir in die Stadt zurück. Keiner von uns beiden hatte Lust, diesen Weg noch einmal zurückzulaufen.

Ich schlug vor, an den Marine Drive zu gehen. Auf dem Weg dorthin gab ich Vijay 2000 Rupees. Es war mir egal, was er damit tat. „Kauf Dir die shoe-shining-box", bat ich ihn. Er wiegte den Kopf.

„I am very happy", sagte er.

Seine Augen zeigten mir, dass er die Wahrheit sprach.

Wir saßen gemeinsam am Meer und ich lernte meine ersten Worte Hindi.

„You are my hindi-teacher", meinte ich zu ihm.

„I am so small", entgegnete er. „Me cannot teacher be."

Als ich Vijay zeigte, dass er Chowpatti Beach sehen konnte, ja, dass er dorthin laufen konnte, war er fassungslos. Er hatte geglaubt, es sei sehr weit dorthin.

„Tenda pani botal" – eine kühle Flasche Wasser – meine ersten Worte auf Hindi.

Hindi ist verdammt kompliziert. Ich höre Worte zehnmal, bis ich sie mir merken kann, manchmal noch nicht einmal dann. Aber, auch wenn er es bezweifelte, war Vijay ein guter Lehrer. Er brachte mich dazu, Dinge wissen zu wollen – einfach nur dadurch, dass er war, wie er war. Ich lernte die Zahlen bis 20. Meine Güte, eine Wissenschaft für sich.

Wir liefen zum Südende des Marine Drive. Vijay war noch nie dort gewesen. „Einmal bist du der Tour-Guide, einmal ich", sagte ich. Er wiegte den Kopf.

Vom Südende aus sahen wir den Slum der Fischer. Einen weiteren, nicht den, den ich am ersten Tag gesehen hatte.

Gemeinsam warteten wir auf den Sonnenuntergang. Wir lachten viel. Inzwischen kannte Vijay schon die Fragen, die die Einheimischen mir stellten. Nach meinem Piercing. Woher ich käme. Ob sie ein Foto mit mir machen dürften. Das Übliche eben.

Als die Sonne im Dunst der Bucht von Mumbai versunken war, gingen wir zurück nach Colaba. Vijay sagte, er wolle mich tags darauf nach Bandra zu meinem Zug bringen. Also verabredeten wir uns für zwölf Uhr dort, wo wir uns zum ersten Mal getroffen hatten.

Den Abend verbrachte ich dann mit völligem Kontrastprogramm bei Gin Tonic im Leopold's. Kaum saß ich, lernte ich Jitu und Josh kennen, einen Inder und einen Amerikaner, die sich beide aus ihrer beinahe zehnjährigen Zeit in Beijing kannten. Freaks vor dem Herrn. Scharfzüngig, böse, witzig. Das genaue Gegenteil von Vijay. Insofern war ich am Ende meines Geburtstags noch betrunken und hatte einen leichten und amüsanten Abend. Ein perfekter Tag, alles in allem.

Als ich tags darauf verkatert um zehn nach zwölf am Colaba Causeway ankam, um Vijay zu treffen, wartete er schon. Ich freute mich, war ich doch nicht sicher gewesen, ihn wiederzusehen.

„You are five minutes late", begrüßte er mich. Ein Straßenjunge in Indien. Pünktlicher als die Deutsche Bahn. Ich entschuldigte mich. Gemeinsam gingen wir zurück zum meinem Hostel und holten mein Gepäck. Vijay fragte mich nicht, ob er es für mich tragen sollte und ich war froh darum. Solcher Art war unsere Beziehung nicht mehr.

Wir fuhren vom Victoria Terminus (heute CST) nach Bandra, von wo aus mein Zug gehen sollte. Dort stellte mich Vijay seinen Freunden vor. Er hatte einige Monate nach seiner Ankunft in Mumbai versucht, dort als shoe-shining-boy Fuß zu fassen. Aber er hatte keine Lizens und keine *shoe-shining-box*. Für immer werde ich bei diesem Wort an das Leuchten in Vijays Jungenaugen denken.

Seine Freunde verdingten sich als Gepäckträger im Bandras Terminus. Vijay wollte mich zu dem Ort bringen, wo er die shoe-shining-box bekäme, aber der war geschlossen.

„Wirst du warten?", fragte ich ihn.

„Ich muss in die Stadt zurück, meine Mama hat sonst kein Geld für Essen", erwiderte er.

Ich gab ihm 100 Rupees. Für seine Mama.

Ich war so froh, dass ich nicht allein hatte nach Bandra fahren müssen. Ich genoss die Gesellschaft dieses Jungen, der in solch unglaublichen Verhältnissen aufgewachsen war und trotzdem eine solche Lebensfreude und einen solchen Optimismus ausstrahlte.

Mir war nicht mehr wichtig, dass er mir zeigte, dass er die shoe-shining-box tatsächlich kaufte. Ich glaubte ihm. Und selbst wenn er es nicht getan haben sollte, vertraue ich darauf, dass er die richtige Entscheidung treffen wird.

Wir gingen noch etwas essen und danach brachte Vijay mich zum Zug. Um drei schon begann er zu drängeln (mein Zug fuhr Viertel vor vier und wir waren fünf Minuten vom Bahnsteig entfernt) – pünktlicher als jeder Deutsche.

„I will pray for you have safe trip", sagte er zum Abschied.

Es fiel mir schwer ihn zurückzulassen. Zurückzulassen in dem Bewusstsein, dass wir uns aller Wahrscheinlichkeit nie wieder sehen werden.

I pray for your having a good life, Vijay. I do. I really do.

Udaipur

13. März 2014

„Du bist ein Mann, was also sollen sie von dir wollen, außer dir etwas zu verkaufen?" (Raj, Inder aus Udaipur zum Thema Freundschaft zwischen Westlern und Indern)

Meine Tage in Udaipur, meiner ersten Station in Rajasthan, liegen hinter mir. Sie waren ausgesprochen widersprüchlich. Mittlerweile bin ich in einem kleineren Städtchen namens Bundi angelangt.

Getreu meiner Devise will ich versuchen, auch diese Erlebnisse so zu schildern, wie sie mir widerfahren sind.

Nach einer 17-stündigen Fahrt mit dem Nachtzug kam ich Donnerstagmorgen in Udaipur an. Die Länge der Fahrt erwies sich als unproblematisch, da die indischen

Züge sogenannte Sleeper-Abteile haben, das heißt, jeder Reisende hat eine Liege für sich. Mein Fehler war allerdings, die Klasse 3 A.C. zu buchen – A.C. steht nämlich für Klimaanlage. Ich hätte es besser wissen können. Meine Tage in Udaipur verbrachte ich also mit einer Erkältung.

War Mumbai chaotisch, empfand ich Udaipur als nicht weniger anstrengend. Es ist zwar wesentlich kleiner als Mumbai, dafür allerdings umso touristischer. Als ich ankam, balgten sich schreiende Rikscha-Fahrer darum, mich in den Stadtkern zu bringen.

Der Fahrer, den ich letztlich wählte, brachte mich zum Lake-Shore-Hotel. Direkt am Seeufer gelegen, allerdings auf der Nordseite, die durch eine Brücke vom eigentlichen Zentrum geschieden war, hatte ich mit dem Hotel großes Glück. Die Aussicht auf den See war wunderbar. Ich hatte ein großes Zimmer und ein Bad für mich allein. Zudem war es für indische Verhältnisse ruhig.

Nachdem ich nach meiner Ankunft eine Weile auf der Restaurant-Terrasse des Hotels entspannt hatte, machte ich mich auf, die Stadt zu erkunden. Ich begann mit der Nordseite. Nach einer Weile lächelte mich ein kleiner Junge an und fragte, ob ich sein Haus sehen wollte. Da ich, bei Kindern allemal, noch immer große Probleme mit dem Nein-Sagen hatte, folgte ich seiner Aufforderung. Im Haus, mehr einer Hütte, saß sein Vater, Mohammed, ein schnauzbärtiger Mittdreißiger mit finsterem Gesichtsausdruck. Er bot mir einen Chai an und schickte Baya, den ich draußen kennen gelernt hatte, los, uns welchen zu holen. Mohammed hat sieben Kinder – sechs Mädchen und einen Jungen. Sie alle schliefen, gemeinsam mit ihren Eltern, auf dem Boden des 10 Quadratmeter großen Zimmers.

Die beiden Mädchen, die im Zimmer waren, funkelten mich aus ihren großen Kulleraugen an. Beide hatten einen Husten, der mich an das Keuchen kleiner Kätzchen erinnerte.

Das Leben sei schwer, sagte Mohammed. Ich glaubte ihm. Wir tranken Chai und er beklagte sich über sein Schicksal. Die Art, wie er seine Kinder herumscheuchte, zeigte mir, dass ich in einem klassisch patriarchalischen Haushalt gelandet war.

Mohammed fragte mich, ob er mich am nächsten Tag zu einigen außerhalb der Stadt gelegenen Märkten fahren dürfe. Ich hatte zwar nicht vor, etwas zu kaufen, was ich auch äußerte, die Vorstellung über chaotische indische Märkte zu laufen aber gefiel mir. Also sagte ich zu.

Ich verabschiedete mich, um meinen Weg fortzusetzen.

Kaum, dass ich zehn Meter weit gekommen war, hielt mich Raj an. Er saß in einer Rikscha und meinte: „Setz dich, ich habe seit Stunden mit niemandem geredet."

Warum nicht, dachte ich und setzte mich. Sein Englisch war um Welten besser als das von Mohammed. Er wirkte wie der Typ mediterraner Macho: sonnenbebrillt, langes schwarzes Haar, strahlendes Lächeln. Wir unterhielten uns also eine Weile, bevor ich weiterzog. Er könne mich zu ein paar schönen Orten außerhalb der Stadt fahren, meinte Raj. „Vielleicht übermorgen", meinte ich, da ich ja tags darauf mit Mohammed verabredet war.

Ich überquerte die Brücke und befand mich im Touristenmoloch. Der Nachteil des Alleinreisens ist, dass sämtliche Touri-Jäger mich als Freiwild ansehen. Ich kann keinen Schritt gehen, ohne angesprochen zu werden.

„Come, see my shop, Sir!"

Das große Problem ist, dass die Inder nach all den Jahren noch immer nicht gelernt haben, zwischen Rucksack-Reisenden mit knappem Budget und reichen amerikanischen Mittelklasse-Ladys zu unterscheiden.

Udaipur ist bunt, aber rein auf Tourismus ausgerichtet. Das wurde mir schnell zu anstrengend. Ich suchte eine Apotheke auf und kaufte Medikamente gegen Husten für Mohammeds Kinder.

Am Abend brachte ich sie in seiner Hütte vorbei. Diesmal war die ganze Familie versammelt und ich stellte mich der nicht unbeträchtlichen Schwierigkeit, die Namen von sieben Kindern und Mohammeds Ehefrau zu lernen. Mohammed lud mich ein, tags drauf zum Mittagessen zu kommen, bevor wir zu den Märkten führen. Natürlich nahm ich an.

Zwölf Uhr tags darauf kam ich erneut zu Mohammeds Hütte. Shamsha, seine Frau, hatte Hühnchen zubereitet. Mohammed und ich aßen, der Rest der Familie wurde verbannt.

Vor mir stand eine große Portion Hühnchen, dazu Roti, das klassische indische Brot. Zum Glück hatte ich mittlerweile ein wenig gelernt, mit den Händen zu essen. Mir war nie klar, wie tief unsere Prägung sitzt, Messer und Gabel zu benutzen.

Hinzu kam, dass ich nicht wusste, was sich schickte. Sollte ich all das aufessen? Wäre es unhöflich, nicht aufzuessen? Oder wären meine Überbleibsel die Mahlzeit der Familie? Es gab keine Antwort auf diese Fragen. Ich konnte sie nicht stellen.

Ich entschied mich für einen Mittelweg und ließ ein wenig übrig.

Als ich sah, dass sich danach die übrigen Familienmitglieder um den Rest scharten, zog es mir das Herz zusammen.

Nach dem Essen drängte Mohammed zum Aufbruch. Wir fuhren in seiner Rikscha (die Rikschas in Udaipur sind eigentlich Tuk-Tuks) aus der Stadt.

Ich konnte nicht vorhersehen, was mich erwartete. Anstatt zu einem Markt zu fahren, wie versprochen, hielt Mohammed vor einem Laden. Als ich ihn an seiner Seite betrat, wusste ich, dass etwas schrecklich schieflief. Mehrere aufgeregte Verkäufer stürzten mir entgegen, um mich herumzuführen. Es handelte sich um ein

Luxus-Stoffgeschäft. Mir wurden verschiedene Pashmina-Schals gezeigt – in einer Preislage von 20 bis 200 Euro. Einziges Problem: Ich wollte keinen Pashmina-Schal in einer Preisklasse, die mein Budget sprengte. Um genau zu sein, wollte ich überhaupt keinen Pashmina-Schal, sei er auch ausschließlich aus Kinnhaaren der entsprechenden Ziege gefertigt. Geschweige denn einen 500 Euro teuren maßgeschneiderten Anzug. Vielen Dank. Aber danke, nein.

Mohammed vermochte seine Enttäuschung kaum zu verhehlen, als wir den Laden verließen und ich nichts gekauft hatte.

„We go another market", meinte er.

Ich seufzte innerlich.

Wenig später betraten wir einen überteuerten Schmuckladen. Glücklicherweise kann ich stur sein wie ein Esel, wenn es darum geht, mir 150 Euro teure Armreifen aufschwatzen zu lassen.

Mohammeds länger werdende Miene machte mich wütend. Als wir wieder draußen waren, erklärte ich ihm, dass ich keine reiche amerikanische Pauschaltouristin sei. Er möge mich bitte nach Udaipur zurückbringen. Ich erntete Unverständnis, doch er beugte sich.

Als wir in der Stadt ankamen, tranken wir den obligatorischen Chai – ich wollte auch nicht unhöflich sein – ehe ich ihn fragte, wie viel ich ihm schuldig sei. Er meinte vierzig Dollar seien okay. Ich brach ihn schallendes Gelächter aus und gab ihm 300 Rupees. 500 könnten es schon sein, entgegnete er. Ich legte noch 100 drauf und stieg aus. Ich fühlte mich verarscht, weil ich wusste, dass er mich abzockte. Er hatte mich zu Läden gebracht, wo er Provision bekommen hätte, hätte ich etwas gekauft, die ich noch dazu nicht sehen wollte – zudem unter dem Vorwand, mir Märkte zeigen zu wollen. Die Fahrt an sich war höchstens 100 Rupees wert gewesen. Klar hatte er mich zum Essen eingeladen, nichtsdestoweniger kam ich mir vor wie eine

Milchkuh, die er zu melken gedachte.

Der Rest des Tages war mir vergällt. Zum einen, weil ich meiner Intuition nicht getraut hatte – Mohammed war mir mit seiner wehleidigen Art von Anfang an nicht sympathisch gewesen, ich mochte nur seine Kinder –, zum anderen, weil ich versucht hatte, ihm zu helfen, indem ich Medikamente für seine kranken Töchter besorgt hatte und es mich verletzte, dass er versuchte, mich derart schamlos übers Ohr zu hauen.

Den Rest des Tages zog ich mich in mein Zimmer zurück. Abends ging ich mir den Sonnenuntergang am Seeufer ansehen – nicht, ohne dass mich ein Mann zu sich nach Hause einladen wollte, um mir seine Kunst zu zeigen (in Udaipur ist jeder Mensch Maler und Künstler). Ich lehnte dankend ab. Es ist unmöglich, in dieser Stadt fünf Minuten ungestört zu sitzen.

Auf dem Nachhauseweg traf ich Raj. Er saß in seiner Rikscha und lud mich ein, mich zu setzen. Ich erzählte ihm von meinem Erlebnis und er runzelte die Stirn. Ich freute mich, ihn zu sehen, weil er mir sympathisch war. Wir verabredeten uns für den nächsten Tag, um aufs Land zu fahren. Er sagte mir vorher, was er dafür haben wolle (500 Rupees) und meinte, Ehrlichkeit sei ihm wichtig.

Am nächsten Morgen erwachte ich noch immer verstimmt, eine Art emotionaler Kater. Dennoch sagte ich mir, wenn ich über meine Enttäuschung hinwegkommen wolle, müsse ich wieder Vertrauen investieren. Ich suchte Rajs Kunstgalerie auf, aber er war nicht da. Also ging ich zunächst etwas essen (nein, ich wollte keine Gewürze kaufen, aber vielen Dank für das Angebot).

Als ich mich abermals auf den Weg zu seiner Galerie machte, traf ich Raj auf dem Weg. Er war mit einer seiner Lieblingsbeschäftigungen zugange – dem Gespräch mit Frauen. Wir tranken einen Chai und er zeigte einer Israelin seine Galerie. Er ist Miniaturmaler und seine

Motive beschränken sich hauptsächlich auf Vögel. Ausgesprochen professionell, aber nicht wirklich mein Ding.

Als sich die Israelin verabschiedet hatte, machten wir uns gemeinsam mit Damsa, einem Freund von Raj, auf den Weg. Zunächst fuhren wir nach Shilpgram. Shilpgram ist ein wiederaufgebautes Dorf, das die traditionelle ländliche Lebensart der Inder widerspiegelt.

Als wir am Ende einen Chai tranken, hörten wir, dass zwei Mädels zum Tiger Lake wollten, was auch unser Ziel war, also boten wir ihnen an, mit uns zu kommen. Ohnehin machte Raj mir ständig Vorschläge, was meine Suche nach einer Freundin anging – ich klärte ihn nicht darüber auf, dass ich mich nicht auf der Suche nach einer eben solchen befand – insofern freute es ihn, dass plötzlich die beiden Israelinnen mit uns in der Rikscha saßen. Ohnehin scheint die Suche nach West-Frauen der Hauptinhalt seines Lebens zu sein. Sex sein liebstes Gesprächsthema.

Fünf Mann hoch schnaufte unsere Rikscha den Berg zum Tiger Lake hinauf – Durchschnittsgeschwindigkeit 5 km/h. Bisweilen stieg Raj aus, um ein wenig nachzuhelfen. Aber es lohnte sich. Oben angekommen erwartete uns ein wunderbarer Anblick: ein Bergsee mit einigen weißen Bauwerken daneben. Entspannte Abendstimmung. Wir saßen bestimmt anderthalb Stunden dort und genossen die Stille. Denn auch das gibt es in Indien: Stille.

Danach fuhren wir zurück nach Udaipur. Die Mädels aßen an einem Straßenstand – daneben höllischer Verkehr wie überall, in der Mitte der Straße zwei Kühe und ein Elefant im Licht der untergehenden Sonne.

Am folgenden Tag fuhr ich mit Raj zu einem circa 20 Kilometer außerhalb der Stadt gelegenen Tempel. Nach wenigen Minuten befanden wir uns in einer Gegend, die in ihrer Kargheit an die Bilder erinnerte, die ich von Afghanistan im Kopf habe. Wir durchquerten etliche Dörfchen, ehe wir einen steilen Berg zu erklimmen hatten.

Die Rikscha bewältigte diese Herausforderung nur, indem wir auf der Straße selbst kleine Schlangenlinien fuhren, sodass es weniger steil war. Aber der Aufstieg lohnte sich. Von oben blickte man über die Weiten Rajasthans.

Der Tempel selbst war einer von vielen, mein Interesse daran stumpfte langsam ab, aber nichtsdestoweniger war es ein gelungener Ausflug.

Bei einem Jungen dort oben trank ich meinen ersten frisch gepressten Zuckerrohr-Saft. Faszinierendes Prozedere. Etliche Stangen werden durch eine eigens dafür konzipierte Maschine gejagt, bis am Ende ein grünes, süßes Getränk herauskommt. Lecker, wenngleich ich nicht mehr als ein Glas davon trinken könnte.

Am Nachmittag zog ich mich ein wenig zurück. Ich verstand mich gut mit Raj, war froh, dass wir zwei so schöne Tage miteinander verbracht hatten. Für den Abend hatte er mich eingeladen, auf eine indische Hochzeit mitzukommen.

Zuvor ging ich einen Chai mit Hemont trinken, einem anderen Künstler, der mir immer wieder Rat gegeben hatte, wenn ich Fragen hatte. Ich mochte seine modernen Bilder mit klassisch-indischen Motiven und kaufte letztlich zwei.

Als ich mich später mit Raj traf, fragte der mich, was ich am Nachmittag gemacht hätte. Ich erzählte ihm davon, sparte allerdings meinen Kauf aus und meinte nur, ich hätte einen Chai mit Hemont getrunken.

„Was hast du gekauft?", fragte er schließlich.

In einer solch kleinen Gemeinschaft bleibt nichts lange verborgen. Also antwortete ich ehrlich – ohne zu ahnen, welch Drama ich damit heraufbeschwören würde.

Raj war zutiefst beleidigt und verstand dem auf theatralische Weise Ausdruck zu verleihen. Eine halbe Stunde überschüttete er mich mit Vorwürfen, bezeichnete Hemont als Betrüger, Egoisten; fragte mich, wie ich ihn nicht habe um Rat fragen können, weshalb ich nicht seine Künstler-Kooperative habe unterstützen wollen – die *richtigen* Leute –; meinte, dass er sein Gesicht verlöre, weil er zwei Tage mit einem Touristen verschwendet habe und ein anderer sich nun ins Fäustchen lache, der das Geschäft gemacht habe und nun über ihn spotten werde. Letztlich lief alles darauf hinaus, dass ich nicht bei ihm gekauft hatte, obwohl er doch so viel Zeit mit mir verbracht hatte.

Ich sah mich in der Defensive, da er partiell Recht hatte. Weder hatte ich ihn um Rat gefragt noch bei ihm gekauft. Aber ich hatte Bilder gekauft, die ich aufhängen oder verschenken würde – beides traf auf seine Bilder nicht zu.

Außerdem leben wir in Europa in einer individualistischen Kultur der Nichteinmischung. Wenn wir Rat geben oder einholen, sind wir stets ausgesprochen zurückhaltend, betonen die Autonomie des Gegenübers, dass es keinesfalls nötig sei, unserem Ratschlag zu folgen und dergleichen mehr.

Ich war schlicht nicht auf die Idee gekommen, Raj um Rat zu bitten. Ich bin es gewohnt, meine Entscheidungen allein zu treffen. Ein Fehler, wie ich schmerzlich herausfand.

Dennoch hörte ich ihm zu, weil ich ihn mochte. Versuchte, mich zu erklären, ohne dass es mir gelungen wäre.

Nach einer halben Stunde brachen wir trotzdem auf, um auf diese Hochzeit zu gehen. Die Stimmung blieb angespannt.

Später, als wir gemeinsam am Seeufer saßen, flammte die Diskussion noch einmal auf. Abermals hörte ich mir eine halbe Stunde lang Vorwürfe an, wie verletzt er sei und traurig, dass er sich zugleich schuldig fühle, weil er mich nicht besser beraten habe – bis es mir irgendwann reichte.

Genug Schuldgefühle für einen Tag.

Er meinte, ich solle am nächsten Tag in seiner Galerie

vorbeikommen und mir seine Kunstwerke ansehen. Ich verstand genau, dass dies die Chance wäre, mir seine Freundschaft zurückzukaufen.

Ich verlebte eine unruhige Nacht. Wälzte mich hin und her. Hatte Albträume.

Sollte ich ein Bild kaufen, das ich nicht haben wollte, nur ihm zu gefallen?

Noch am Morgen wusste ich keine Antwort darauf. Auf der Hotelterrasse sprach ich mit zwei Deutschen und fragte sie nach ihrer Meinung. Nicht hinzugehen, so unsere einhellige Ansicht, wäre schwach. Etwas zu kaufen, obwohl man es nicht wollte, widerspräche allerdings dem gesunden Menschenverstand, mehr noch, da ich ohnehin am selben Abend abreisen wollte.

Letztlich ging ich, ohne zu wissen, wie ich mich entscheiden würde, zu Rajs Galerie. Eine Stunde lang sah ich mir Bilder an, die zweifelsohne alle handwerklich perfekt gearbeitet waren. Miniaturmalereien. Vogelportraits. Ich verhandelte sogar über den Preis eines Bildes mit Raj – er wollte 1800 Rupees dafür haben, also beinahe 20 Euro – da er mir aber in keiner Weise entgegenkam, kaufte ich letzten Endes nichts. Ich schrieb ihm meine E-Mail-Adresse auf und meinte, sollte er je nach Europa kommen, könne er sich gern melden. Aber die Stimmung war unterkühlt. Weder sah er mir in die Augen, noch verabschiedete er sich richtig.

Sei's drum. Ich hatte meine Entscheidung getroffen und wusste im Nachhinein auch, dass sie richtig gewesen war. Freundschaft lässt sich nicht kaufen. Nachmittags sah ich mir noch mit den beiden Deutschen den Palast von Udaipur an, ehe ich weiterfuhr.

Sollte Rajs Satz darüber, dass Inder von Westlern nichts anderes wollen als Sex (wenn es sich um Frauen handle) oder Geld sich bewahrheiten, wäre das ein trauriges Bild.

Ob er sich dessen bewusst war oder nicht (ich vermute,

er war es), Raj säte damit ein Saatkorn des Misstrauens in meinem Herzen. Eine unschöne, wuchernde Geschwulst, die herauszureißen mich einige Mühe kostete.

Dennoch habe ich in Bundi, meinem momentanen Aufenthaltsort, bereits Erfahrungen gemacht, die mir das Gegenteil beweisen. Schlechte Gedanken aber sind widerstandsfähiger als gute. Leider.

Weiterhin investiere ich Vertrauen. Wenngleich mein Glaube angeschlagen ist.

Bundi
Blaue Perle in Rajasthan

16. März 2014

„Wir haben auf dich gewartet!" Pappu, der Hotelbesitzer, strahlte mich an. Nickende Köpfe in der Runde. Es war halb zwölf Uhr nachts. Ich hatte meinen Rucksack auf das mir zugewiesene Doppelbett in meinem Zimmer geworfen und war direkt auf die Dachterrasse des Energy Café gebracht worden. Über uns thronte, an den Hügel geschmiegt wie ein Bau aus dem Herrn der Ringe, das orange beleuchtete Fort.

„Seit du gestern angerufen hast, haben wir auf dich gewartet", ergänzte Vikas lächelnd.

Das war meine Begrüßung in Bundi nach einer für indische Verhältnisse kurzen, fünfstündigen Zugfahrt. Ich hatte aus meinem Fehler gelernt und diesmal die Klimaanlage im Zug vermieden, was mich ein Drittel des Preises zahlen und zugleich gesund ankommen ließ.

Im Zug traf ich Paj, einen Chinesen, der ein Jahr lang um die ganze Welt reisen wollte. Er trug eine 4000-Euro teure Kamera mit sich herum. Als sich uns am Bahnhof eine Schar aufgeregt kreischender Riksha-Fahrer entgegenwarf, erwies Paj sich als harter Hund. Ein Fahrer sagte, er sei im Auftrag des Hotels unterwegs, in dem Paj absteigen wollte – die Fahrt koste 150 Rupees.

Paj ließ ihn das Hotel anrufen.

„Wie ist mein Name?", schrie er ins Telefon. „Sagen Sie mir meinen Namen!" Er lauschte. „Meinen kompletten Namen", fauchte er dann. „150 Rupees will der! Das ist verrückt! Ich lasse mich doch nicht verarschen, das sind 5 Kilometer, ich zahle nicht mehr als 50!"

Der Fahrer gab letztlich nach. „Whatever you say, Sir!"

„Nein, nein, nein!", knurrte Paj. „Wir machen jetzt einen Deal. 60 Rupees für uns beide." Er zeigte auf mich.

Also holperten wir über die bislang schlechteste Straße Indiens nach Bundi. Ich hielt panisch grinsend meinen Rucksack im Kofferraum der Rikscha fest und bewunderte Paj für seine Abgebrühtheit. Ich hätte vermutlich mindestens 100 Rupees bezahlt. Wenn nicht mehr.

Das Energy Café hatte mir eine Amerikanerin in Udaipur empfohlen. Sie hatte nicht zu viel versprochen. Ich wurde sofort als Teil der Gemeinschaft aufgenommen. Bis ein Uhr nachts saßen wir beisammen und unterhielten uns. Ich spürte noch immer das von Raj gesäte Misstrauen in mir, ermahnte mich aber dazu zu vertrauen.

Am nächsten Tag ließ ich es ruhig angehen. Ich wanderte durch die Gassen der Stadt, fasziniert von der blauen Farbe der Häuser allenthalben. Bundi ist kleiner und weit weniger touristisch als Udaipur. Der Großteil der hiesigen Reisenden besteht aus Franzosen. Sobald ich den Stadtkern verlasse, sind die Menschen unglaublich freundlich und offen, lachen mir zu, grüßen mich, kommentieren mein Lippenpiercing, die Kinder wollen meine Hand schütteln.

Im Zentrum gibt es einen überbordenden Markt. Dort wird alles feilgeboten, was man sich denken kann, von Obst, Gemüse und Gewürzen über Kleidung, Schmuck und Handys bis hin zu Zahnersatz-Angeboten.

Wo auch immer ich entlanglief, schallte mir die Frage entgegen:

„Your country, Sir? Country?"

„Germany."

„Good country. Very good country."

Am zweiten Abend lud mich Vikas ein, mit ihm zum Geburtstag eines Freundes zu kommen. Ich setzte mich also hinter ihn auf sein Motorrad und wir kurvten durch die verrückten Straßen der Stadt. Kühe, Wildschweine, Hunde, alte Männer mit Leiterwagen, Rikschas, Roller, Fahrräder, Affen – all das macht eine solche Fahrt zu einem abenteuerlichen Slalom. Glücklicherweise hatte ich meine Furcht vor chaotischem Verkehr damals auf Pietros Roller in Rom abgelegt. Solange jeder auf jeden achtet, funktioniert es.

Wir verließen die Stadt und fuhren über eine Landstraße zu einem abgelegenen kleinen Heiligtum im Wald. Die Lichter der entgegenkommenden LKWs ließen auch nachts den Wunsch nach einer Sonnenbrille aufkommen. Vikas' Freunde riefen alle drei Minuten auf seinem Handy an und sagten, wir sollten uns beeilen. Als wir das dritte Mal stoppten, um einen solchen Anruf entgegenzunehmen, meinte ich zu ihm, dass wir vermutlich niemals ankämen, wenn wir die nächsten Anrufe nicht ignorierten. Fortan ließ er es klingeln.

Im Wald war es still. Der Mond stand hoch am Himmel und verzauberte die Szenerie mit seinem silbernen Licht. Vikas entzündete ein komplettes Päckchen Räucherstäbchen an einem kleinen Schrein. Wenige Meter weiter saßen seine Freunde zusammen und spielten mit Steinen, Streichhölzern und Holzstöckchen auf einem aufgezeichneten Spielbrett ein improvisiertes Brettspiel. Aufgeschnittene Eicheln dienten als Würfel.

Obwohl ich noch immer praktisch kein Hindi spreche

und somit wenig bis nichts verstehe, sind Aufregung und Geschrei beim Spiel in allen Sprachen gleich.

Danach setzten wir uns im Kreis auf den Boden und aßen. Ein alter Mann hatte vor Ort Dal, Curry und Reis über dem offenen Feuer zubereitet. Dazu gab es Bathi, ein frisch gebackenes, dunkles Brot – das Beste, das ich bislang hier probiert habe, und eine Art gewürzten Lassi. Alles war scharf. Natürlich. Auch habe ich Probleme damit, Reis und Curry mit den Händen zu essen; ich fühle mich wie ein Schwein. Mit dem normalen Chapati bereitet mir das weniger Unbehagen. Danach gab es eine der landestypischen Süßspeisen, die zumeist aus wenig mehr als Zucker bestehen. Ideal nach der Schärfe.

Getrunken wird auf einer solchen Feier nicht. Undenkbar in Deutschland. Nach zwei Stunden brachen wir wieder auf – diesmal zu dritt auf einem Roller, da inzwischen mehr Menschen angekommen waren. Alles kein Problem.

Vikas, der mich dorthin mitgenommen hatte, ist toll. Unglaublich hilfsbereit und liebevoll. Ich hörte, wie er im Wald zu einem Freund sagte: „No costumer. Friend."

Später, auf der Dachterrasse des Energy Café, fragte ich ihn nach seiner Ex-Freundin. Ich hatte nur am Rande mitbekommen, dass er eine Trennung hinter sich hatte.

Sieben Jahre seien sie zusammen gewesen, ohne dass ihre Familien davon gewusst hätten. Hätten sich in einer benachbarten Stadt getroffen oder im leerstehenden Haus eines Freundes. Dann hätten sie heiraten wollen, doch die Familie seiner Freundin habe es untersagt, da sie nicht der gleichen Kaste angehörten. Seine Augen schimmerten.

„Das muss schwer für dich sein." Ich legte meine Hand auf seinen Oberarm.

„Ich habe dir neulich schon gesagt", erwiderte er, „die Vergangenheit existiert nicht für mich. Nur die Gegenwart und die Zukunft."

Er lächelte, als er das sagte. So ganz glaubte ich ihm dennoch nicht.

Als ich hier ankam, stellte ich fest, dass ich das Aufladekabel meines Netbooks in Udaipur vergessen hatte. Obschon ich keine Ahnung hatte, wie das hatte passieren können, blieb mir nichts anderes, als mich um Ersatz zu kümmern. Ich fürchtete, dass ich fortan auf meinen Rechner verzichten müsste, und diese Aussicht kam mir alles andere als gelegen. Vikas beruhigte mich. „Kein Problem. Ich habe einen Freund, der einen Computerladen hat. Morgen rufe ich ihn an."

Ich war noch immer beunruhigt, doch dann dachte ich mir: Das ist Indien. Improvisation ist hier Grundprinzip, also gibt es vermutlich wirklich kein Problem.

Am nächsten Mittag ging ich in Vikas' Touristenbüro. Wie versprochen kümmerte er sich um mein Problem.

Sonu, eine Seele von einem Menschen, der mit den Locals ein ums andere Mal Ärger bekommt, weil er Touristen die Wahrheit sagt und ihnen keine falschen Preise vorgaukelt, meinte, er bringe mich mit seinem Motorrad hin, weil er sowieso in diese Richtung müsse. Auf dem Rückweg ließe er mich am Markt raus, den Rest könne ich dann laufen, weil er zum Essen nach Hause fahre.

Zwar hatte der Laden meinen Adapter nicht vorrätig, doch versprachen sie mir, ihn bis zum Abend zu besorgen. Vikas brachte ihn mir dann am Abend ins Energy Café. Großartig. Wenn Vikas meint, es gebe kein Problem, gibt es kein Problem.

Eine weitere Gestalt in meinem Leben hier ist Aman, Vikas' 14-jähriger Cousin. Er ist ein Mensch, über den ich mich permanent totlachen könnte. Riesige schwarze Welpenaugen, ein Körper, in dessen schlaksigen Gliedmaßen er sich noch nicht recht zu Hause zu fühlen scheint, und die ursprünglichste aller Justin-Bieber-Frisuren. Er pflegt eine Art Gangster-Style, versucht cool und erwachsen zu wirken. Um sich seiner selbst und der Zuneigung seines Umfelds zu versichern, erwartet er spätestens alle zwei Minuten einen Handschlag. Seit zwei Tagen geht es sogar noch weiter. Sobald ich in der Nähe bin, möchte er unter allen Umständen neben mir sitzen und meine Hand halten. Gestern Abend fragte mich Margaret, eine Australierin, irritiert, ob er auf meinem Schoß sitze. Tat er nicht, aber aussagekräftige Frage.

Das alles wäre wohl das allerletzte, was Jungs in seinem Alter in Deutschland als cool empfänden. Zugleich ist er liebenswert und hilfsbereit, wie so viele Menschen hier.

Trotz all dieser wundervollen Menschen um mich her fühlte ich mich in den beiden folgenden Tagen ein wenig einsam. Mir fehlte das Gespräch mit Gleichgesinnten. Die Franzosen, mit denen ich einen Tag auf dem Fort verbrachte, erwiesen sich als eingeschworene Gemeinschaft, die sich zu 95 Prozent auf Französisch unterhielt. Zudem schienen sie nicht besonders an Austausch interessiert – zumindest nicht mit Nicht-Franzosen.

Nach zwei solchen Tagen zweifelte ich ein wenig an mir selbst, an meinem Umfeld, an meiner Fähigkeit, mich auf unterschiedliche Menschen einzulassen. Dann sandte ich einen Wunsch nach passenden Gesprächspartnern aus.

Ab dem darauffolgenden Abend konnte ich mich vor Gesprächen nicht retten. Faszinierend. An einem Abend war ich sogar soweit, dass ich ein anderes Restaurant aufsuchte, weil ich dachte, dort allein zu sein, doch mir nichts dir nichts fand ich mich in ein Gespräch mit einem schwedischen und einem englischen Pärchen verwickelt.

Ich will mich nicht beklagen. Im Gegenteil, die letzten Tage waren ausgesprochen bereichernd. Ich lernte Jo kennen, einen Deutschen, der sich auf einer mehrjährigen Weltreise befindet und ein faszinierender Mensch mit beeindruckendem Faktenwissen ist. Vorgestern Abend unterhielt ich mich bei einer Flasche Weißwein, die ich mir mit Sonus Hilfe in einem außerhalb gelegenen Liquor Store besorgt hatte, stundenlang mit Jo über Weltgeschichte und Politik. Der Wein war grauenhaft, das Gespräch gut.

Am Nachmittag hatte ich mich mit dem familiären Hintergrund meiner zukünftigen Roman-Protagonisten beschäftigt. Die Großeltern-Generation entstammt der Jahrhundertwende zum 20. Jahrhundert, somit hatte ich mir jede Menge Gedanken über die Weltkriege, die politischen Einstellungen, Lebens- und Todesdaten und dergleichen mehr zu machen. Wie sich herausstellte, war Jo der ideale Gesprächspartner hierfür. Sein Vater war bis zur Wende Professor für Kommunismus und Marxismus in Ost-Berlin, sein Großvater ein dekorierter Held der Roten Armee, der in Stalingrad gegen Hitlers Truppen gekämpft hatte.

Gestern wanderten wir gemeinsam mit Alex, einem Québécois, und Nicolas, einem Franzosen, zum nahegelegenen See und danach weiter zu einem Shiva-Tempel, der hoch oben auf einem Berg gelegen war. Die Treppen stecken mir heute noch in den Beinen.

Wir verbrachten den halben Tag auf diesem Ausflug. Auf der staubigen Landstraße winkten uns die Menschen zu und lachten. Als wir am Fuße des Tempelberges einen Chai tranken und Alex seine Mundharmonika herauszog, war uns endgültig die Aufmerksamkeit aller sicher.

Holi in Bundi

„I want cock!"

Aman, der inzwischen, wie Margaret es vorausgesagt hat, tatsächlich am liebsten auf meinem Schoß sitzt, sieht mich aus seinen dunkelbraunen Augen an.

Ich schlucke.

Mehr als „What?" bringe ich nicht hervor.

„I want cock!", wiederholt er unbeirrt.

Ich gewinne Zeit, indem ich schweige.

Was meint er?

Da macht er eine Geste, führt die Hand zum Mund, als hielte er eine Flasche darin, und ich verstehe endlich.

„You want a Coke!", lache ich. „Well, go get yourself one then. I'll pay for it later."

Heute Abend beginnt das Holi-Fest – und ab morgen Vormittag geht es dann rund. Farben und Spritzpistole habe ich bereits erstanden. Gut, diesen besonderen Tag hier mit meinen neuen Freunden zu verbringen. Ich frage mich nur, wie ich mit der hiesigen Kaltwasser-Eimer-Dusche jemals wieder sauber werden soll. Aber darüber kann ich mir morgen Abend Gedanken machen.

Umarmungen mit Wildfremden, pinke Kühe, alte Männer, die mit leuchtendbunten Gesichtern auf der Straße tanzen, Kinder, die alles, was sich bewegt mit farbiger Brühe bespritzen: Willkommen zum Holi, dem traditionellen indischen Frühlingsfest.

Stundenlang bemalten die Menschen in Bundi in den Nachmittagsstunden die Straßen mit Bildern, schmückten den Boden mit Blüten, bereiteten Bhanglassi zu, ein althergebrachtes Getränk mit Hanf.

„Let's go, let's go!", bettelte Aman am Abend. „You and I, we go. I show you Holi-pictures."

Mera chota bhai (mein kleiner Bruder): Aman.

Wie immer war er ganz scharf darauf, allein mit mir irgendwohin zu gehen. Als ich schließlich nickte, nahm er mich bei der Hand und wir liefen los. Ich dachte, es ginge einmal die Straße hinunter zu dem großen Straßenbild und einmal wieder hinauf zu dem Blütenbild am anderen Ende, doch weit gefehlt.

„Here, we go here!", zog er mich hinter sich her.

Jeder Häuserblock hatte ein eigenes Holibild. In der Mitte waren Zweige aufgeschichtet, die später verbrannt werden sollten, zur Erinnerung an die Vernichtung der Dämonin Holika. Die Geschichte erzählt, ein indischer Prinz habe sich geweigert, seinen Vater als Gott zu verehren. Weiterhin habe er beharrlich Vishnu angebetet. Daraufhin sann der König auf Rache. Er gedachte, den Prinzen den Feuertod sterben zu lassen. Holika, die Schwester des Königs, war nämlich den Flammen gegenüber unempfindlich, sodass sie, mitsamt dem Prinzen, ins Feuer springen sollte. Die perfide Intrige aber ging nicht auf: Holika verbrannte wider Erwarten und der Prinz entkam der Feuersbrunst unversehrt. Soweit die Legende.

Aman war sichtlich stolz, Seit an Seit und Hand in Hand mit dem Gora, dem Ausländer, durch sein Viertel zu schlendern. Ein ums andere Mal stoppten wir, wünschten *Happy Holi!* und wurden in die Häuser von Amans Freunden eingeladen. Aman liebte es, mit meiner Kamera zu fotografieren und so wurden Mütter, Großmütter, Tanten und Neffen abgelichtet.

Die Menschen sind unglaublich gastfreundlich hier. Alle luden uns in ihre Häuser ein, boten mir Bhanglassi (ein Lassi mit Marihuana, den ich stets dankend ablehnte) oder eine Kleinigkeit zu essen an und freuten sich über den Besuch – egal, ob der Herr des Hauses gerade zum

Fernsehen im Bett liegt oder das Zimmer der Schwester einem Schlachtfeld gleicht.

Die ganze Stadt war auf den Beinen. Lief irgendwo Musik, wurde ich stets bestürmt zu tanzen. Ich kam dem Wunsch brav nach und erntete lautes Gejohle. Schon zog mich Aman weiter. Schließlich landeten wir bei ihm zu Hause, wo mir seine und Vikas' Familie vorgestellt wurde. Im Hof des Hauses steht ein kleiner Altar und Aman zog seine Schuhe aus, kniete nieder und legte die Stirn auf den Boden, um zu seinem Gott zu beten. Als ich mich ebenfalls vor seinem Gott verneigen wollte und meine Schuhe auszog, meinte er in bestimmten Tonfall: „Wash your hands, you touched your shoes."

Ach ja, ich erinnerte mich, Schuhe galten als unrein. Ich tat also, wie mir geheißen, ehe ich seinem Glauben meinen Respekt erwies.

Den Rest des Abends verbrachte ich auf der Dachterrasse des Energy Café.

Unsere Gemeinschaft war in der vergangenen Woche von Tag zu Tag größer geworden. Neben Vikas, Sonu, Aman, Pappu und seiner Frau Munni sind da unterdessen noch Margaret, eine Australierin, die ich Queen Margaret nenne, Mirja, eine Nürnbergerin, die in Bamberg Indologie studiert und gerade auf Sprachreise in Delhi ist, und Sameer, ein Freund von Vikas und Sonu. Sporadisch gesellen sich Traveller aus aller Herren Länder zu unserer Gruppe: Max, Lucy, Jo und andere.

In den letzten Tagen hat sich etwas verändert.

Wir wachsen zusammen. Ich spüre die zunehmende Herzlichkeit. Wir Jungs reden uns unterdessen mit *Mera bhai* an, mein Bruder. Ich habe in Bundi vier neue Brüder gewonnen. Es gibt eine Stimmung von uneingeschränktem Wohlwollen einander gegenüber. Das fühlt sich wunderschön an. Wie froh war ich, dass ich das Holi-Fest in Bundi im Kreise meiner neuen Freunde verbringen durfte.

Bis spätnachts saßen wir beisammen, lachten und tanzten. Ich legte zum ersten Mal meine Musik auf. Zudem hatte ich mir eine Flasche Gin gekauft und bei der fünften Anlaufstelle auch Tonic Water gefunden, sodass ich mir eine kühle Erfrischung zu Gemüte führen konnte.

„We meet at 7.30 tomorrow morning!"

Skeptisch sah ich Sonu an. „You're sure?"

„Yes, 7.30!", strahlte er.

Ich zweifelte.

„Holi starts in the morning!", versicherte mir Vikas.

„If I get up at seven and none of you guys is gonna be around, I'll get really angry", entgegnete ich.

„No problem!", grinste Vikas.

Eine kurze Lektion darin, wie man zwei Deutsche (Mirja und mich) dazu bringt, um sieben Uhr dreißig auf der Matte zu stehen, während man sich selbst gemütlich noch einmal im Bett umdreht.

Allerdings ist Schlaf nach sieben Uhr in Bundi ohnehin etwas, was ich mir nur mit Mühe abringen kann. Deutsche Ohrstöpsel unterliegen im Kampf mit dem indischen Subkontinent:

Musik aus dem Tempel und dem Café gegenüber in voller Lautstärke, hupende Rikschas, jaulende Motoren, bellende Hunde.

Also stand ich um sechs Uhr auf und wanderte durch die verlassenen, aber lauten Straßen. An einem kleinen Stand trank ich einen Chai.

Natürlich war um halb acht niemand im Energy Café. Mirja tauchte wenig nach mir auf. Wir grinsten uns an. Die Deutschen, war ja klar. Irgendwann gingen wir dennoch runter auf die Straße, frühstückten zwei Samosas, als Margaret auftauchte. Nach und nach, im Laufe der folgenden Stunden, erschienen sie dann alle – als letzter Sonu, der sich noch um elf Uhr den Schlaf aus den Augen wischte.

Auf den Straßen ging es wild zu. Wo wir gingen und standen, wurden wir mit Wasser bombardiert, meist mit intensiven, nicht abwaschbaren Farben vermischt. Die Menschen kamen aufeinander zu und wünschten sich *Happy Holi*, wobei sie sich mit sanften Gesten leuchtendbunte Farbe auf die Wangen strichen. Viele umarmten mich, ich umarmte zurück. Die Stimmung war großartig. Wir tanzten mit indischen Männern auf der Straße. Sie wollten uns gar nicht mehr gehen lassen. Nach einer Weile gingen wir dennoch zurück aufs Dach und beobachteten das Treiben von oben. Die Musik lief in voller Lautstärke und alle tanzten.

Danach zurück auf die Straßen. Mittlerweile waren alle Gesichter kunterbunt. Wer das Pech gehabt hatte, mit den miesen Farben in Berührung gekommen zu sein, war bis in die siebte Hautschicht oder tiefer verfärbt. Dunkelgrüne, dunkelblaue, pinke Gesichter, aus denen allein weiße Augäpfel strahlten. Nach einigen Stunden in der brütenden Hitze waren wir alle fix und fertig.

Zurück auf der Dachterrasse des Energy Café begann für mich der schönste Teil des Tages, vielleicht der schönste Teil meiner bisherigen Reise: So viele Menschen, die sich offenbar nichts Schöneres vorstellen könnten, als einander nah zu sein. Trotz der relativ großen Fläche schoben wir alle Matratzen zusammen, und kauerten in einem großen Pulk neben-, auf-, über- und untereinander, ringsum die Tische und die Stühle, die ebenfalls voll besetzt waren. Überall zwischendrin sprangen oder lagen die Kinder herum. Sobald wir versehentlich den Kreis der Holi-Familie verließen, verspürten wir sofort das Bedürfnis zurückzurutschen, wiederaufgenommen zu werden in diese verschworene Gemeinschaft der Liebenden, dieser Liebenden aus dem simplen Grund heraus, dass es nichts Schöneres gibt, als einander ohne irgendwelche Vorbehalte oder Absichten ein solch sanftes Gefühl zu schenken, uns mit *Mera Bhai* anzureden und zu berühren, immerzu zu berühren, wie es in diesem Land alle ständig tun.

Die Atmosphäre war dicht vor Zuneigung. Wir alle konnten fühlen, dass wir an etwas Besonderem teilhatten, dass es in diesem Moment keinen besseren Ort auf diesem Planeten gab, an dem wir hätten sein mögen.

Am Nachmittag löste sich die Gruppe langsam voneinander. Nach und nach zog sich jeder in sein jeweiliges Quartier zurück – bei mir hieß das, die Treppen ein Stockwerk hinab.

Dort dann der zum Scheitern verurteilte Versuch, die Holi-Farbe mit der Kaltwasser-Eimer-Variante einer Dusche von meiner Haut zu schrubben.

Das meiste gelang zwar wider Erwarten, doch ein wenig Blau verblieb in meinem Gesicht, Pink zierte noch immer meinen rechten Oberarm und auch hatte ich das Gefühl, dass ich jedes Mal, wenn ich seither aus dem Bad kam, irgendwie mehr Farbe an mir trug als zuvor, ohne dass ich bislang wirklich hätte herausfinden können, woher sie stammte.

Den Abend verbrachten wir in ruhiger Besinnlichkeit. In kleiner Gruppe saßen wir beisammen, allesamt trunken von der Schönheit des Tages, allesamt gleichsam verbunden in der Unfähigkeit, das Erlebte in Worte zu kleiden.

Meine Tage in Bundi neigen sich unweigerlich ihrem Ende entgegen. Donnerstag werde ich nach dann zehn Tagen wohl in Richtung Orchha weiterfahren. Somit verlasse ich Rajasthan und wechsle hinüber nach Uttar Pradesh, ehe es hinauf in den Norden geht.

Das Schöne ist, dass mich Queen Margaret begleiten wird, ich also zum ersten Mal auf dieser Reise eine Reisepartnerin haben werde. Darauf freue ich mich.

Nach zweieinhalb Wochen habe ich endlich das Gefühl, wirklich in Indien angekommen zu sein. Voller Spannung harre ich der Dinge, die da noch kommen mögen.

Landleben in Indien
Eine Betrachtung über die Langsamkeit

23. März 2014

Bisweilen habe ich das Gefühl, unsere Generation habe ihre Seele verloren. Sie taumelt über den Planeten. Haltlos. Ohne begriffen zu haben, wonach sie eigentlich sucht.

Am Mittwoch, meinem vorletzten Tag in Bundi, unternahmen Margaret, Mirja und ich einen Ausflug aufs Land. Mohan, ein Freund von Vikas, brachte uns mit seiner Rikscha in zwei nahe gelegene Dörfer.

Habe ich generell das Gefühl, Indien sei ein Land, das zwar mit den meisten technologischen „Errungenschaften" unserer Zeit ausgestattet, aber dennoch 50 Jahre hinten dran ist, so potenziert sich dieser Eindruck auf dem Land. Die Ruhe ist überwältigend.

Damit meine ich nicht die Abwesenheit von Lärm. Ich spreche von einer allumfassenden Ruhe.

In den Dörfern rund um Bundi gehen die Menschen verschiedenen Tätigkeiten nach. Die erste Familie, die wir besuchten, fertigte tönerne Wassergefäße. Diese traditionelle Art der Wasseraufbewahrung kommt in Zeiten von Kühlschrank und Plastikflaschen mehr und mehr außer Mode. Nichtsdestotrotz halten viele Familien an der Nutzung und Herstellung dieser Behältnisse fest. Sie halten nicht nur das Wasser kühl, sondern kühlen durch Verdunstung auch noch die Umgebung.

Aus einem Klumpen Lehm wird mit einem Klöppel und bloßen Händen binnen Minuten ein bauchiges Gefäß geklopft, das dann einige Tage in der Sonne trocknet.

Danach wird es in einem Ofen gebrannt, im nächsten Schritt von Hand bemalt und schließlich auf überladenen LKWs in die Stadt transportiert.

Tagein, tagaus die gleiche Beschäftigung. Eine Tätigkeit, die ausschließlich mit den eigenen Händen erledigt wird und so gleichförmig abläuft, dass sie vielen von uns langweilig erschiene. Die Männer, die ich traf, aber wirkten ausgesprochen zufrieden. Mit geübtem Handgriff fertigten sie ein Behältnis ums andere. Ohne Unterlass.

Wohin die Gedanken der Männer in diesen Stunden wanderten, werde ich wohl nie erfahren. Ringsum springen derweil die Kinder umher, ab und an heißt es, eine Kuh aus dem Gemüsebeet zu verjagen, ansonsten geschieht nicht viel.

Wir zogen weiter. Gingen eine Runde durchs Dorf. Von überallher drang das dumpfe Klopfen der Arbeiter an unser Ohr. Großäugige Kinder blickten zu uns auf.

„Hello! What name, Sir? Which country? – Country name, Sir?"

Abermals Hände schütteln, Kopf wiegen und immerzu Lächeln. Es fällt mir nicht schwer. Herzlichkeit zu erwidern, ist ein Kinderspiel.

Einige Straßen weiter wurden wir in ein anderes Haus gebeten. Dort durften wir zusehen, wie die modernere Variante der Töpferkunst ausgeübt wird: Auf dem Boden stand eine strombetriebene Drehscheibe. Wir setzten uns, während ein junger Mann im Garten den Lehm mit ein wenig Wasser mischte, bis er die erforderliche Konsistenz erreichte. Die Tochter des Hauses brachte uns Chai.

„Chai bahut achi hai" (der Chai ist sehr gut), dankte ich, nachdem ich gekostet hatte.

Der junge Mann nahm die Drehscheibe in Betrieb und ließ sich davor nieder. Der feuchte Klumpen Lehm lag in der Mitte.

Innerhalb einer Minute entstanden eine Schüssel samt dazugehörigem Deckel, ein kleines Gefäß und eine Vase. Es sah aus wie ein Kinderspiel. Wir ahnten, das dem nicht so wäre. Margaret versuchte es. Mit Hilfe des jungen Mannes schuf sie etwas, das dieser im Nachhinein vermutlich wohlwollend recycelte. Ganz so leicht war es also nicht.

Wir verabschiedeten uns. Als nächstes besuchten wir einen alten Mann, der ebenfalls Wassergefäße fertigte, schossen Fotos und frühstückten eine Art hohles Gebäck, das mit einer scharfen Minzsuppe gefüllt wurde.

Über eine erstaunlich gute Landstraße fuhr uns Mohan weiter ins nächste Dorf.

Dort angekommen parkte er die Rikscha neben einem Obststand. Eine Frau schenkte uns Weintrauben und machte auf Hindi ihre Scherze. Wie so oft lächelten wir semi-debil und nickten.

Ein paar Meter weiter gesellten wir uns zu vier Männern, die vor einem Haus auf dem Boden saßen. Ein Bast-Dach schützte uns vor der Nachmittagssonne. Auf einem kleinen Ofen braute einer der Männer uns einen Chai. Sie alle waren in die klassisch indische Tracht gehüllt.

Wie viel Zeit ihres Lebens mochten sie wohl so dasitzend verbracht haben? Und wie lange wird, der Gedanke verursachte mir Gänsehaut, diese Lebensweise in einem Schwellenland wie Indien wohl noch ihre Berechtigung haben? Über Generationen? Bloß wenige Jahre? Wann wird der gefräßige Geist westlicher Zivilisation die letzten Ecken des Landes erreicht haben?

Wir saßen. Rauchten. Tranken Chai. Chai, der über Feuer gebraut wird, schmeckt besser. Ansonsten gab es nichts zu tun.

Sitzen. Schauen. Rauchen. Tee trinken. So wie es seit Hunderten von Jahren geschehen sein mag.

Im Mund des Ältesten verblieben nur wenige Zahnstümpfe. Wozu aber brauchte er in einem solchen Leben Zähne?

Diese Männer *sind* einfach. Sein. Nichts weiter.

Ich sah dem Alten in die Augen. Was ich dort fand war

Gelassenheit. Gleichmut. Ich versank in den Tiefen dieser blanken Augen.

Ruhe und nichts weiter als wir selbst – diese Kombination ist uns im Westen unerträglich. Stets hat etwas zu geschehen. Stets müssen wir weiter, weiter, weiter. Folgen einem Ziel, von dem wir zumeist selbst weder wissen, wie es aussieht, noch, was wir dort wollen. Wenn uns dann abends die Energie ausgeht, lassen wir uns berieseln: Fernsehen, Musik, Internet. Wahllos. Manch einer, wie mir scheint, gar ohne Wahl. Bloß niemals dieser inneren Ruhe ausgesetzt sein! Sie beängstigt uns, wie es kein Fallschirmsprung aus 4000 Metern Höhe oder kein Tiefseetauchgang vermöchte.

Das schlichte *Sein*, wie es mir aus diesen Augen entgegenstrahlte, ist uns abhandengekommen.

Ist womöglich dies ein Grund für das Unglück unserer Generation? Eine Erklärung für all die Depressiven und Frustrierten, denen wir das Etikett der Krankheit aufkleben, anstatt uns mit den Ursachen ihres Leidens auseinanderzusetzen? *Sein* – als möglicher Ausgleich zu den Anforderungen des westlichen Alltags? Es scheint in Europa unmöglich. Wir haben verlernt, zu sein. Verbrächten wir auch nur einen Tag in dieser Stille, sitzend, ohne Ziel – uns drängten sich sofort Fragen auf: Was nun? Wie geht es weiter? Wozu das alles? Ohnehin ergeben sich kaum je derartige Gelegenheiten.

In einer Kultur permanenten Leistungsanspruchs ist das Gegenteil nicht zugleich lebbar. Der Widerspruch zerrisse uns. Das Paradoxon bleibt unaufgelöst, vielleicht unauflösbar. Nicht jedoch, ohne dass dies Konsequenzen hätte. Auf dem Altar der Produktivität opfern wir unser Lebensglück. Menschen, die diesen Widerspruch wahrnehmen, begeben sich auf die Suche. Oftmals ist es kaum mehr als eine vage Ahnung, die sie antreibt. Ein unbestimmtes Das-kann-nicht-alles-(gewesen)-sein.

Das Tragische an dieser Suche ist, dass sie sich ihrer eigenen Bedingungen nicht bewusst wird.

Anstatt mit dem naheliegenden ersten Schritt zu beginnen – der Suche nach den eigenen Wünschen, Träumen, Talenten – richtet sie sich allzu oft aufs Transzendentale. Und dann beginnt sie, die Odyssee durchs Wirrwarr kommerzieller Spiritualität, bewusstseinsverändernder Drogen und die Lehren heilsversprechender Scharlatane. Häufig folgt ein bitteres Erwachen.

Manch einem wünschte ich einen einzigen Blick in die Augen dieses zahnlosen Greises.

Ist Zufriedenheit in unserer Gesellschaft des ewigen Immer-Weiter systembedrohend? Sie führt zu Ruhe. Womöglich zu Bescheidenheit. Keines von beiden ist mit dem wahnhaften Konsumismus der westlichen Welt vereinbar.

Wie sagte mein Freund Mario vor einigen Wochen so schön:

„Was machen denn zufriedene Leute? Sie sitzen da und lassen sich die Haare wachsen."

Gefährlich für die bestehenden Verhältnisse wird eine solche Suche allerdings nur, wenn sie eine bestimmte Richtung einschlägt. Der kapitalistische Markt hat dies rasch erkannt und sich die Suche nach Zufriedenheit einverleibt. Daraus geboren wurde eine Unzahl von Ratgebern zu Esoterik, Spiritualität und Sinnsuche. Reiki-Kurse, Meditationsseminare, Yoga-Übungen, Familienaufstellungen – nichts, was sich nicht vermarkten ließe. Allesamt sind sie nichts weiter als ein Ausdruck dieser diffusen Heils-Suche. Vielerorts (allem voran in Europa) sind sie an Stelle der Religion getreten. Die offensichtliche Sinnlosigkeit solcher Glück-in-30-Tagen-Programme wird zugunsten des Prinzips Hoffnung ignoriert: Wenn ich ausreichend investiere, kann ich die Zufriedenheit herbeizwingen. Muss, muss, muss.

Das jedoch funktioniert nicht.

Derartige esoterisch-spirituelle Praktiken sind nichts als Ablenkungsmanöver. Statt Menschen auf ihrer Suche voranzubringen, gaukeln sie Erlösung vor. In unserer Gesellschaft ist die Suche nach Transzendenz in den meisten Fällen nichts weiter als ein Fluchtversuch. Nicht, dass ich diesen nicht verstehen könnte.

Was bleibt, ist dennoch ein schales Gefühl. Und der Wunsch, so mancher möge einen Blick in die Augen dieses Mannes werfen.

Ohnehin scheint mir die große westliche Sehnsucht nach Spiritualität und Transzendenz aus einem Missverständnis zu erstehen. Sie ist nichts als eine Neuauflage des christlichen Lacrimarum Valle: Alle Hoffnungen werden aufs Jenseits verschoben – gelange man dorthin nach dem Tode (wie im Falle des Christentums) oder im Jetzt (wie bei den Suchenden nach Spiritualität).

Erst wenn es gelingt, den Vorhang zu zerreißen, hinter dem die Transzendenz den Kern der Suche verdunkelt, wird diese ihren wahren Sinn zurückerlangen. Sie ist nämlich nichts als Ausdruck einer Sehnsucht nach dem schlichten *Sein*.

Sein – jenseits von Anforderungen, aufgedrückten Selbstdefinitionen und gesellschaftlichen Zwängen. Solange nicht diese erste Sprosse der Leiter erklommen ist, wird die Flucht in die Transzendenz nichts weiter als der zweite Schritt vor dem ersten bleiben.

Dieser indische Mann hatte das verstanden. Nicht, dass er mir das hätten sagen können. Das war allerdings auch nicht von Bedeutung. Ich konnte es in seinen Augen lesen.

Auf unserem weiteren Weg durch jenes Dorf baten uns verschiedene Familien in ihre Häuser.

Ein ums andere Mal nahmen wir Platz, tranken Chai und sogen die Ruhe in uns auf, die jeder Quadratzentimeter dieses Ortes verströmte. Für mich war sie Balsam. Auch erinnerte sie mich daran, weshalb ich kein Sightseeing-Tourist bin. Auf Reisen möchte ich Menschen erfahren, ihre Lebensweise kennenlernen, ihre Umgebung spüren. Ich will herausfinden, wie sie miteinander umgehen; mir darüber klar werden, was sie und ihre Welt von mir und der meinen unterscheidet.

Nichts dergleichen wird mir in zu Touristenattraktionen erklärten Bauwerken gelingen, solange diese vom Rest der Welt geschieden sind. Von ihrer ursprünglichen Lebendigkeit getrennt sind sie für mich kaum mehr als eine ästhetische Anhäufung alter Steine.

Meine Sinne bereichert es mehr, mit diesen alten Männern unter dem Bast-Dach im Schatten zu sitzen, die flirrende Nachmittagsluft zu atmen und Chai zu trinken. Immer wieder Chai zu trinken – jenes Getränk, das für mich zum Symbol dieser Kultur der Gastfreundschaft geworden ist. Einer Kultur, die sich ihre Seele bislang in Teilen zu bewahren vermochte.

Orchha
Stadt der Fliegen

3. April 2014

„May I ask, when you were born?"
„Sure!", lächelte sie ihr bezauberndes Lächeln. „In 1933."
(Helen, Alleinreisende aus Schottland, Orchha, März 2014)

Meine Reiseroute führte mich als nächstes nach Orchha, ein indisches Städtchen im Bundesstaat Madhya Pradesh. Tempel, rituelle Stätten und Paläste allenthalben; die rauschenden Wasser des Betwa sorgen für eine atemberaubende Kulisse. Am Himmel ziehen Geier gemächlich ihre Kreise. Zugleich gibt es allerdings keinen Ort, an dem einen nicht ein Schwarm sirrender Fliegen umschwirren würde.

Woher die alle kommen und weshalb sie sich ausgerechnet dieses Städtchen als Heimat auserkoren haben? Eine gute Frage.

Margaret und ich kamen nach einer Nachtfahrt im Sleeper-Bus morgens um sechs ziemlich gerädert in Jahnsi an. Die Landstraßen ließen an Schlaf kaum denken. Allenfalls gelang es mir, wenige Minuten wegzudösen. Von Jahnsi aus legten wir mit einer Rikscha die 20 Kilometer nach Orchha zurück.

Nachdem wir im zweiten Anlauf ein Guest House gefunden hatten – im ersten flogen Schwärme von Mosquitos auf, sobald man sich aufs Bett setzte, sodass wir es trotz schlechten Gewissens nach einer Stunde verließen und dem Besitzer 100 Rupees in die Hand drückten – erkundeten wir am Nachmittag den Ort.

Die Hitze ist unterdessen erdrückend. Tag für Tag klettert das Thermometer auf 40 Grad. Naturgemäß zog es uns ans Wasser.

Bald lag der Betwa zu unseren Füßen. Blaue Fluten, die teils reißend scheinen, teils träge dahinziehen.

Die Inder lieben es zu baden. Allerdings ausschließlich die Männer. Sie ziehen sich bis auf die Unterhosen aus und springen in die Fluten. Manche schwimmen sogar mit Klamotten.

Auch auf mich wirkten die Wasser des Betwa unwiderstehlich. Selbst wenn in der Nähe einer rituellen Verbrennungsstätte überall geschertes Menschenhaar am Ufer herumlag – die Hindus rasieren sich zum Zeichen der Trauer um einen Verstorbenen den Kopf – streifte ich flugs meine Klamotten ab und tauchte ins kühle Nass.

Die Sonne brannte erbarmungslos herab und ich nahm mein erstes Bad in einem indischen Fluss. Das Wasser war herrlich. Erfrischend und klar. Am Himmel kreisten die

Geier und fragten sich, ob ich es ans Ufer zurückschaffen würde. Ich musste sie enttäuschen.

Als wir danach im Schatten eines Tempels einige Meter über den Wassern des Flusses saßen, gesellte sich eine Gruppe indischer Halbwüchsiger zu uns. Um ihren Wagemut unter Beweis zu stellen, zogen sie ihre Klamotten aus und sprangen der Reihe nach in den Fluss hinab. Das Spiel ging so lange weiter, bis zwei aufgebrachte indische Polizeibeamte sie in ihre Schranken wiesen. Die Jungs ergriffen ihre Klamotten und trollten sich, ohne dass das Grinsen aus ihren Augen gewichen wäre.

Am Nachmittag des nächsten Tages folgten Margaret und ich auf einem Spaziergang einem kleinen Pfad hügelaufwärts, um zu einem Tempel zu gelangen, aus dessen Innerem Musik erklang.

Spontan wurden wir auf einen Chai ins Haus einer Familie am Hang eingeladen. Einer der Söhne, Anush, und sein Freund Assis schlossen sich uns an, als wir weiterzogen. Gemeinsam mit den beiden Zehnjährigen erkundeten wir zunächst einen der zahllosen verlassenen Tempel.

Das ist das Schöne an Orchha: Es gibt so viele Tempel, dass sie verlassen herumstehen und man sie auf eigene Faust auskundschaften kann. Ohne touristisches Brimborium.

Im letzten Artikel schrieb ich, dass ich kein Sightseeing möge. Das Erkunden der Tempel und Palastruinen in Orchha aber war anders. An diesen Orten durfte man einfach *sein*.

Keine Touristenhorden. Niemand, der einem über die Schulter guckte. Nichts, was man nicht hätte berühren dürfen, da es als Kunstwerk heiliggesprochen worden war.

Auf diese Weise vermochte ich diese alten Heiligtümer zu *spüren*. Zumindest das, was bis in unsere heutige Zeit von ihrer Atmosphäre geblieben war. Mir vorzustellen, wie es dort anno dazumal zugegangen sein mag, wollte mir, bei aller Mühe, nicht gelingen.

Anush tanzte im verlassenen Tempel für uns zum Pani-Pani-Song (pani ist das Hindi-Wort für Wasser) – einem Lied, das zurzeit das ganze Land Kopf stehen lässt. Und wenn ich das ganze Land schreibe, meine ich das ganze Land. Unabhängig von Alter. Geschlecht. Kaste. Aus jedem Lautsprecher dröhnt das gleiche Lied. Dröhnt. Auch das ist wörtlich zu verstehen. Ob im Auto, im Restaurant, im Guest House. Wenn Musik in Indien nicht die Trommelfelle gefährdet, handelt es sich nicht um Musik. Auch um sechs Uhr morgens.

Aber zurück nach Orchha. Nach Anushs Tanzeinlage begleiteten er und Assis uns noch eine Weile. Mit den Kindern im Schlepptau besuchten wir den Tempel, dessentwegen wir ursprünglich den Hügel hinaufgestiegen waren. Mantra-Gesänge drangen aus dem Inneren, als wir uns von der Rückseite näherten.

Wir wurden mit einem offenen Lächeln empfangen. Im Tempel erhielten wir die übliche Segnung und setzten uns zu den Sängern auf den Boden. Wir beobachteten sie bei ihrem Gottesdienst, klatschten mit, ernteten neugierige Blicke.

Als wir später mit unseren kleinen Begleitern in einen Palast weiterzogen, näherte sich uns ein schmieriger Inder, fauchte die beiden Jungs grob auf Hindi an, sodass sie sich verzogen, ehe einer von uns auch nur hatte reagieren können. Mich machte das wütend. Was bildete der sich ein? Immerhin hätte er uns fragen können, ob die beiden uns auf die Nerven fielen. Was sie nicht taten, vielmehr hatten wir ihre unbefangene Art schätzen gelernt.

Auch das aber ist Indien.

Tags darauf lernte ich Helen kennen. Sie stammt aus Schottland und ist seit Monaten allein in Indien unterwegs.

Dadiji nennt sie sich. Im Sommer wird sie 81. Bisweilen bittet sie um Hilfe, wenn sie Treppen steigen will, wobei ich mir nie sicher war, ob sie nicht einfach gern Körperkontakt zu jüngeren Männern hat. Zum Gehen benutzt sie einen Stock. Der hält sie allerdings keineswegs davon ab, bei brütender Hitze den ganzen Tag durchs Dorf zu ziehen und neue Bekanntschaften zu schließen. Helen isst nichts außer Dal Fry (der indischen Linsenvariante). Mahlzeit für Mahlzeit. Ohne Chapati. Ohne Reis. Linsen. Einfach nur Linsen.

Um ihren *Reichtum* so vielen Menschen wie möglich zu Gute kommen zu lassen, isst sie Tag für Tag in einem anderen Restaurant. Sie weiß über Qualität und Preis des Dal Fry in jedem einzelnen Ort Auskunft zu geben. Ebenso wie über die verschiedenen Gasthäuser.

Helen ist bezaubernd. Sie leidet an chronischer Erschöpfung, findet kaum Schlaf, kümmert sich aber nichtsdestotrotz liebevoll um alle Reisenden, die sie auf ihrem Weg trifft. So eilt ihr Ruf ihr denn auch voraus. Bereits in Bundi wurde mir empfohlen, mich an Helen, die unsagbar alte Dame in Purpur, zu wenden, wenn ich wissen wolle, in welchem Hostel ich am besten abstiege.

Nach den Tagen in Bundi war Orchha für mich emotional ruhiger, was nicht zuletzt daran lag, dass ich krank wurde.

Über Nacht fühlte ich mich hundeelend. Nichts konnte ich bei mir behalten, mir schmerzten sämtliche Glieder und mein Kopf fühlte sich an, als würde er platzen. Wenn ich noch nicht einmal essen *will*, ist das kein gutes Zeichen. Keine heimische Darmgrippe hat das bislang geschafft.

Also hieß es, das Bett zu hüten und mein Zugticket nach Varanasi verfallen zu lassen. Beinahe wäre es mir mit dem zweiten Ticket genauso ergangen, da es mir einen Tag lang gut ging, ich ein neues Ticket besorgte und die Krankheit tags darauf wiederkehrte.

Helen kümmerte sich in diesen Tagen rührend um mich, teilte ihre Elektrolyte mit mir, sorgte sich ein wenig. Manchmal hilft einem bereits ein bisschen Anteilnahme, wenn man in der Fremde krank wird.

Am ersten und schlimmsten Tag meiner Krankheit blieb Margaret über Nacht weg. Das stellte ein größeres Drama dar. Nicht für mich, aber für unseren Hostel-Wirt.

Ich lag bereits den ganzen Tag in einer Art Dämmerzustand im Bett. Margaret schaute abends um halb zehn vorbei, um zu sehen, ob ich etwas brauchte. Sie hatte einige Leute kennen gelernt und wollte das Hostel noch einmal verlassen.

„Be back ten o'clock!", sagte Deedee, der Hostel-Wirt.

Margaret nickte. Ich döste wieder weg.

Kurz nach zehn. Auftritt Deedee. Ohne zu klopfen betritt er das dunkle Zimmer. Knipst das Licht an.

„What?" Verstört schlage ich die Augen auf.

Er legt einen Finger an die Lippen, geht um mein Bett herum und beugt sich hinab. Unter dem Bett zieht er ein Flasche Whiskey hervor. Abermals legt er verschwörerisch den Finger an die Lippen, sieht mich intensiv an und geht ins Bad. Als er zurückkehrt ist die kleine Flasche leer. Ich fühle mich verstört, will aber bloß meine Ruhe. Er verlässt den Raum, löscht das Licht.

Ich dämmere weg. Zehn Minuten vergehen. Die Tür geht auf. Gleißendes Licht. Ich kneife die Augen zusammen.

„Where is your friend?"

„I don't know", erwidere ich.

Ich ernte einen stieren Blick.

„It is ten thirty."

Ich zucke mit den Achseln. „She's gonna come soon."

Deedee verlässt den Raum. Es ist dunkel. Ich schließe die Augen und nicke wieder ein.

Bis das Licht mich abermals aus dem Schlaf reißt.

„I want to close. You call her!" Böser Blick.

„I don't have a number. She doesn't have an Indian phone", seufze ich.

Deedee verlässt den Raum.

Das gleiche Spiel wiederholt sich ein ums andere Mal, alle zehn Minuten, bis halb ein Uhr nachts.

„Nein, ich kann sie nicht über Facebook erreichen. Sie hat kein Wifi, wenn sie nicht im Hostel ist."

„Go internet."

„Why?", stöhne ich. Mir ist elend.

„Call her."

„She doesn't have a phone."

„The guy does. I see her with him half hour before. Local guy. Not good, this guy."

Also suche ich die Nummer. Wir rufen an.

The person you've called is temporarily not available.

Um halb eins schließt Deedee das Guesthouse. Ich muss mich beherrschen, um ihn nicht anzuschreien. Meine Geduld ist aufs Äußerste strapaziert, schließlich bin ich nicht Margarets Vater. Sie ist eine erwachsene Frau. Margaret muss über Nacht draußen bleiben. Das trägt nicht unbedingt zu meiner Nachtruhe bei, aber ich habe auch keine Kraft, mich weiter mit Deedee zu streiten.

Als Margaret morgens um sieben das Zimmer betritt, dauert es keine fünf Minuten, bis Deedee an der Tür klopft und ihr die Leviten liest. Ich ziehe mir die Decke über den Kopf.

Wenigstens sind die Übernachtungen billig.

Danach sitzen Margaret und ich kopfschüttelnd im Zimmer und wünschen uns die Streitigkeiten mit unseren Eltern zurück. Bei denen konnten wir wenigstens unseren Standpunkt klarmachen.

Offenbar hatte es in Orchha kurz zuvor einen Vorfall mit einer Touristin im Wald gegeben. Seither müssen die Hostel-Besitzer ihre Gäste um 22 Uhr sicher in ihren

Zimmern verstaut wissen. Sollte dennoch etwas geschehen, kommt die Polizei und verhaftet den Gastwirt. Ein Fahrradvermieter musste drei Tage in den Knast, weil eine Kundin vom Fahrrad gefallen war. Was soll man sagen?

In manchen Hostels, so wurde mir zugetragen, müssen die Gäste neuerdings unterschreiben, dass sie von einer Unzahl absurder Regeln Kenntnis erlangt haben: Nicht mit Einheimischen sprechen. Keinen Alkohol trinken. Kein Ganja von Locals rauchen. Nicht das Dorfgebiet verlassen. Unter keinen Umständen in den nahegelegenen Wald gehen. Um zehn Uhr zu Hause sein.

Indien.

Glücklicherweise fuhr am zweiten Tag meiner Krankheit ein spanischsprachiges Pärchen mit demselben Zug, den ich gebucht hatte, noch dazu im gleichen Wagon. Es stellte sich heraus, dass wir sogar, ohne zeitgleich oder am selben Ort unser Ticket gekauft zu haben, die Betten in den Abteilen nebeneinander belegten. Als ich jedenfalls erfuhr, dass ich zumindest nicht allein unter Indern wäre, die meine Sprache nicht verstanden, sollte es mir schlecht gehen, beschloss ich, es drauf ankommen zu lassen. So schön Orchha war, ich hatte genug. Bisweilen hilft es, einen Ort zu verlassen, an dem man sich nicht wohl fühlt.

Und Tatsache: Seit ich in Varanasi bin, geht es mir gut.

Doch das ist eine andere Geschichte und sie soll ein andermal erzählt werden...

Varanasi
Heilige Stadt am Ganges – und Taj Mahal

6. April 2014

Ich stehe am Ufer des Heiligen Flusses Ganges. Der Wind treibt mir beißenden Rauch in die Augen. Vor mir knistert ein Feuer. Aus dessen Mitte ragt ein menschliches Bein. Die Haut auf dem Schienbein ist aufgeplatzt. Rohes Fleisch liegt bloß. Die verkokelten Zehen krümmen sich in den Flammen.

Es riecht nach gemütlichem Lagerfeuerabend. Ab und an dringt der Geruch gebratenen Fleisches an meine Nase.

Ich bin in Varanasi.

Wer in Varanasi verbrannt und wessen Asche im Ganges verstreut wird, entgeht laut hinduistischer Lehre dem ewigen Kreislauf der Wiedergeburt und erreicht *Moksha,* das vierte Lebensziel. Daher pilgern zahllose Menschen zu diesem Ort – um zu sterben, ihre todkranken Familienmitglieder zu begleiten oder auch, um ein Bad in den Wassern des Heiligen Flusses zu nehmen, die sie von ihren Sünden reinwaschen sollen.

Nicht alle Menschen allerdings werden verbrannt. Schwangere Frauen, Sadhus (heilige Männer), Lepröse und Menschen, die durch einen Schlangenbiss zu Tode gekommen sind, werden in der Mitte des Flusses mit einem Stein versenkt. Sie bedürfen keiner Reinigung durch das Feuer, da sie als gereinigt gelten.

Die nächsten Familienangehörigen der Verstorbenen scheren sich das Haar und tragen weiße Gewänder. Weiß ist in Indien die Farbe des Todes.

Als ich vor einem dieser Totenfeuer stehe, fühle ich mich beklommen. Mein Lebtag habe ich noch keinen Toten gesehen. Nun bin ich damit konfrontiert, dass da ein Bein aus dem Feuer ragt. Natürlich wusste ich zuvor von diesem Ritual. Es hatte mich auch nicht weiter erschreckt. Es in der Praxis anzusehen allerdings war anders. Welch andere, uns fremde Art, mit dem Tod und den Toten umzugehen!

Allerdings erscheint es mir zugleich sehr typisch für die indische Kultur. Indien ist ehrlich. Gnadenlos ehrlich bisweilen.

Das bin ich als Europäer nicht gewöhnt. Zu Hause wird der Tod versteckt. Unsere Alten werden schon zu Lebzeiten aus dem Sichtfeld geräumt. Der Tod ist privat, abgeschieden, nicht selten einsam. Unsere Toten vergraben wir in der Erde, wo sie zerfallen und von Gewürm gefressen werden. Das Entscheidende dabei aber ist: Wir müssen es nicht sehen. Die christliche Mythologie spricht von der Auferstehung des Leibes. Die Vorstellung geht also davon aus, dass am Ende aller Tage derselbe Leib, der einst siech darniederlag, sich abermals erheben und ins Paradies eingehen wird. Besser also, nicht zu sehen, was mit jenem Leib geschieht. Selbst wenn wir es allemal wissen.

Ein weiteres Symptom dieser indischen Ehrlichkeit ist der Schmutz. Indien ist zugemüllt. Überall liegen Abfälle herum: auf den Straßen, in den Gräben. In Seen und Flüssen treibt der Plastikmüll umher. Hunde, Kühe, Ziegen, Affen – sie alle durchstöbern diese Müllberge nach Essbarem. Kühe sind dabei schamlos. Sie scheinen auch Plastik und Karton als essbar anzusehen. Besonders für Karton haben sie eine regelrechte Vorliebe. Allzu oft lief ich schon an Kühen vorbei, die munter auf einem schmackhaften Stück Karton herumkauten.

Wie schwer fiel es mir, das erste Mal meine Plastikflasche auf die Straße zu werfen. Ich trug sie eine halbe Stunde mit mir herum. Aber es gibt keine Mülleimer. Nirgends. Ein anderer Reisender erzählte mir, dass irgendwann ein Inder kam, ihm den Müll aus der Hand nahm und ihn auf den Boden warf.

„I know you can't do it", war sein Kommentar.

Warum stößt mich dieser Müll so ab? Warum ist es für mich undenkbar, meinen Plastikmüll auf die Straße zu werfen? Undenkbarer noch: in einen See?

Auch dieses Verhalten hat, so sehr es mich befremden mag, etwas gnadenlos Ehrliches. Indien produziert Unmengen an Müll. Allerdings nicht versteckt, sondern offen. Niemand scheint sich daran zu stören.

Wenn ich in diesem Land eins lerne, dann mit welcher Menge von unbewussten Tabus unsereins lebt.

Diesbezüglich führt Indien mich an allerhand Grenzen. Mit den Händen zu essen, beispielsweise. Nach wenigen Tagen hatte ich mich zwar daran gewöhnt, Chapati und Naan als Esswerkzeuge zu benutzen – als ich jedoch das erste Mal Reis mit meinen Händen aß, kam ich mir vor wie ein Ferkel. Jedes Mal wieder kostet es mich Überwindung. Warum eigentlich? Ist es nicht natürlich, seine Nahrung mit den Händen aufzunehmen?

Erstaunlich, welchen Einfluss Kultur auf unser Denken und Empfinden ausübt!

Ebenso die Toilettenfrage.

Do as the Indians do. Das war von Anfang an mein Motto hier. Nichtsdestoweniger brachte es mich zum Schwitzen, mir auch nur vorzustellen, mir den Hintern mit Wasser und den Händen zu reinigen. Dabei scheint mir diese Variante letztlich hygienischer als das heimische Toilettenpapier. Doch wiederum: welch Überwindung!

Alex, ein Kanadier, den ich in Bundi kennen gelernt hatte, wahrlich ein Freak vor dem Herrn, der bedenkenlos vor versammelter Mannschaft erzählte, dass er darauf stand, sich beim Masturbieren den Finger in den Arsch zu stecken und jede Frau verweigern würde, die das beim Sex nicht mitmachte, hatte nach beinahe zwei Monaten in Indien erklärt, er könne es nicht über sich bringen, sich mit den Händen abzuwischen. Erst gut zwei Wochen später postete er stolz auf Facebook, dass sein Arsch nun keine Jungfrau mehr sei. Grotesk. Was genau ist es, das uns daran so abstößt?

In vielerlei Hinsicht bringt Indien mich dazu, mich selbst zu hinterfragen. So vieles wäre zu Hause undenkbar. Oder kannst du dir vorstellen, dass du im Zug fährst, ein gänzlich Fremder neben dir sitzt, ein Gespräch mit dir beginnt und nach fünf Minuten sein Kopf auf deiner Schulter und seine Hand auf deinem Oberschenkel liegt, während er dir versichert, dass er diese Begegnung mit dir (von der er natürlich längst ein Foto geschossen hat) niemals in seinem Leben vergessen werde? Nicht zu übersehen, dass das Gespräch sich auf deinen Herkunftsort, deinen Beruf, deinen Namen und die Frage, ob du verheiratet seist, beschränkt. Zu tieferen Gesprächen reicht nämlich das Englisch der Allerwenigsten.

Aber zurück nach Varanasi.

Die Details der rituellen Totenverbrennung hörte ich mir gleich zwei Mal an. Das ist nämlich, wie alles hier, ein Business. Also nicht die Toten zu verbrennen – obschon auch das – sondern Touristen darüber zu erzählen.

Eines der Dinge, die ich nicht ausstehen kann, ist, mit welcher Impertinenz die Inder gerade in den touristischen Orten zu Werke gehen. Ich fand es interessant, mir diese Geschichte einmal anzuhören. Aber wenn mich ein solcher Erzähler an der zweiten Verbrennungsstätte erst in seinen Klauen hat, gibt es kein Entrinnen. Also höre ich mir die Geschichte auch zum zweiten Mal an.

An und für sich wäre das kein Problem. Führte es am Ende nicht zu dem unweigerlichen Schuldfilm, bei dem ich nur verlieren kann. Die Geschichte der Feuerbestattung endet nämlich damit, dass der Erzähler mir von sich und seiner Familie erzählt. Wie sie seit Generationen an diesem Ort arbeiten, um den Armen, die sich eine Feuerbestattung nicht leisten können, unter die Arme zu greifen.

Holz aber, versichert er mir bedeutungsschwanger, koste um die 400 Rupees pro Kilo. Und pro Verstorbenem verbrauche man an die 200 bis 300 Kilogramm davon.

Natürlich – das ehrt ihn – erwartet er nicht, dass ich als Reisender eine ganze Bestattung finanziere. Nur einen kleinen Betrag. Vierzig, fünzig Dollar vielleicht. Meines Karmas wegen.

Egal, was ich zu geben bereit bin – oder gezwungen werde – ich ernte einen Blick, der mir versichert, dass ich der unwürdigste und geizigste Erdenbürger sei und es um mein Karma fortan düster, ja, in der Tat, ausgesprochen düster bestellt sei. Ob ich nicht doch mehr geben wolle? Es läge ja in meinem eigenen Interesse. Letztlich gehe ich – und fühle mich schuldig.

Ich schlendere auf das Main Ghat zu. Die Ghats sind Treppen am Fluss. Es gibt Hunderte davon an den Ufern des Ganges und die Menschen steigen von ihnen hinab, um im Fluss zu baden.

Das Main Ghat ist stets voller Menschen. Ehe ich mich's versehe, hält jemand meine Hand und beginnt meinen Finger zu massieren. Ich will mich wehren, doch ich habe keine Chance. Von vornherein versichere ich, dass ich kein Geld zu zahlen bereit bin. Darum gehe es doch gar nicht, ist die Antwort.

Schwups liege ich auf einer Matte am Rande des Platzes, mein Oberkörper entblößt und zwei Männer massieren mir Rücken, Arme und Beine. Widerrede zwecklos. Wenn es mir gefalle, dann, ja, nur dann, könne ich ja gutes Geld geben.

Ich seufze.

Wieder hineingetappt. Entspannung Fehlanzeige.

Auch hier am Ende das gleiche Spiel. Ich gebe den beiden 500 Rupees – ohnehin viel zu viel – und ernte einen verachtungsvollen Blick. Ob es mir denn nicht gefallen habe?

Das macht mich bisweilen wahnsinnig. Ich vermeide es, irgendjemandem meine Hand zu geben, sobald ich an touristischeren Orten bin, vermeide es auch, überhaupt ins Zentrum größerer Städte vorzudringen, weil ich dieses ständige Schuldgeflüster so leid bin.

Ich gönne mir eine Bootsfahrt vom Assi Ghat, dem äußersten der Ghats, dort, wo ich abgestiegen bin, zum Main Ghat. Es ist schön, die Stadt vom Fluss aus zu betrachten.

Als ich am Main Ghat bin, beginnt dort gerade ein hinduistischer Gottesdienst. Ich setze mich zu den Tausenden von Indern und sehe zu. Vor mir spielt sich ein faszinierendes Ritual ab. Mehrere Brahmanen stehen auf Podesten und zelebrieren mit verschiedenen Feuer- und Rauchgerätschaften eine feste Choreografie. Aus den Lautsprechern erklingt laute Mantra-Musik. Die Luft ist rauchgeschwängert. Andächtig lausche ich und beobachte, was vor sich geht. Die Atmosphäre ist überwältigend. An zwei aufeinanderfolgenden Tagen besuche ich dieses Ritual. Es fasziniert mich. Die Stimmung. Diese Dichte.

Am Morgen darauf führt mich ein Inder durch die Stadt und wir besuchen einige der größeren Tempel. Mein Begleiter heißt Pinku, ist 24 und wirkt wie ein Gangster. Er ist Brahmane. Seine Brüder, so erzählt er, verbrächten ihre Tage im Tempel. Er jedoch nicht. So westlich er wirkt, beherrscht sein Glaube doch seinen Alltag. Er kniet vor jedem Schrein nieder, an dem wir vorbeikommen. In den Tempeln rezitiert er Mantras. Um den Hals trägt er, neben jeder Menge Schmuck, das Band, das ihn als Brahmanen ausweist. Wenn er zur Toilette muss, schlingt er sich dieses Band zweimal ums Ohr. So er dies vergesse, bekomme er von seinem Vater Prügel, versichert er mir. Wolle er Sex haben, lacht er, nehme er das Band ab, damit Shiva es nicht sehe. Und dann *full power*. Welch eine Welt!

Die Tage in Varanasi gehen alsbald zur Neige. Ich beschließe, der Hitze zu entfliehen und kaufe mir ein

Zugticket nach Amritsar, der Heiligen Stadt der Sikhs in Punjab, nahe der pakistanischen Grenze.

Auf dem Weg lege ich den obligatorischen Zwischenstopp in Agra ein, um das Taj Mahal zu sehen. Wie überallhin dauert die Fahrt von Varanasi nach Agra eine Nacht. Es sollte meine kälteste Nacht in Indien werden. Vor lauter Frieren tat ich im Zug die ganze Nacht kein Auge zu. Und das, obwohl es tagsüber 40 Grad hatte.

Total erkältet schleppe ich mich durch die Mittagsglut in Agra. Planmäßig hätten wir um sechs Uhr morgens ankommen sollen – doch ich bin es unterdessen gewohnt, dass die Züge hier bisweilen mehrere Stunden lang ohne erkennbaren Grund inmitten von Nirgendwo anhalten und sich keinen Millimeter fortbewegen. Letztlich ist es beinahe halb zehn als wir ankommen. Kein Taj Mahal im Morgenlicht also.

Trotz der Touristenmassen, die sich durch das Areal des muslimischen Grabmals schlängeln, ist die Schönheit des Taj Mahal überwältigend.

Am Nachmittag steige ich völlig erschöpft in den Zug nach Amritsar, einer Stadt, von der mein Reiseführer abrät, da es außer dem Goldenen Tempel nichts zu sehen gebe.

Amritsar
Heilige Stadt der Sikhs

11. April 2014

Aus den Lautsprechern ertönt ein Singsang, den ich nicht verstehe. Aberhunderte Pilger strömen an mir vorbei. Die Männer tragen Turban und Bart. Viele setzen sich auf den Boden. Ich sitze zwischen ihnen. Mein Rücken schmerzt, weil ich mich nirgends anlehnen kann. Ringsumher erstrahlt das Gold des

174

Tempels im vergehenden Abendlicht. Abermals schließe ich meine Augen und leere meinen Geist. Draußen versinkt die Sonne.

Nach zwei Stunden verlasse ich den Goldenen Tempel, die Heilige Stätte der Sikhs. Es war das zweite Mal, dass es mich an diesem Tag, meinem zweiten in Amritsar, dorthin zog. Der Ort vibriert vor Frömmigkeit.

Ich versuche mir vorzustellen, wie Indira Gandhi ihn vom indischen Militär stürmen ließ. Was der Grund dafür gewesen sein mag? Diese sogenannte Operation Blue Star *war ihr größter Fehler. Letztlich kostete der sie das Leben. Wenige Monate danach wurde sie von ihren Sikh-Leibwächtern ermordet, auf deren Fortbeschäftigung sie in einem Anfall von Selbstüberschätzung bestanden hatte.*

Im ersten Moment entsprechen die Sikhs der Vorstellung von Fundamentalisten. Schuld daran sind vermutlich ihre Turbane. Und die schwarzen Bärte. Danke George W.!

Schnell aber fand ich heraus, dass die Sikhs ein unglaublich liebenswertes und offenes Volk sind.

Bereits im Zug von Agra nach Amritsar hatte ich mehrere ältere Sikh-Männer kennengelernt. Zwar lebten sie in den Vereinigten Staaten, dennoch besuchten sie die Stadt des Goldenen Tempels nicht zum ersten Mal. Wir unterhielten uns nur wenige Minuten, schon boten sie mir ihre Hilfe an. Wann auch immer ich etwas benötigte, könne ich mich getrost an sie wenden. Einer der Männer, er war um die 60 und hieß Rasin, schrieb mir seine Telefonnummer auf. Ich dankte und steckte sie ein. Als wir den Zug verließen, besorgte er mir noch eine Fahrrad-Rikscha und handelte einen angemessenen Preis aus, ehe er und seine Begleiter sich verabschiedeten.

Rasin hatte mir empfohlen, in den Gästequartieren des Goldenen Tempels abzusteigen. Diese kosten nichts, sondern finanzieren sich über Spenden. Als ich allerdings total erkältet dort ankam – nach der zweiten Frostnacht in Folge, diesmal war der Wind das Problem, da ein Zugfenster sich bedauerlicherweise nicht schließen ließ – merkte ich, dass die unzähligen Pilger wohl zu viel für mich wären und ich mich eher nach Ruhe sehnte.

Im Gegensatz zur Hitze in Agra und Varanasi war es in Amritsar kühl und bewölkt, sodass ich beschloss, zu Fuß auf die Suche nach einem Guest House zu gehen.

Schnell fand ich heraus, dass Amritsar teurer war als all die Orte, an denen ich zuvor abgestiegen war, von Mumbai mal abgesehen. Da ich ohnehin knapp bei Kasse war, ließ ich mich nicht darauf ein, für 1000 oder 800 Rupees ein ranziges Hotelzimmer ohne Fenster zu beziehen, und suchte weiter. Nach mehreren vergeblichen Versuchen war ich kurz davor aufzugeben und in eine etwas abgelegene Herberge zu fahren, die im *Rough Guide* als billig angepriesen war. Dann aber stieß ich an einer stadtauswärts gelegenen Straße auf ein Schild, das Zimmer mit oder ohne A/C anpries. Ich trat in den Hof des Hotels. An der Rezeption saß ein steinalter, bärtiger Mann, der mich freundlich anlächelte, aber kein Wort Englisch sprach. Neben ihm stand ein Junge von vielleicht 15 Jahren. Auch er sprach kein Englisch. Auch er lächelte liebenswert.

Wie viel ein Zimmer koste, fragte ich auf Hindi.

„500 Rupees."

Ich ließ mir das Zimmer zeigen. Es hatte ein eigenes Bad und lag am Rande eines bepflanzten Hofs.

„300", sagte ich auf Hindi. „This is my budget." Soweit reichten meine Sprachkenntnisse dann doch nicht.

Letztlich überließen sie mir das Zimmer für 350 Rupees pro Nacht. Ich war stolz auf mich, weil ich meine Verhandlungen geführt hatte, ohne dass meine Gesprächspartner Englisch verstanden, und trotzdem so ein gutes Ergebnis erzielt hatte.

Obwohl der *Rough Guide* vom Besuch Amritsars abriet, liebte ich die Atmosphäre der Stadt von Anfang an. Kaum westliche Touristen. Superfreundliche Menschen und angenehme 30 Grad. Am Nachmittag fuhr ich zur *Boarder Ceremony* an die indisch-pakistanische Grenze.

In Wagah, circa 30 Kilometer von Amritsar entfernt, befindet sich der einzige Straßenübergang zwischen Punjab und Pakistan. Jeden Abend finden sich dort tausende Schaulustige ein, um der Einholung der National-Flaggen beizuwohnen. Es ist ein unglaubliches Spektakel: Überfüllte Zuschauertribünen, zu laute Musik und überall indische Soldaten mit Hahnenkamm auf dem Kopf, die die Zuschauer in militärischer Manier auf ihre Plätze weisen. Das Spektakel zog sich über Stunden. Zunächst passierte ewig lang nichts. Dann rannten mehrere indische Frauen und kleine Kinder mit wehender Flagge die Straße zum Grenztor hinab und wieder zurück. Begleitet wurde dies durch trommelfellgefährdende *Hindustan*-Rufe eines Soldaten am Megafon.

Als der Kommandeur beschloss, es sei nun genug, versammelten sich plötzlich die indischen Frauen auf der Straße und begannen zu tanzen. Das Tanzen liegt den Indern im Blut. Schon kleine Kinder sehen aus wie Profi-Tänzer. Das westliche Publikum, das gesondert auf einer Tribüne sitzt, fragte sich nach zwanzig Minuten allerdings, was das Ganze eigentlich sollte. Die ersten Münder wurden zu herzhaftem Gähnen aufgerissen.

Dann endlich, nach vielleicht zwei Stunden, begann die Parade der Militärs. Allerdings war auch die eher zum Lachen. Man stelle sich vor, dass hier zwei Atom-Mächte einander gegenüberstehen. Das Zeremoniell wirkte wie eine Parodie seiner selbst. Soldaten, die ihre Beine auf Stirnhöhe schleudern, groteske Uniformen, Gorilla-Pose mit Gorilla-Schrei vor dem Tor zum Nachbarstaat, all das wirkte auf mich allenfalls amüsant. Dennoch alles in allem ein gelungener Nachmittag, da die hiesige Kultur der unseren wieder einmal so unbegreiflich fremd blieb.

Als ich mich am nächsten Morgen auf den Weg zum Goldenen Tempel machte, wirkte Amritsar noch verschlafen. Die Gassen waren leer. Nur ein paar Chai-Stände hatten geöffnet. Ich verzichtete also auf ein Frühstück und trank nur einen Chai, um das Morgenlicht nicht zu verpassen.

Vor dem Tempel hieß es: Schuhe ausziehen, Rucksack abgeben, den Kopf mit einem orangen Stofftuch bedecken, Füße in einem Wassergraben waschen. Dann erst war mir erlaubt, das Tor zum Tempel-Bezirk zu durchschreiten.

Da lag er nun also vor mir, inmitten eines künstlich angelegten Sees: der Goldene Tempel.

Viele Menschen hatten ebenfalls den Weg aus den Betten gefunden, um den morgendlichen Sonnenkuss mitzuerleben. Nach einer Weile umrundete ich den See. Langsam, ganz langsam. Ich beobachtete die Menschen, die sich zum Bad im Heiligen Wasser entkleideten, und ließ die Stimmung auf mich wirken. Die Atmosphäre war besonders an diesem Ort. Schwer zu beschreiben. Von einer tiefen Heiligkeit und Andacht.

Im Leben der Sikhs gibt es fünf Regeln, wie mir ein junger Mann später erklärt:

I.   *Ein Sikh darf sich nie auch nur ein Körperhaar rasieren.*

II. *Die Männer tragen Turbane.*

III. *Sikhs trinken keinen Alkohol, rauchen keinen Tabak und nehmen keine Drogen.*

IV. *Sie tragen einen eisernen Armreif, der sie ursprünglich vor Schwerthieben schützen sollte.*

V.   *Zu guter Letzt tragen sie noch einen Gürtel mit einem Messer daran. Dieses soll dazu dienen, in Not Geratene zu beschützen.*

Das Augenfälligste an der Sikh-Kultur ist die Gastfreundschaft. Jeder Reisende oder Pilger, der den Goldenen Tempel besucht, ist eingeladen, in der Gemeinschaftsküche zu essen oder in den angrenzenden Herbergen zu schlafen. Der organisatorische Aufwand für die Speisung von Abertausenden ist riesig.

Die Sikhs sind jeglicher Konfession gegenüber offen. Jeder, ganz gleich, ob Christ, Muslim, Hindu, Buddhist, Atheist, Mann oder Frau, darf ihre Gurdwaras, so der Name der Tempel, besuchen, dort sitzen und meditieren. Der Sikhismus versucht die sozialen Hierarchien zu überwinden. Gleichheit ist das Grundprinzip dieses Glaubens.

In der Tat hatten die Sikhs, die ich kennenlernte, alle eine besondere Ausstrahlung. Sie vermittelten Ruhe, Güte und Herzenswärme.

Nach meinem morgendlichen Besuch im Goldenen Tempel traf ich beim Frühstück zwei Deutsche, die mir einen weiteren Tempel empfohlen, den Mata-Tempel.

Am frühen Nachmittag machte ich mich auf den Weg. Zunächst fragte ich einen alten Mann auf einer Fahrradriksha, ob er mich zum Mata-Tempel bringen könnte und was er dafür wolle.

„100 Rupees", sagte er auf Hindi. Er verstand kein Wort Englisch.

„Mata-Tempel", wiederholte ich.

Er bleckte mir ein zahnloses Lächeln entgegen.

„30 Rupees", bot ich. Er wiegte den Kopf.

„Mata-Tempel?", fragte ich noch einmal, weil ich mir nicht sicher war, ob er mich verstanden hatte.

Er wiegte den Kopf und wir fuhren los.

Nach zwei Minuten hielt er vor dem Eingang zum Goldenen Tempel.

„Nahin, nahin, nahin!", sagte ich. „MATA-TEMPLE."

„Temple!" Er zeigte auf den Goldenen Tempel.

„Mata-Tempel", wiederholte ich frustriert und stieg ab.

Verständnislos sah er mich an. Dann bedeutete er mir, ihn zu bezahlen.

Ich weigerte mich. Weder hatte ich zum Goldenen Tempel gebracht werden wollen, noch wäre ich auf die absurde Idee gekommen, für einen zweiminütigen Fußmarsch eine Rikscha zu nehmen, geschweigen denn ihm dafür, wie er es ursprünglich verlangt hatte, 100 Rupees zu bezahlen.

Mir nichts, dir nichts waren wir von weiteren Rikscha-Fahrern umringt. Ihnen erklärte ich die Situation und sagte, dass ich nicht vorhatte etwas dafür zu bezahlen, dass er mich an einen Ort gebracht hatte, an den ich nicht wollte.

Letztlich fand der Alte sich damit ab. Widerwillig zwar, aber immerhin. Ein anderer Fahrer kutschierte mich zum Mata-Tempel, ein wenig nördlich des Bahnhofs.

Der Mata-Tempel ist ein Erlebnis. Das Ganze erinnert mehr an einen europäischen Vergnügungspark als an einen Tempel. Ich krabbelte durch Tunnels, betrat Dutzende verschiedener Räume, watete durch Wassergräben, sah mich skurrilen Figuren gegenüber und war immer wieder überwältigt von der Farbenpracht. Der Tempel ist einer Frau zugedacht, die im Jahre 1923 geboren worden war. Ein Jahr vor der Geburt meiner Großmutter. Das faszinierte mich.

In Indien ist es heutzutage noch immer möglich, aufgrund eines herausragenden, besonders liebevollen Lebens Verehrung zu finden. Allenthalben fanden sich Fotos oder Statuen der Dame wieder, teils wurde ihr Foto schlicht auf Wandgemälde aufgepfropft. Obwohl der Tempel so sehr einem Abenteuerspielplatz glich, brachte er etwas in mir zum Klingen. Ich war in Hochstimmung, als ich draußen auf meinen Rikscha-Fahrer traf, der mich in die Stadt zurückbrachte.

Später besuchte ich einen Park, der zum Gedenken an die Opfer eines britischen Massakers im Jahre 1919 errichtet worden war. Heute war der Park ein angenehmer Ort, um sich ein wenig zu erholen und dem Lärm der Stadt zu entfliehen. Bäume umstanden gepflegten Rasen und spendeten Schatten. Ein Monolith erhob sich in der Mitte. Dennoch spürte ich die historische Schwere beinahe körperlich. Noch immer waren Kugel-Einschläge in den Mauern zu sehen. Ein Märtyrer-Brunnen erinnerte an die mehreren Hundert Unabhängigkeitskämpfer, die innerhalb eines Schachtes Zuflucht gesucht und stattdessen den Tod gefunden hatten. Ein tragischer Ort.

Obschon der Reiseführer vom Besuch der Stadt abriet, genoss ich meine Tage in Amritsar sehr. Oftmals gefallen einem Städte ja eher gefühlsmäßig, als dass man an äußeren Fakten festmachen könnte, was eine Stadt zu einer schönen Stadt macht. Mir jedenfalls lag Amritsar, ich hätte problemlos länger bleiben können.

Nichtsdestotrotz verließ ich die Heilige Stadt der Sikhs nach zwei Tagen, um weiter Richtung Himalaya zu reisen: nach Dharamshala, in die Exilheimat des Dalai-Lama.

McLeod Ganj (Dharamshala)
Exilheimat des Dalai Lama

19. April 2014

Vorwärts, der Zug ruckelt langsam einen Kilometer voran, unter einer Brücke hindurch, an deren Pfeiler sich einige Männer pressen, um Platz zu schaffen. Dann bleiben wir stehen. Plötzlich fährt der Zug wieder zurück. Verwundert sehe ich mich um, doch scheine ich der einzige zu sein, dem das komisch vorkommt. Wir fahren also einen halben Kilometer rückwärts. Bleiben stehen. Fahren wieder einen halben Kilometer. Bleiben abermals stehen. Und zurück, bis wir schließlich, eine halbe Stunde nach unserer Abfahrt wieder am Gleis stehen.

Indische Züge. Ein Kapitel für sich. Zukünftig werde ich wohl noch stärker die Stirn runzeln, wenn sich jemand über zehnminütige Verspätungen der Deutschen Bahn beschwert. In Indien ist es gang und gäbe, zwischenzeitlich zwei- bis dreistündige Stopps inmitten von Nirgendwo einzulegen. Keine Erklärung. Kein ersichtlicher Grund. Eine Geduldsprobe. Aber nur eine der zahllosen Gelegenheiten, um in diesem Land seine Geduld zu trainieren.

Letztlich verlässt der Zug nach Pathankot den Bahnhof in Amritsar doch noch. Ich bin auf dem Weg nach Dharamshala. Zunächst aber führt mich mein Weg in einem sogenannten *Toy-Train* durch das Kangra-Valley.

Dieser Zug ist in der Tat winzig. Auf schmalen Gleisen schlängelt er sich durch das frühlingshafte Tal. Die Fahrt ist ebenso lohnend wie anstrengend. Aus den vorausgesagten vier Stunden werden sieben. Am Abend komme ich erst nach Sonnenuntergang in Kangra an. Ich beschließe zu bleiben.

Zwei indische Jungs Anfang 20 bieten an, mir bei der Hotel-Suche behilflich zu sein. Wie sich schnell herausstellt, ist Kangra heillos überteuert, das Preisniveau für eine Übernachtung lässt sich mit dem in der Metropole Mumbai vergleichen. Die beiden rufen einen Freund an und fragen ihn, ob er ein billiges Hotel wisse. Letztlich bringen sie mich zu einem Hotel, das nur 400 Rupees für die Übernachtung verlangt.

So heißt es jedenfalls.

Als wir ankommen, sehe ich allerdings nur den grimmigen Blick des Hotelbesitzers. Alles, was ich seiner Litanei auf Hindi entnehmen kann, ist das Wort *foreigner*, dafür scheint es kein eigenes Wort auf Hindi zu geben. Er schüttelt den Kopf, schleudert mir einen hasserfüllten Blick und das Wort *Tausend* entgegen. Ich bin nicht bereit, so viel zu zahlen. Meine Begleiter reden beschwichtigend auf den Mann ein, der allerdings nicht zu erweichen ist. Mir indes ist die Lust auf eine Nacht in dieser unwirtlichen Behausung ohnehin vergangen. Ich schüttle nun meinerseits den Kopf und trete, schwer bepackt wie ich bin, wieder auf die Straße.

Der Bus nach Dharamshala bräuchte nur eine Stunde. Ich erwäge kurz, die Fahrt noch auf mich zu nehmen, bin aber nach der ganztägigen Fahrt zu erschöpft. Also ziehe ich weiter.

Zu guter Letzt finde ich ein schäbiges Hotel, in dem ich die Nacht verbringe. Die Übernachtung kostet noch immer 550 Rupees, die Fensterscheiben sind zerschlagen, der Wasserhahn im Bad funktioniert nicht, aber ich habe ja nur vor, hier zu schlafen. Dennoch buche ich für zwei Nächte, da mein Reiseführer empfiehlt, mir Kangra vor der Weiterfahrt anzusehen.

Nach mehreren Wochen in heiligen Städten ohne einen Tropfen Alkohol kaufe ich mir in einem Liquor Store ein kleines Fläschchen billigen Gin und finde letztlich auch Tonic Water, das doppelt so viel kostet wie der Schnaps. Es ist ein tristes Bild. Ich sitze in diesem abgeranzten Hotelzimmer, trinke Gin Tonic und höre Musik über mein Smartphone.

Morgens mache ich mich trotz allem hoffnungsfroh auf, um Kangra zu erkunden. Es dauert keine zwanzig Minuten, bis ich erkenne, dass dies der schlimmste Ort ist, an dem ich in Indien bislang gewesen bin. Zwar habe ich zugesagt, eine zweite Nacht im Hotel zu verbringen und dadurch einen kleinen Rabatt aushandeln können, doch ich beschließe, so schnell wie möglich zu verschwinden. Die Menschen sind unfreundlich, der Ort ist hässlich und alles in mir schreit danach, das Weite zu suchen. Also folge ich meiner inneren Stimme, packe meine sieben Sachen und sitze eine halbe Stunde später im Bus nach Dharamshala.

Eine gute Entscheidung.

An einer Kreuzung in Dharamshala steige ich in ein Sammeltaxi nach McLeod Ganj, was mein eigentliches Ziel ist.

McLeod Ganj ist die Exilheimat des Dalai Lamai und seiner tibetischen Gemeinschaft. Der Ort unterscheidet sich in vielerlei Hinsicht von allen Städten, die ich in Indien bislang gesehen hatte. Über seine Straßen schlendern tibetische Mönche in ihren weinroten Kutten: tibetische Gebetsfahnen flattern im Wind.

Auch das Essen ist anders: Die tibetische Küche erinnert eher an die vietnamesische als an die indische. Es gibt vielerlei Suppen, überraschenderweise jede Menge Fleisch – bis dato hatte ich mich in Indien beinahe ausschließlich vegetarisch ernährt – und Gerichte mit knackigem Gemüse. Eine willkommene Abwechslung.

Ich stieg im unweit des Main Square gelegenen Om-Hotel ab. Mein Zimmer kostete 300 Rupees, war also deutlich günstiger als meine Absteige in Kangra. Zudem hatte ich einen wunderbaren Blick über das Tal.

Erst in McLeod Ganj merkte ich, wie erschöpft ich war. In den nächsten beiden Tagen verließ ich das Hotel kaum. Stundenlang saß ich im Restaurant und sah aufs Tal hinab oder lag in meinem Bett. Die Ruhe war wohltuend.

So aufregend und abwechslungsreich Indien auch sein mag, es ist zugleich anstrengend. Das Konzept Allein-Sein ist in diesem Land schlichtweg unbekannt. Sobald ich mich irgendwo niederlasse, um beispielsweise in aller Stille einen Sonnenuntergang zu genießen, sieht sich jemand bemüßigt, mir Gesellschaft zu leisten. Nun bin ich es von zu Hause gewöhnt, relativ viel Zeit allein zu verbringen, und bei aller Offenheit ermüdeten mich doch die immer gleichen Fragen:

Which country? – Ah, good country. What your name, Sir?
– You married? – No. – Girlfriend? – No.
Unverständiges Kopfschütteln.

Ich hatte nicht vor, den Indern das europäische Verständnis von Beziehungen näherzubringen. Geschweige denn, Lehrstunden zum Thema Homosexualität abzuhalten. Also empfand ich solche Gespräche häufig als anstrengend und wenig fruchtbar.

Tatsächlich hatte auch Raj aus Udaipur mit seiner Aussage darüber, weswegen indische Männer mit ausländischen Männern reden sollten, in vielerlei Hinsicht Recht behalten. Ich will nicht behaupten, dass das Interesse aller Gesprächspartner, die ich in den vergangenen Wochen hatte, ausschließlich darin bestand, mit mir Geschäfte machen zu wollen. Wenn ich mir allerdings ansehe, mit welch überbordendem Interesse Margaret in all der Zeit bedacht wurde und was sie alles mit Indern erlebte, muss ich Rajs Aussage dennoch einen wahren Kern zubilligen.

Das Reisen als Frau scheint in Indien in vielerlei Hinsicht interessanter. Der Kontakt zu Einheimischen hat eine andere Dimension. Bei mir ging er in den wenigsten Fällen über oberflächlichen Smalltalk hinaus. Ausgesprochen schade, offen gestanden.

An meinem dritten Tag in Dharamshala stieß Margaret wieder zu mir. In den kommenden Tagen teilten wir erneut ein Zimmer. Am Tag ihrer Ankunft stürmte und gewitterte es, als wolle die Welt untergehen. Ich genoss das Szenario in meinem Bett. Es war einer der schönsten Tage hier, obwohl nichts geschah. Alles war finster. Der Regen prasselte hernieder, Blitze zuckten über den Himmel, der Sturm riss an den Gebetsfahnen. Am Abend kehrte der Sonnenschein zurück.

In den kommenden Tagen erkundeten wir die Umgebung. Wir hatten das Glück, dass uns Achim, ein Fotograf aus München, der schon mehrmals in Dharamshala gewesen war, auf unserer zweiten Wanderung führte. Durch seine Tipps und Hinweise erschlossen sich mir die Möglichkeiten für weitere Tages- oder Halbtagestouren.

An jenem Tag gelangten wir auf unserer Tour über das nahegelegene Dharamkot zu einem kleinen Wasserfall oberhalb von Bhagsu. Die Sonne strahlte vom Himmel und was die Hitze in Varanasi nicht geschafft hatte, schaffte die Höhe: Ich verbrannte mir die Nase – trotz Achims kühlender Minzblattkur. (Wir ernteten einige befremdete Blicke, als wir mit Minzblättern auf der Nase neben einem Brunnen lagen.)

Ohnehin erwies Achim sich als idealer Kamerad, der sich stets versicherte, dass wir alle wohlauf waren und mit der ausgewählten Strecke zurechtkamen. Ein interessanter Gesprächspartner war er zudem. Leider verließ er Dharamshala am folgenden Tag.

In McLeod Ganj drängte sich das Leid, das die chinesische Besatzung über das tibetische Volk gebracht hat, mit aller Macht ins Bewusstsein. Wenig des Ausmaßes an Grausamkeit und Menschenverachtung war mir zuvor klar gewesen.

Nicht nur besuchte ich einen von einer tibetischen Schule organisierten Filmabend über die Aufstände der Tibeter im Jahre 2008, die die chinesische Regierung mit aller Brutalität niederschlagen ließ, sondern ich sah mir auch das Tibet-Museum neben dem Dalai-Lama-Tempel an, wo die Geschichte der Unterdrückung in eindringlicher Weise vermittelt wird.

In den Jahren seit den misslungenen Aufständen gibt es eine stetig zunehmende Zahl an Tibetern allen Alters, die sich aus Verzweiflung über die Unterdrückung selbst verbrennen. Den Tibetern wird die Religionsausübung verwehrt, ihre Sprache wird nachrangig behandelt, sie unterliegen polizeilicher Willkür und werden als Arbeitskräfte für dieselbe Arbeit schlechter bezahlt als eingewanderte Chinesen. Sie werden zur Minderheit im eigenen Land gemacht.

In der „Kulturellen Revolution" zu Beginn der 80-er Jahre zerstörten die Chinesen einen Großteil der tibetischen Klöster und der alten Schriften des tibetischen Buddhismus. Die tibetische Flagge ist verboten, in den Klöstern müssen die Mönche dem Dalai Lama abschwören und kommunistische Umerziehung über sich ergehen lassen. An den Klosterwänden hängen Fotos des jeweiligen chinesischen Regierungschefs.

Die Botschaft des Dalai Lama ist noch immer die gleiche: Mitgefühl, Verständnis und Liebe sind als einzige imstande, die Lage zu verändern.

Gerade als ich einige Tage später drauf und dran war, das Om-Hotel zu verlassen, um mir eine Bleibe in Bhagsu zu suchen – ich war bereits seit einer Woche in McLeod Ganj und verspürte endlich wieder das Bedürfnis, mich weiterzubewegen, und sei es nur in ein anderes Guesthouse im etwas ruhigeren Bhagsu – kamen Vikas, Sonu und Jon mit dem Bus aus Bundi angereist. Also blieb ich in McLeod Ganj.

So gern ich die drei mag – wir sprechen unterdessen alle Jons verkürztes koreanisches Englisch und reagieren hauptsächlich mit *Aaaaaaahhhhh* und *Hmmmmmmm* – waren die folgenden Tage schwierig für mich.

Margaret hatte zusätzlich Besuch von einer australischen Freundin, Mariam, die derzeit in Abu Dhabi lebt und auf eine dreitägige Stippvisite in Indien vorbeischaute. Insgesamt bestand für die Gruppe fortan das wichtigste Tagesziel darin, so viel Alkohol wie möglich zu vernichten. Einen Tag lang beteiligte ich mich daran, nicht zuletzt, weil es sich um den Tag vor Jons Geburtstag handelte, dann aber hatte ich es über. Damit war ich jedoch leider allein.

Ich versuchte also ein Gleichgewicht zu finden zwischen den Wünschen der Gruppe und dem, was mich antrieb. Das gelang mir mal mehr, mal weniger gut. Auch hier bekam ich die, ich nenne es Mal *Allmacht der Frauen* zu spüren, was mich bisweilen gehörig nervte. Selbst wenn Vikas und Sonu noch Minuten zuvor sagten, sie hätten keinerlei Lust auf eine Unternehmung und wir beschlossen, etwas anderes zu machen, war alles vergessen, sobald Margaret oder Mariam sagten, die beiden sollten doch mitkommen.

Herauszufinden, inwieweit meine Ablehnung nur dem Trotz entsprang, mir nicht diktieren zu lassen, was ich zu tun hatte, oder inwieweit ich tatsächlich lieber einen anderen Plan verfolgte, fiel mir schwer. Ich bemühte mich, meine Unabhängigkeit zu wahren, hatte allerdings im selben Moment das Gefühl, mich zum Außenseiter zu machen und als Eigenbrötler, wenn nicht gar als Party-Pooper abgestempelt zu werden. In dieser Rolle gefiel ich mir keineswegs. Andererseits wollte ich auch niemandem zuliebe noch weitere Stunden des Nachts saufen oder auf eine Death-Rider-Motorrad- und Auto-Show fahren, die mich nicht die Bohne interessierte.

Zweierlei tat mir in diesen Tagen sehr gut. Zum einen entschied ich mich im Zweifel jedes Mal dafür, mein eigenes Ziel zu verfolgen, sodass ich allein eine Tageswanderung zu einem weiteren Wasserfall unternahm. Die Ruhe in der Natur und das Wandern brachten mich ein Stück zurück zu mir selbst. Die Aggression, die ich in diesen Tagen mehrmals in mir aufwallen spürte, verebbte von allein wieder.

Zum anderen hatte ich kurz vor der Ankunft der Bundi-Crew Mauricio kennengelernt, einen Argentinier, wenige Jahre jünger als ich, der zwar kompliziert war, zugleich aber ein interessanter Gesprächspartner. Er schien, wenngleich aus anderen Gründen, ein ähnliches Problem mit Gruppendynamiken zu haben wie ich.

Mit ihm unternahm ich am Tag vor meiner Abreise aus McLeod Ganj eine Tageswanderung nach Triund, ein auf

2975 Meter gelegener Ort in den Bergen. Wir gingen zu zweit, da der Rest der Gruppe damit beschäftigt war, seinen Kater zu verdauen beziehungsweise auf den nächsten hinzuarbeiten.

Am frühen Morgen brachen wir auf. Die Sonne strahlte vom wolkenlosen Himmel. Mächtig ragten die schneebedeckten Berge über uns auf.

Die Tour war großartig, wenngleich anstrengend. Mehrere Stunden lang ging es steil bergauf. Irgendwann erreichten wir die Schneegrenze, wobei mir meine löchrigen Turnschuhe nicht unbedingt die besten Dienste erwiesen. Dennoch gelangten wir schließlich mittags – früher als erwartet – ans Ziel. Eben noch rechtzeitig, ehe sich die Gipfel der Berge in Wolken hüllten.

Erschöpft und erfülllt von Gipfelglück verbrachten Mauricio und ich zweieinhalb Stunden in Triund. Einige Wanderer hatten sich Zelte und Schlafsäcke geliehen und bereiteten sich darauf vor, die Nacht in der Höhe zu verbringen. Wir aber machten uns in Begleitung eines Kaliforniers und eines Inders nachmittags wieder an den Abstieg. Völlig kaputt kamen wir um sieben Uhr wieder in McLeod Ganj an.

Margaret, Vikas, Jon und Sonu saßen bei Bier in ihrem gemeinsamen Zimmer. Ich erkundigte mich, wann Sonu und Vicky vorhatten, nach Bundi zurückzufahren, da auch ich vorhatte, vor meiner Abreise noch einmal dorthin zu fahren. Am Vorabend hatte Vikas gemeint, sie würden wohl tags darauf aufbrechen, nun aber hieß es, sie wollten Margaret nach Manali, einem weiteren Ort in den Bergen, begleiten.

Ich schluckte meine aufbrandende Wut herunter und meinte, ich würde am kommenden Morgen über meine Pläne nachdenken.

Obwohl ich vollkommen erschöpft war, fand ich keine Ruhe. Ich wälzte mich im Bett hin und her und überlegte, wie mein weiterer Reiseplan aussehen würde. Ohne die beiden nach Bundi zu fahren, ergab für mich wenig Sinn, zumal es dort derzeit bullenheiß war. Nach ihrer Rückkehr zwei Tage dort zu verbringen, ergab aufgrund der Entfernung wenig Sinn – mir blieben nicht mehr viele Tage bis zu meiner Abreise und ich hatte vor, auf jeden Fall zwei Tage in Delhi zu verbringen, bevor ich abreiste.

Nach zwei Stunden sinnlosen Grübelns knipste ich das Licht an und zückte meinen Reiseführer. Wenn schon Planung, dann besser mit Information.

Letztlich entschied ich, dass Manali wohl auch für mich die einzig gangbare Lösung wäre. Allerdings wurde mir zugleich klar, dass ich es leid war, auf sämtliche Unwägbarkeiten und Eventualitäten in den Planungen der anderen zu reagieren, und beschloss, mich von deren Plänen unabhängig zu machen.

Tags darauf kaufte ich nach meinem Frühstück eine Busfahrkarte nach Manali. Die Abreise stand noch am selben Abend an. Innerhalb einer halben Stunde packte ich meinen Rucksack und checkte aus dem Zimmer aus.

Am Abend fuhr ich mit einem Mini-Bus über die serpentinenreiche Straße nach Manali. Unglücklicherweise hatte ich den Platz neben dem Fahrer ergattert – was an sich ja nichts Schlechtes wäre, hätte mein Sitz eine Kopfstütze oder Ähnliches besessen. Besaß er aber nicht und ich tat die ganze Nacht kein Auge zu.

Als ich früh um halb fünf völlig übermüdet in Manali ankam, traf mich beinahe der Kälteschlag. Kaum, dass wir Reisenden aus dem Bus gekrochen waren, umringte uns ein Trupp hyperaktiver Inder, die uns vorschreiben wollten, wohin wir zu gehen hatten.

„No pression, my dears, you decide. I just say", sagte einer von ihnen und war dabei keine zwanzig Zentimeter von meinem Gesicht entfernt. „But Vashisht bad place, not nice. Bad view. Bottom of mountain. Old Manali very good place. Cheap rooms, my dears, very good place. But you decide, my dears."

Er ließ einem Mitreisenden den schweren Reiserucksack vom Dach des Minibusses aus auf den Kopf fallen.

„Sorry, my dears, sorry."

Am liebsten hätte ich persönlich dafür gesorgt, dass er die Klappe hielt. Einzig das nächtliche Panorama der schneebedeckten Gipfel ringsumher entschädigte uns.

Letztlich stieg ich mit zwei Amerikanern, einem Engländer und vier überfüllten Reiserucksäcken in ein Mini-Cooper-großes Taxi und wir fuhren – trotz all der Warnungen – hinauf ins schlafende Vashisht.

Wenn ich eines in den vergangenen Wochen gelernt hatte, dann, dass es gut war, zu entscheiden, was ich möchte, bevor jemand anders mir diese Entscheidung abnahm.

Indien letzte Tage:
Vashisht, Chandigarh, Delhi

15. Mai 2014

Als ich mit meinem circa 30 Kilo schweren Rucksack am oberen Ende der Treppen ankomme, keuche ich und verfluche mein Dasein als Raucher. (Das Bild des Rauchers würde auf einem indischen Fernsehsender unweigerlich mit dem Schriftzug *Smoking kills* versehen – in diesem Moment verfluche ich auch das.)

Es ist mitten in der Nacht. Schweiß rinnt mir den Rücken hinab. Mein Atem schwebt in Schwaden durch die Nachtluft.

Der Rezeptionist des Hotels zeigt mir und meinen drei Begleitern (zwei Amerikanern und einem Engländer indischen Ursprungs) einige Zimmer. Balkon, Fernseher, nächtliche Bergsilhouetten – aber teuer. Viel Wahl allerdings haben wir nicht. Es ist halb fünf Uhr nachts. Keiner von uns verspürt große Lust, die Treppen wieder hinunterzusteigen. Das Dorf liegt im Dunkeln und die

Menschen zu nachtschlafender Zeit zu wecken, macht keinen Spaß.

Dann aber verplappert sich der Rezeptionist.

Moment, denke ich mir und hake nach.

„So, there are cheaper rooms?"

Widerwillig wiegt er den Kopf.

„And they are free?"

Abermaliges Kopfwiegen.

Meine Begleiter und ich sehen einander an. Wir grinsen. Dann bestehen wir darauf, dass wir die Zimmer sehen dürfen. Fünf Minuten später fallen wir alle in unseren eigenen Betten in einen tiefen Schlummer und zahlen nicht die Hälfte des anfänglich genannten Preises. Wider Erwarten ist die Nacht unserer Ankunft noch dazu kostenlos.

Die Saison in Vashisht hat noch nicht recht begonnen. Während ich mir nach dem Aufwachen die schneebedeckten Berge ringsumher ansehe und mich in meine Wollsocken zwänge, verstehe ich auch, weshalb. Ich hülle mich in einen der zahllosen Schals, die ich in Dharamshala erstanden habe, und frage mich, wie es in diesem Land auf einmal so kalt sein kann. Himalaya. Zitternd denke ich an Varanasi und die 40 Grad, die es mir dort beinahe unmöglich machten, mich zu bewegen. Land der Kontraste.

Als ich nach einem morgendlichen Cappuccino mit Aussicht auf die wolkenverhangenen Gipfel ins Dorf hinabsteige, findet dort gerade der letzte Tag eines Dorffestes statt. Auf dem Hauptplatz vor dem Tempel spielen die Frauen lustige Spiele. Und nur die Frauen sind es, die spielen, während die Männer am Rande stehen und zusehen.

Das ganze Dorf ist auf den Beinen. Die Männer feuern die Frauen lauthals an. Mit verbundenen Augen und einem langen Holzstock stolpert eine nach der anderen über den Platz, um ein Tongefäß auf der anderen Seite zu zerschlagen. Der Weg, den sie blind zurückzulegen hat, ist um die 30 Meter lang. Das Ganze ist schwerer, als es im ersten Augenblick aussieht. Später gibt es Tauziehen. Eine Kapelle spielt in der Mitte des Platzes auf. Die Frauen balgen sich in einer Reise nach Jerusalem um zu wenige Stühle, ehe die Dörfler gemeinsam auf dem Platz tanzen und singen.

Ich stehe da und lache mich kaputt. Diese Freude, dieses Treiben – es ist herrlich mitanzusehen!

Am Nachmittag lasse ich meine Sachen im Hotel, schnappe mir ein Handtuch und mache mich auf den Weg zu den Hot Springs. Ein leichter Schwefelgeruch schwappt mir entgegen, als ich meine Schuhe außerhalb des umgitterten Beckens abstelle.

Ich betrete den Bereich der heißen Quelle. Ein paar Männer sind bereits im Becken, als ich meine Klamotten am Rand ablege. Unter einem überhängenden Felsen sitzt ein runzliger Baba mit grauem Bart, raucht eine Beedi (die gewöhnungsbedürftige indische Sonderform einer Zigarette) und grinst mich an.

Als ich meinen rechten Fuß in das dampfende Wasser strecke, durchzuckt mich ein Schlag. Es ist kochend heiß! Niemals, denke ich, werde ich es schaffen da hineinzusteigen. Ich ziehe den Fuß zurück.

Einer der Inder im Becken grinst mich an.

„Hot?"

Ich nicke. Das *fucking* verbeiße ich mir.

Erneut tauche ich meinen Fuß ins Wasser. Draußen hat es vielleicht fünf Grad. Wenn die Inder das schaffen, schaffe ich das auch, sage ich mir und widerstehe dem Impuls, schreiend davonzurennen.

Fünf Stufen führen in das Becken hinab. Im Wasser treiben tausende weiße Fetzen, von denen ich mir einrede, dass es unmöglich Hautstücke sein können.

Jede Stufe kostet mich Minuten. Zentimeter für Zentimeter verbrüht meine Haut. Ich komme mir vor wie ein qualvoll gemarterter Hummer.

Schließlich schaffe ich es.

Wenn man erst einmal drinnen ist, ist es wundervoll. Allerdings nie lange. Alle paar Minuten muss ich raus, um sicher zu sein, dass es mir nicht die Haut vom Leib zieht. Als ich am Beckenrand stehe, strahle ich wie ein radioaktiver Scampi. Damit wäre auch die Frage geklärt, warum es *Hot Springs* heißt. Und nicht *Warm Springs*.

Oder *Much Nice Warm Springs*, was wohl die indische Variante wäre.

Dennoch liebe ich die Hot Springs. Während meiner vier Tage in Vashisht liegt die Dusche in meinem Hotelzimmer brach. Am zweiten Tag greife ich zu einem der Seifenstücke, die am Beckenrand liegen geblieben sind, und wasche mich, wie es die Inder tun, neben dem Hot Spring.

Die Tage in Vashisht sind trotz dieser heißen Unterbrechungen Tage voller Kälte. Die Sonne scheint zum ersten Mal am Tag meiner Abreise. Den Abend zuvor verbringe ich ab sieben Uhr in meinem Hotelzimmer. Nie zuvor habe ich mir einen Zimmerservice kommen lassen. Er bringt mir neben Abendessen einen heißen Ingwer-Zitronentee, den ich mit einer Portion Old-Monk-Rum vermische. Dann mummle ich mich unter die Bettdecke und höre stundenlang mein Murakami-Hörbuch. Zum Lesen ist es zu kalt. Ich habe Angst, dass meine Hände abfrieren, wenn ich sie unter der Bettdecke hervorziehe.

Auch Margaret, Vikas, Sonu und Jon, den Südkoreaner, treffe ich in Vashisht wieder. Allerdings bin ich unterdessen entspannter, weil ich beschlossen habe, mein eigenes Ding zu machen. Wir sind nur noch Reisende, die sich hin und wieder begegnen und wohnen noch nicht einmal im gleichen Hotel.

Am Abend fahren wir dennoch gemeinsam nach Old Manali. Dazu müssen wir eine Rikscha finden, die uns zu fünft mitnimmt, was sich trotz der beiden Inder als nicht ganz einfaches Unterfangen erweist. Ein Österreicher, den ich im Hot Spring kennengelernt hatte, hat mir eine Bar namens Yak and Yeti empfohlen, da dies der einzige beheizte Ort in Manali sei. Es gebe ein Kaminfeuer. Beim Gedanken daran leuchten meine Augen wie die eines Kindes vor der Bescherung. Auch könne ich in einem Liquor Store in der Nähe Wein kaufen und ihn dort trinken. Wein? Kamin? Diese Kombination klingt nach einer irdischen Version des Himmelreichs.

Als wir nach Manali fahren, regnet es in Strömen. Jon läuft vor mir und ich frage mich, weshalb er seine Beine in einen Schal gehüllt hat, der ihn dazu zwingt, sich mit tippelnden *Lady-Steps* fortzubewegen. Er habe seine Klamotten zum Waschen gebracht, erklären mir die anderen. Ich sehe offenbar irritiert aus, denn sie ergänzen: „Alle Klamotten."

Jon sieht an seinen umhüllten Beinen hinab.

„Shawl very expeeeense!", erklärt er stirnrunzelnd (eine seiner Lieblingsformulierungen – das Wort *expensive* taucht in seinem Wortschatz nicht auf). Fragend blicke ich ihn an.

„2200 Rupees!"

Beinahe 30 Euro für einen indischen Schal? Mir verschlägt es die Sprache, allem voran, weil Jon beim Essen nichts anfasst, was 10 Rupees zu teuer ist.

Das einzige Stück Beinbekleidung, das seinem spontanen Waschbedürfnis nicht zum Opfer gefallen ist, ist eine durchnässte Bade-Short, die er in Händen hält und an allen passenden und unpassenden Orten zum Trocknen aufhängt. Zugegebenermaßen fühlt sich die Rikscha mit Jons Short als Sichtschutz zwischen uns und dem Fahrer gleich intimer an.

Als wir letztlich beim Yak and Yeti ankommen, stellen wir zweierlei fest. Zum einen: Es gibt einen kuschlig-warmen Innenraum mit Ofen. Er ist allerdings bis zum letzten Platz besetzt. Zum anderen: Es gibt wohl einen Liquor Store, doch keineswegs neben der Kneipe, sondern am Fuße des Berges. Wir stapfen also durch den Regen zurück.

Wein. Wein ist in Indien nie eine gute Idee. Das hätte ich zu diesem Zeitpunkt eigentlich bereits gelernt haben sollen. Wieder aber lasse ich mich von der Idee blenden. Vermutlich bin ich Anhänger Platons. Ich stehe vor dem Regal und frage nach den Preisen. Sie sind absurd. Ein australischer Shiraz kostet sage und schreibe 1700 Rupees, was ca. 22 Euro entspricht – oder sechs Übernachtungen. Dazu kann ich mich nicht durchringen. Also kaufe ich die billigste Flasche. Einen Rotwein namens *Senorita*. Er kostet 650 Rupees, noch immer ein kleines Vermögen.

Als wir dick in Schals gemummelt auf der Terrasse der Bar sitzen, möchte ich mich, als ich die Flasche öffne, am liebsten übergeben. Ein ekelerregender Geruch steigt mir in die Nase.

Was ist das denn? Ich schenke einen Schluck in ein Glas. Die Farbe erweist sich als betörendes Kackbraun.

Ich ringe meinen Brechreiz nieder und probiere. Was ich in Händen halte ist das schlechteste Glas Sherry meines Lebens. Abermals nippe ich und entscheide, dass das Gesöff untrinkbar ist und ich die Kohle ebenso gut hätte verbrennen können. Das macht mir schlechte Laune. Ringsumher betrinken sich die anderen mit Bier. Grrrrr! Ich verabscheue Bier. Auch mein verzweifelter Versuch, jeglichen Geschmack mit Coca Cola abzutöten misslingt. Also gebe ich auf.

Das Lustigste an diesem Abend ist, dass wir auf dem Heimweg eine ganze Weile durch die Kälte schlurfen müssen, um eine Riksha zu finden. Das wäre an sich natürlich nicht lustig. Aber Jons *Lady-Steps* sind einfach zu köstlich. Von hinten sieht er aus wie eine Geisha, die in großer Hast einen Berg hinabtippelt. Zu seinem *very-expeeeense*-Schal-Rock trägt er Flip-Flops. Es hat vielleicht zwei Grad.

Mein Abschied von Margaret, Vikas und Sonu verläuft, sagen wir mal, überraschend. Als ich Jon Sonntagmittag (zwei Tage nach unserer Nacht in Old Manali) in Sandy's Dhaba treffe, einem gemütlichen kleinen Restaurant in Vashisht, erzählt er mir, dass sie morgens um halb acht abgefahren seien. Tags zuvor hatte ich Vicky und Sonu im Hot Spring getroffen, woraufhin wir uns für eine Stunde später bei Sandy verabredet hatten. Dort saß ich eine ganze Weile allein und wartete. Vergebens. Den Abend verbrachte ich dann, wie bereits erwähnt, mit heißer Ingwer-Zitrone und Rum in meinem Hotelzimmer.

Nicht, dass dieser wortlose und unangekündigte Abgang nicht dem Bild entsprochen hätte, das ich bereits gewonnen hatte. Er bestätigte mein Gefühl vielmehr. Schmerzlich blieb er dennoch, denn ich musste an unsere gemeinsame Zeit und die Nähe beim Holi-Fest in Bundi denken.

Über Nacht fahre ich mit Jon im Bus nach Chandigarh. Meine letzte Nachtbusfahrt – darüber bin ich keineswegs böse. Als wir ankommen, ist es fünf Uhr morgens. Eigentlich habe ich vor, eine Nacht zu bleiben, doch schnell stellen wir fest, dass in Chandigarh alles, und allem voran die Übernachtungen, *very expeeeense* sind. Also beschließen wir, noch am Abend mit einem *General Ticket*, der billigsten Reiseklasse, nach Delhi zu fahren. Für die fünfstündige Fahrt zahlen wir etwa einen Euro. Noch nicht einmal Jon findet das *very expeeeense*. Dafür gibt es keine festen Sitzplätze, sondern jeder muss sehen, wo er bleibt.

Nach Chandigarh zog es mich hauptsächlich wegen des Rock Garden. Dieser wurde – über viele Jahre heimlich, später öffentlich gefördert – von einem Straßeninspektor namens Nek Chand erbaut. Tausende von Skulpturen zieren die 16 Hektar des Parks. Dazwischen finden sich angelegte Wasserfälle und labyrinthische Wege. Das Spannende an diesem Wunderwerk ist jedoch, dass alle Skulpturen, Mosaike und dekorativen Elemente des Parks aus Abfällen gefertigt sind: alte Steckdosen, zerbrochene Teller, Flaschen, Waschbecken und dergleichen mehr.

Vor dem Eingang erlebe ich noch einmal Indien pur. Ich lasse gefühlte 45 Fotos von mir schießen, auf denen unterschiedliche Jungs ihren Arm um mich legen, bevor ich leicht entnervt entgegne:

„No more pictures. I am here to visit Rock Garden, not for foto-shooting."

Enttäuschte Gesichter allenthalben.

Nach zwei Stunden verlassen Jon und ich den Rock Garden wieder. Er beschließt, zum Bahnhof zurückzukehren, weil er sich um seine Weiterfahrt nach Varanasi bzw. Kalkutta kümmern muss, von wo aus er wenige Tage später seinen Heimflug seinen Heimflug antreten wird. Ich nutze die verbleibenden fünf Stunden lieber, um ein wenig durch die Stadt zu streifen.

Chandigarh ist vollkommen anders als die indischen Städte, die ich bislang erlebt habe. Es ist sauber. Es ist in regelmäßige, quadratisch-praktisch-gute Blöcke aufgeteilt. Entworfen wurde die Stadt von Le Corbusier – und diesen Bauhaus-Hintergrund merkt man ihr an. Ich habe eher das Gefühl, durch eine amerikanische Vorstadt zu schlendern als durch die Hauptstadt Punjabs. Überall stehen Villen. Der Park, durch den ich Richtung Sektor 18 laufe, ist menschenleer. Ich fühle mich deplatziert und esse aus Protest bei Kentucky Fried Chicken.

Als ich nachmittags um drei schließlich am Bahnhof ankomme, erfahre ich, dass unser Zug nach Delhi bereits am Gleis steht. Abfahrt in anderthalb Stunden.

Scheiße, denke ich mir – so war das nicht geplant. Dürfte schwierig sein, jetzt noch einen Platz zu finden.

Ich finde Jon im Warteraum des Bahnhofs. Wir hasten zum Zug. Meine Vorahnung bestätigt sich. Alle Plätze sind bereits voll. Das ist der Nachteil des *General Tickets*. Unverdrossen klettern wir auf die Gepäckablage. Sind ja nur sechseinhalb Stunden bis Delhi …

Nur sechseinhalb Stunden? Ein typisches Beispiel dafür, wie sich die Wahrnehmung in Indien verschiebt.

Obwohl mir alles weh tut, ich mit meinem 30 Kilo Rucksack und zwei weiteren Menschen auf einer Gepäckablage sitze und stoisch jedes Ansinnen, noch weitere Mitsitzer dazwischen-, darüber oder darunterzuquetschen, abwehre, hat diese letzte Fahrt ihren Reiz. In unserem Abteil – in Deutschland fänden auf demselben Raum sechs Menschen Platz – sitzen – ich zähle nach – 20 Personen. Plus Gepäck.

Im Abteil nebenan, das nur durch ein Gitter von meiner Gepäckablage getrennt ist, sieht es ähnlich aus. Mit den Jungs dort habe ich auf der Fahrt jede Menge Spaß. Sie sehen aus, als gingen sie noch zur Schule – der eine aber ist bereits verheiratet und Familienvater. Die meisten sind wohl um die 15 – das ist genau die Altersklasse, mit der ich in Indien über all die Wochen am besten zurechtgekommen bin. In diesem Alter sind die Jungs offen und neugierig. Meist haben sie keine Hintergedanken, wenn sie mit dir sprechen. Sie eröffnen dir also nicht nach fünf Minuten, dass du – *Come to my shop, Sir! Just see. You decide, Sir. I don't force you buy!* – doch bitte etwas kaufen sollst.

Wir sitzen also auf unseren jeweiligen Gepäckablagen, teilen durch das Gitter Lebensmittel miteinander und trinken bisweilen Chai, der von den zahllosen Chai-Wallahs in den Zügen verkauft wird. Jon starrt verwundert auf die drei Wasserflaschen, die ich neben mir gebunkert habe. Ich denke an die zwei Fahrten, auf denen mir 16 Stunden lang kein Wasser verkauft wurde, und ignoriere seine

Blicke. Wer in einen Schal gehüllt durch Vashisht tippelt, darf sich Kommentare ohnehin verkneifen.

Die Stimmung im Zug erreicht ihren Höhepunkt, als ich mir eine Beedi anstecke. Es ist das erste Mal, dass ich im Abteil rauche; aber ich fürchte, wenn ich zur Toilette gehe oder an der offenen Tür rauchen will, verliere ich meinen hart erkämpften Sitzplatz. Die Jungs im Nachbarabteil feiern mich lautstark, während ich hinter vorgehaltener Hand an meinem Glimmstängel ziehe. Dabei mache ich es ihnen eigentlich nur nach. Hätten sie nicht bereits zuvor im Abteil geraucht, ich hätte mich nicht getraut.

Dort im Zug geschieht es zum einzigen Mal, dass ich mich der Frage nach meiner Religion stelle. Der Junge, der mir gegenübersitzt, sieht mir mit solch aufrichtigem Interesse in die Augen, dass ich ihn nicht mit der geheuchelten *I'm Christian*-Antwort abspeise.

„I don't have a religion. – No, I do not believe in a god."

Ich sehe in seinen Augen, dass er das nicht begreifen kann. Auch ist mir klar, dass es mir nicht möglich sein wird, ihm diese Tatsache so zu erklären, dass er sie verstehen könnte. Aber ich bemühe mich um Ehrlichkeit und sage: „If one day you go to Europe, you might understand. Things are very different there."

Er strahlt mich noch immer an und nickt.

„Very different", wiederhole ich.

Wieder einmal merke ich, wie empathisch die Inder sind. Er hat wahrgenommen, dass ich mich nicht gedrückt, sondern versucht habe, ihm die bestmögliche Antwort zu geben.

Völlig erschöpft kommen Jon und ich abends um halb zehn schließlich in Old Delhi an. Einen einigermaßen vernünftigen Rikscha-Preis auszuhandeln, erweist sich als größere Herausforderung. Schließlich finden wir einen Rikscha-Wallah, der uns für 100 Rupees nach Neu Delhi fährt. Diese Riksha-Fahrt ist die Verrückteste meiner Reise. Ich fürchte um mein Leben, als wir auf unserer Fahrrad-Riksha den Bahnhofsbereich verlassen und uns entgegen der Fahrtrichtung einer Einbahnstraße in den indischen Verkehr werfen. Unsere Rucksäcke hängen hinten in beide Richtungen aus dem Gefährt und meine Fingerknöchel werden bei dem Versuch, sie festzuhalten, weiß.

Der Riksha-Wallah ist vollkommen durchgedreht. Der Schweiß tropft ihm vom Gesicht und immer wieder wendet er sich zu uns um, um uns Geschichten zu erzählen, an denen weder Jon noch ich großes Interesse haben. Um uns her tobt unterdes das Chaos der indischen Hauptstadt. *Schau auf die Straße!!* – möchte ich ihn anschreien, verkneife es mir aber. Es ist einer der Momente, in denen ich mir wünschte, es gäbe eine Alternative zum Beten. Wir fahren am Rotlichtviertel vorbei. Unser Fahrer preist uns die Qualität indischer Huren mit solcher Begeisterung an, dass ich irgendwann entnervt *Khatam!* sage, was so viel heißt wie *finished*. Ich bin des Hurenthemas wahrlich leid.

Unbeirrt stimmt er eine Litanei über die Schwere des Lebens an – und wie sehr wir ihm helfen könnten, wenn wir ihn nur besser bezahlen würden. Dieses Klagelied setzt er fort, bis Jon und ich völlig entnervt absteigen und ihm einen anderen als den ausgehandelten Preis verweigern. Wir sind schon zu lange im Land, um uns noch auf diese Weise abziehen zu lassen. Dennoch empfinden wir diese Fahrt beide als anstrengend und die leidige Suche nach einem günstigen Hotelzimmer in der Schwüle dieser Megalopolis macht es nicht besser. Was es jedoch besser macht, ist die Aussicht auf einen Drink!

Delhi ist eine Großstadt, d.h. es gibt Bars und Nachtleben. In eine solche Bar verziehen wir uns, nachdem wir ein Zimmer gefunden haben, das unseren preislichen Vorstellungen entspricht. Nach einem Drink sind wir allerdings so müde, dass wir im Sitzen einschlafen könnten.

Mit unserem Zimmer haben wir insofern Glück, dass es in einer Gasse nahe der Main Bazar Road liegt, in der es tagsüber ein wenig kühl bleibt. So sind die Nächte also erträglich.

Morgens gehen Jon und ich ein letztes Mal frühstücken. Der Blick auf die Karte erweist sich wie so oft in diesem Land als Überraschung. Zur Auswahl steht eine Liste von *Paincakes*.

Ja, du hast richtig gelesen: *Paincakes*.

Davon aber gibt es eine reichhaltige Auswahl. Vom *Plain Paincake* über den *Chockolot Paincake* und den *Club Paincake* bis hin zum *Neutrella Paincake* ist alles vertreten. Wie soll ich mich da nur entscheiden?

Delhi ist ein Moloch. Im Vergleich zu Mumbai ist mir die Stadt nicht sonderlich sympathisch. Meine letzten Tage verbringe ich mit dem Auswählen von Souvenirs und einem Rest an Sightseeing. Zum einen fahren Jon und ich zum Lotus-Tempel der Bahai, einer Religionsgemeinschaft, die ihren Ursprung im Iran hat. Auf dem Weg dorthin benutzen wir die Metro. Die Metro in Delhi ist erst Anfang des Jahrtausends eröffnet worden und dementsprechend modern: Die Türen schließen, jeder einzelne Fahrgast durchläuft auf dem Weg zum Bahnsteig eine Sicherheitskontrolle, die der an internationalen Flughäfen ähnelt, und nach jeder Lautsprecheransage werden verschiedene Verbote verkündet. Das geht mir binnen Minuten tierisch auf die Nerven.

Der Lotus-Tempel liegt ein wenig abseits des Zentrums in einem weitläufigen Garten. Auf dem Weg nach drinnen heißt es, wie meistens, Schuhe ausziehen, was sowohl Jon als auch mich zu unwillkürlichen *Lady-Steps* veranlasst. Es hat 40 Grad in der Stadt und der Steinboden glüht. Die Inder betrachten uns, als wären wir eben aus einem

Raumschiff gestiegen. Ich frage mich, was mit ihrem sensorischen Empfinden nicht stimmt.

Im Innern des Bahai-Tempels, in den Kleingruppen nur nacheinander eingelassen werden, herrschen Schlichtheit und Stille.

Nach einem letzten gemeinsamen Mittagessen an einem Straßenstand verabschieden Jon und ich uns voneinander. Ich fahre weiter nach Qutb Minar, was Jon aber als *too expeeeense* empfindet, da die Besichtigung dieser archäologischen Stätte 250 Rupees, also drei Euro, kostet. Das ist nicht wesentlich teurer als ein Bier, doch seine Prioritäten sind mir seit Längerem klar. Er kehrt also ins Guesthouse zurück, um sich am frühen Abend auf den Weg nach Varanasi zu machen.

Auf dem Areal von Qutb Minar, seit 1993 Weltkulturerbe, befinden sich neben dem namensgebenden Gebets-Turm die Überreste der ersten Moschee Delhis, der angrenzenden Koranschule und diverser Grabmäler, die im 12. Jahrhundert nach der muslimischen Eroberung der Stadt erbaut wurden. Vom Qutb Minar selbst einmal abgesehen sind die Bauwerke heute Ruinen.

Auch bei meinem letzten Sightseeing-Versuch muss ich wieder feststellen, dass mir durch tote Gebäude geschleuste Touristenströme nicht liegen. Die Ruinen und Qutb Minar, alles aus rotem Sandstein erbaut, sind schön anzusehen – und bleiben für mich eben doch vor allem eins: tot.

Ich verlasse Delhi Donnerstagnacht und gönne mir zweierlei: Erstens ein Hotelzimmer, in dem ich nicht mehr übernachten werde, damit ich nicht zwölf Stunden verschwitzt in der Stadt herumhängen muss, zweitens ein Taxi zum Flughafen, anstatt die Express-Metro zu benutzen.

Diese letzte Taxifahrt hält ein Abschiedsgeschenk für mich bereit. Wir fahren auf der erstaunlich schlaglocharmen Autobahn in Richtung Indira-Gandhi-Airport, als mein Taxifahrer plötzlich langsamer wird und hinter einem Autogespann mit eingeschalteter Warnblinkanlage zum Stehen kommt. Wir stehen. Weder steigt mein Fahrer aus, noch findet irgendeine Art mir ersichtlicher Kommunikation statt. Geschweige denn gäbe es eine Erklärung für mich.

Das Zweiergespann vor uns beginnt, sich im Schneckentempo vorwärts zu bewegen. Mein Fahrer schleicht im Schneckentempo hinterher. Wohlweislich habe ich für die Fahrt zum Flughafen genügend Zeit einkalkuliert, sodass ich entspannt bleibe. Diese eigenwillige Prozession zieht sich über circa zwei Kilometer. Wir überqueren eine große Kreuzung, dann bleiben wir stehen. Noch immer ist kein erklärendes Wort seitens meines Taxifahrers gefallen.

Vor uns steigt ein breitschultriger Mann aus dem Wagen. Auf der anderen Seite ein Inder, der aufgeregt gestikuliert und mit einem Mal einen überdimensionierten Koffer vor sich herschleppt. Ich sehe meinen Fahrer fragend an. Er wiegt lächelnd den Kopf.

„Motor problem?", frage ich.

Abermaliges Kopfwiegen, während der Koffer den Weg auf unser Dach und der Fahrgast den Weg auf unsere Rückbank finden. Der Mann ist Pole und sein Flug geht in weniger als einer Stunde. Auf meine Frage, was passiert sei, entgegnet er, der Sprit sei ausgegangen.

Ich schüttle den Kopf und muss mir ein Lachen verbeißen. Lebhaft kann ich mir die Szene vorstellen.

„Airport?"

„No problem, Sir. 400 Rupees only."

An ausreichend Benzin hatte der Fahrer des anderen Taxis vermutlich keinen Gedanken verschwendet.

Mit meinem Flug geht alles glatt.

Seit zweieinhalb Wochen bin ich nun zurück in Deutschland und es fällt mir schwer, diesen letzten Reisebericht zu beenden, weil er auch meine Reise noch einmal auf andere Art beenden wird.

Während meines kompletten Aufenthalts in Indien habe ich die Frage, ob es mir gefalle, nie beantworten können. Zu viele Eindrücke hielt dieses Land bereit. Zu viele, als dass ich in der Lage gewesen wäre, mir eine Meinung zu bilden.

Eine Woche nach meiner Heimkehr ertappe ich mich zum ersten Mal dabei, dass ich auf die Frage, wie meine Reise gewesen sei, mit *großartig* antwortete. Als ich kurz innehalte, um darüber nachzudenken, wird mir klar, dass diese Antwort ehrlich ist.

Keine Reise zuvor allerdings hat mich nach meiner Rückkehr derartig in den Zustand eines negativen Kulturschocks gestürzt. Viele Menschen hatten mich vor meiner Reise darauf vorbereitet, dass Indien für mich ein Kulturschock sein werde. Von der Rückkehr hatte niemand gesprochen.

Und doch bin ich nun seit zweieinhalb Wochen wieder in Deutschland und habe noch immer das Gefühl, für diese Gesellschaft untauglich zu sein.

Mir fehlen die Offenheit, das Chaos, ja selbst die Fragen *One picture, Sir? One picture?* oder das gebellte *Country name?*. Mir fehlt das Kopfwiegen mit dem gleichzeitigen Strahlen in den Augen und mir fehlt es, auf der Straße von anderen Menschen wahrgenommen zu werden. Nicht, weil ich ein Tourist bin, sondern weil ich ein Mensch bin. Denn das respektieren sie in Indien alle, obschon in diesem Land weit über eine Milliarde Menschen zusammenleben. Das weckt die Frage, weshalb wir uns mit einer solch demonstrativen großstädtischen Ignoranz umgeben. Sobald wir anderen Menschen begegnen, die wir nicht kennen, scheint uns kein anderer Weg gangbar, als sie auszublenden. Weshalb eigentlich?

Am meisten aber fehlt mir das indische Lächeln. Das Lächeln eines ganzen Subkontinents. Das Lächeln auf den Gesichtern. Mal aufrichtig, mal vor dem Hintergrund irgendwelcher Interessen. Das Lächeln in den Augen der Menschen.

Es fehlt mir, dieses Lächeln.

Es fehlt mir.

Georgien, Armenien, Türkei und Iran

Tbilisi
Zwischen Tradition, Verfall und Moderne

18. September 2014

Im Minibus rauchende Busfahrer, halsbrecherische Überhol-manöver in Serpentinen-Kurven, drei Flaschen Wodka früh um halb neun: Herzlich Willkommen in Georgien!

Es ist mit Städten meist so eine Sache: Man mag sie oder man mag sie nicht. Schwer zu erklären, woran das liegt. So liebe ich Barcelona und Lissabon – Paris und Rom hinge-gen kann ich weniger abgewinnen.

Der *Lonely Planet* (mein derzeitiger Reiseführer, wobei die Variante für Georgien, Armenien und Aserbaidschan nicht besonders zu empfehlen ist) schwärmt sehr von Tbilisi. Nicht der beste Einstieg.

Eins steht fest: Die georgische Hauptstadt zählt nicht zu meinen Lieblingen. Nicht, dass sie mir gar nicht gefiele, aber das gewisse Etwas fehlt ihr. Umso überraschter war ich, als ich vor zwei Tagen noch einmal einige Stunden in Tbilisi zubrachte und mich dabei ertappte, mich auf meine Rückkehr dorthin zu freuen. Nur der Vertrauensbonus, den eine bekannte Umgebung erzeugt? Oder doch Zunei-gung?

Wer weiß. Ich werde auf dieser Reise noch mehrmals die Gelegenheit haben, das herauszufinden. Denn in Ge-orgien heißt es: Alle Wege führen nach Tbilisi.

Zu Beginn meiner Reise kam ich in den frühen Morgen-stunden am 20 Kilometer außerhalb gelegenen Flughafen an. Ich hatte keine Wahl: Ich ließ mich von einem Taxi in die Innenstadt kutschieren. Es gibt zwar sowohl Zug- als auch Busverbindungen zum Flughafen, allerdings nicht nachts. Einziges Problem: Alle Flugzeuge landen nachts.

Früh um halb sechs erreichte ich also völlig geplättet mein Hostel – nur um festzustellen, dass die vorherige E-Mail-Anmeldung meiner nächtlichen Ankunft keinerlei Effekt gehabt hatte. Niemand öffnete auf mein mehrmaliges Klingeln hin. Was blieb mir übrig? Ich setzte mich auf den Gang und rauchte erstmal eine Zigarette.

Wenig später hatte ich das Glück, dass der Hostel-Verantwortliche mit einem nächtlichen Aufriss herbeitaumelte. Ich erwartete die beiden im Dunkeln, Licht nicht vorhanden. Ohnehin war ihr Treiben *none of my business* – ich sehnte mich nur nach einem: nämlich einem Schlafplatz.

Schon eigenartig mit der hiesigen Hostel-Kultur. Gab es in Indien Leute im Schlafsaal, die bereits um halb neun das Licht löschten, ist hier das Gegenteil der Fall: Schlaf zu finden wird zur technischen Herausforderung. Ohne Ohrenstöpsel und Schlafmaske ist daran nicht zu denken. Es sei denn, man erfreut sich einer ausgesprochen robusten Schlafnatur.

Rücksichtnahme wird hier in den Schlafsälen kleingeschrieben: Ich bin wach? Dann muss ich das auch kommunizieren. Ich will noch nicht schlafen? Allerhöchste Zeit, die anderen ebenfalls davon abzuhalten und ein spontanes Gelage im Schlafsaal zu veranstalten – Weinflecken an der Zimmerdecke vom Korken-in-die-Flasche-Drücken im Preis inbegriffen.

Das allerdings erlebte ich nicht in der ersten Nacht. Und mir gelang es sogar, das Bedürfnis, meinen Mitschläfern von meiner Ankunft zu erzählen, zu unterdrücken. Ich weckte also niemanden.

Nach wenigen Stunden Schlaf begab ich mich auf Erkundungstour. Tbilisis Altstadt ist klein und somit schnell erlaufen. Alles Wichtige spielt sich rund um den Liberty Square ab. Dort finden sich zahllose Weinläden, Georgier halten große Stücke auf die örtliche Weinkultur und laden überall zu Weinproben ein, aber auch das Ausgehviertel mit allerlei modernen Cafés, Bars und Kneipen, alten Gassen, Museen, der St. Georgs Kirche und dergleichen Sehenswürdigkeiten mehr.

Als ich besagte Kirche betrat, eilte binnen Sekunden ein Kirchen-Beauftragter auf mich zu und verwies mich des Platzes. Grund: Ich war unangemessen gekleidet. Kurze Hosen sind in georgischen Kirchen nicht erlaubt. Diese Regel wird nicht allerorts mit gleicher Strenge ausgelegt, allerdings ist es empfehlenswert, lange Hosen zu tragen, sollte einem ein Kirchenbesuch am Herzen liegen. Ich schlenderte also weiter, hatte ohnehin kein festes Ziel und nicht vor, mich den Christen aufzudrängen.

Nur wenige Meter von der touristisch betriebsamen Altstadt verfallen die Häuser langsam vor sich hin. Das ist mitleiderregend anzusehen.

Tbilisi ist die Stadt der vielen Gesichter. Die Denkmäler, Kirchen und dergleichen wirken hochglanzpoliert – der Rest der Stadt verkommt und strahlt vielerorts noch den grauen Charme der Sowjetunion aus, sobald man sich einige Meter von der Altstadt entfernt. Plattenbauten dominieren. Ist in Tbilisi der Himmel grau, kann ich nur empfehlen, sich einen Aufenthaltsort in der guten Stube zu suchen – ansonsten besteht Gefahr, von Gräue erschlagen zu werden.

Auf der anderen Seite des Mtkvari-Flusses wähnt der Besucher sich indes in einer anderen Welt. Zunächst heißt es die hochmoderne Peace-Bridge zu überqueren. Drüben erwartet einen der Rike-Park mit einem futuristisch anmutenden, bislang unvollendeten architektonischen Projekt. So ich es richtig verstanden habe, soll es Kunst und Theater zugedacht sein. Ebenfalls im Park befindet sich der Ausgangspunkt einer Seilbahn. Nachdem ich mich einfach treiben lassen wollte, bestieg ich eine Kabine und ließ mich zu den Ruinen der Narikala-Festung und der Mutter-Georgien-Statue hinauffahren.

Der Blick auf die Stadt ist fantastisch. Oben spazierte ich durch die Überreste der alten Festung hin zu einer Kirche, derer ich nicht verwiesen wurde, und dann zur beeindruckenden Statue der Mutter Georgien mit Schwert und Wein in den Händen. Da kann nichts mehr schiefgehen.

Tags darauf erkundete ich das Viertel rund um die Sameba-Kathedrale. Das war ein Teil der Stadt, der authentischer auf mich wirkte, und zugleich einen Charme besaß, der anderen Stadtteilen abging. Allem voran dem graugraugrauen Vake-Viertel, an dessen Ende der Vake-Park zeigte, was von sowjetischer Park-Kultur zu halten oder nicht zu halten war.

Die Straßen ringsum die Sameba-Kathedrale hingegen, deren goldbekrönter Turm weithin über der Stadt erstrahlt, erinnerten mich eher an Asien als an Europa – im Gegensatz zur restlichen Stadt.

Mein Aufenthalt in Tbilisi währte nur vier Tage, danach zog es mich aufs Land. Allerdings beflügelte Tbilisi meine Kreativität und es gelang mir, einige Vorbereitungsarbeiten für meinen kommenden Roman voranzutreiben. Ich beschäftige mich noch immer mit den familiären Hintergründen meiner künftigen Protagonisten. Eine interessante Aufgabe.

Als nächstes aber wollte ich in die Stille: nach Svaneti, in die Berge.

Nach den Sommermonaten, die wie immer viel Arbeit mit sich gebracht hatten, stand mir der Sinn nach Ruhe. Eine gute Entscheidung, wie sich erweisen sollte.

Mestia und Ushguli
Zauberhafte Bergwelt Swanetiens

23. September 2014

Der bärtige Alte streckt mir die Zunge raus.

„Einstein", sagt er siegessicher. Dann folgt ein längerer Monolog auf Russisch. Ihm ist klar, dass ich kein Russisch spreche, doch scheint es ihn nicht weiter zu interessieren. Ich verstehe einzelne Schlagwörter: *Angela Merkel. Putin. Barack Obama – Religion. Politik. Kosmos. Mysterien.*

Unbeirrt sehe ich in seine funkelnden Augen. Es fällt mir schwer, mich nicht abzuwenden. Die Grenze zwischen Wahn und Sinn ist bei ihm schon lange verschwommen.

Der unvermeidliche Schluss aber, das hat mir beim ersten Mal, als ich einem solchen Gespräch beiwohnte, ein Pole übersetzt, ist folgender: *Matriarchat. Queen Elizabeth. Die Prinzen William und George.*

Queen Elizabeth, davon ist der Alte überzeugt, wird die Welt retten.

Der Alte lebt mit der Familie seines Bruders in einem abgelegenen Dorf im Kaukasus. Die Familie betreibt ein Art- and Guesthouse. Überall hängen die Bilder des Alten. Die Kunst ist beeindruckend. Visionär. Unverständlich, dass seine Werke nicht in einem Museum ausgestellt sind. Bedauerlicherweise ist ihm über die Jahre schöpferischen Grenzgängertums der Verstand abhandengekommen. Oder zumindest der Teil, der für den Realitätssinn zuständig ist. Er scheint sich irgendwo jenseits dessen verloren zu haben, was uns Normalsterblichen zugänglich ist.

Doch ich sollte früher beginnen.

Nach einigen Tagen in Tbilisi war ich nach Mestia in Swanetien gefahren. Swanetien ist eine Region im Großen Kaukasus. Sie liegt im Nordwesten Georgiens.

Zunächst bestieg ich einen Nachtzug nach Zugdidi. Das ist eine kleine Stadt unweit der Region Abchasien, die sich im Kaukasus-Krieg der Jahre 1992-94 mit tatkräftiger Unterstützung des russischen Militärs von Georgien abspaltete. Bis heute ist der Konflikt nicht beigelegt. Georgien betrachtet Abchasien als abtrünnigen Teil des eigenen Staatsgebiets, während einige Staaten unter Führung Russlands Abchasien als selbstständige Republik anerkennen.

Von Zugdidi aus fuhr ich morgens um sieben mit einer *Marshrutka* (das ist die hiesige Bezeichnung für einen Minibus) in Richtung Mestia los. Um halb neun legten wir eine Kaffeepause ein – oder was die Georgier darunter verstehen. Als ich an einem Tisch vorbeikam, an dem zwei Männer sich das erste Bier des Tages genehmigten, war ich erstaunt. Das währte allerdings nicht lange. Spätestens als ich drei Halbliter-Flaschen *Chacha* (selbstgebrannten Schnaps) auf dem Tisch meiner Mitfahrer entdeckte, kamen mir die Biertrinker wie Waschlappen vor. Natürlich waren die drei Flaschen, als wir zwanzig Minuten später weiterfuhren, leer.

Georgien ist das Land der Schnapstrinker. Wo immer du ankommst, wird dir als erstes Chacha angeboten.

In Mestia stieg ich einem Guesthouse ab, wo ich mit einem reichhaltigen Frühstück empfangen wurde. Tamara, die zahnbeschädigte Kellnerin Mitte 40, war an diesem Tage guter Dinge – was, wie ich später herausfand, bedeutete, einigermaßen nüchtern. Sie tischte mir allerhand Salate, Käse, selbstgemachte Zwetschgen-Marmelade und türkischen Kaffee auf. Dann brachte sie mir ein paar georgische Wörter bei. Diese Sprache legt es darauf an, einem die Zunge zu brechen.

Abends wurden wir Reisenden mit einer ebenso reichhaltigen gemeinsamen Mahlzeit verköstigt, die uns Izo, eine alte Georgierin, in der Küche zubereitete. Die Gesellschaft behagte mir mehr als in Tbilisi. Am nächsten Tag begleitete ich ein israelisches Ehepaar auf eine Tour zum nahe gelegenen Chalaadi Gletscher. Es war Sonntag und der Ausflug glich eher einer Völkerwanderung als einer Erkundung des abgeschiedenen Svaneti. Wir folgten den reißenden Wassern des Gletscherbaches hangaufwärts, bis wir am Fuße des Gletschers ankamen. Geröll poltert immer wieder tosend die Steilhänge des Gletschers hinab. Dennoch ließen wir es uns nicht nehmen, den Gletscher von innen zu erkunden.

So ein Gletscher ist ein faszinierendes Relikt aus vergangener Zeit. Ehrfurcht einflößend. Ich bin nicht sicher, ob ich je zuvor einen gesehen hatte. Meine Erinnerung spricht dunkel von meiner Kindheit.

Der Israeli kraxelte einige Meter weiter bergan und kehrte mit frischem Gletschereis zurück. Das Eis funkelte im Sonnenlicht wie ein Diamant. Seine Frau und ich ließen es uns genüsslich auf der Zunge zergehen.

Obwohl die Umgebung von Mestia schön war, gefiel mir das Dorf selbst nicht. Es glich einer einzigen Baustelle. In wenigen Jahren wird der unaufhaltsame Strom des Mainstream-Tourismus seinen Einzug halten. Ich möchte es mir nicht vorstellen.

Ich aber wollte weiter. Höher hinauf. Weiter hinaus aus der Zivilisation. Deshalb beschloss ich, nach Ushguli zu trampen. Ushguli liegt 40 Kilometer von Mestia entfernt und gilt als höchstes permanent besiedeltes Dorf in Europa – so, ja so Georgien zu Europa zählt. Eine schwer zu beantwortende Frage, auf die keiner so recht eine Antwort zu geben vermag.

Mein Dasein als Budget-Traveller ließ mich also einen Versuch starten, per Anhalter zu fahren – 30 Lari (ca. 15 Euro) für die Fahrt mit der Marshrutka hätten mehr als die Hälfte meines Tagesbudgets verschlungen.

Nach einer Stunde hatte ich das Glück von einem französischen Ehepaar mitgenommen zu werden: Als pensionierte Englisch-Lehrerin sprach sie ausgezeichnet Englisch, während er Landwirt war.

Die Straße nach Ushguli ließ mich an meine Fahrten durch Indien denken. Zeigte der Tacho 20 km/h an, hatte ich das Gefühl, wir rasten. Ein Schlagloch lag neben dem anderen. Überall stand das Wasser. Die Fahrt mit den beiden aber glich eher einem Tagesausflug als einer Tramp-Erfahrung.

Wir hielten an, um Fotos zu machen, besuchten eine kleine, 1000 Jahre alte Kirche und beobachteten die Bauern, die ihrem Handwerk in Swanetien noch immer so nachgehen, als wäre die Zeit stehen geblieben. Für die 40 Kilometer brauchten wir gut drei Stunden. Auch das erinnerte an Indien.

Letztlich aber lag es vor uns: Ushguli. Wehrtürme prägten das Bild des Dorfes. Diese Wehrtürme sind umso erstaunlicher, als Swanetien so abgeschieden gelegen ist, dass es niemals Opfer von äußeren Angriffen wurde. Doch wo der äußere Feind fehlte, waren es vermutlich die Familien, die sich gegenseitig befehdeten – so wurde es mir zumindest erzählt.

Als ich im Art- and Guesthouse ankam, wurde ich von Ketewan empfangen: *Gamarjoba*! Das ist die georgische Begrüßungsformel und bedeutet so viel wie *Mögest Du siegreich sein*.

Dann sprach sie in fließendem Deutsch weiter. Sie war nämlich Dolmetscherin. Im Auftrag der Organisation Promestia begleitete sie eine Schweizerin, die durch die Gegend tourte und den Menschen eine spezielle Art, Käse zu machen, beibrachte. Ketewans Deutsch erwies sich als praktisch, da Hausherrin Leah nur wenige Brocken Englisch beherrscht.

Kaum, dass ich den Ort erblickte, wusste ich, dass ich einige Tage hierbleiben wollte. Ushguli hatte einen besonderen Reiz. Es war geheimnisvoll. Mystisch. Dies verstärkte sich noch, als am zweiten Tag ein mehrtägiger Regen einsetzt.

In dieser Umgebung genoss ich den Regen und die Gewitter. Sie entbanden mich von dem üblichen Drang, aktiv zu sein.

Ich verbrachte also einen kompletten Tag im Bett und erfreute mich am Müßiggang. Wann immer ich die Augen schloss und einschlief, träumte ich. Das sollte die ganze Woche meines Aufenthaltes in Ushguli so bleiben.

Die Schweizerin und Ketewan reisten bereits am nächsten Tag weiter, aber schon am Abend darauf hatte ich wieder Gesellschaft: ein tschechisches Pärchen (Katerina und Jindrich) und Vincent, einen Franzosen, der seit fünf Jahren um die Welt reiste. Mit den dreien war es herrlich. Unsere Gespräche führten uns um die ganze Welt – immer wieder aber nach New York, nicht zuletzt, weil sowohl Jindrich als auch Vincent am 11.September 2001 dort gewesen waren: Jindrich als 15-jähriger Austausch-Schüler und Vincent, der ganz in der Nähe des WTC gearbeitet hatte. Ich wollte alles über ihre Erlebnisse erfahren.

Noch dazu war in Ushguli während unseres Aufenthalts aufgrund der Unwetter tagelang der Strom ausgefallen. Dazu genügte es, dass ein Baum in x Kilometer Entfernung auf eine Leitung fiel. So etwas, lernten wir schnell, konnte dauern. Also nahmen wir unser Abendessen im spärlich von Teelichtern erhellten Esszimmer ein, was zudem für eine spezielle Atmosphäre sorgte.

Diese Gespräche ließen mich aufblühen. Die beiden Männer waren starke Persönlichkeiten, insofern rieben wir uns verbal aneinander, nicht ohne am Ende zum gegenseitigen Respekt zurückzufinden.

Spätestens am dritten Tag dort, war ich im Guesthouse als Teil der Familie aufgenommen.

Leah, die Mutter, war eine großartige Köchin. Abend für Abend fanden wir eine Auswahl an verschiedenen Salaten auf dem Essens-Tisch. Zuvor gab es immer eine heiße Suppe. Alles stammte aus dem Garten hinter dem Haus: rote Beete, Gurken, Tomaten, Karotten etc. Es war eine wahre Freude.

Als das Wetter nach Tagen wieder stabiler schien, unternahm ich eine Wanderung zu einem weiteren Gletscher, dem Shkhara-Gletscher. Die Route ist von Ushguli aus leicht zu begehen. Der Weg ist eben, nur die letzten paar hundert Meter gibt es eine Steigung. Die Strecke führt durch ein weites Tal, an dessen Ende die schneebedeckten Gipfel des Shkhara (5068 m) emporragen. Am Wegesrand gurgeln die Wasser des Flusses Enguri entlang.

Als ich mich auf dem Rückweg vom Gletscher befand, winkte mich eine Gruppe von drei Männern zu sich. Sie saßen ein wenig abseits des Weges. Zwei Pferde grasten friedlich. Zwischen sich hatten die Männer auf einer Decke Essen ausgebreitet. Ich folgte ihrer Aufforderung und kaum, dass ich mich niedergelassen hatte, hielt ich schon einen angeknacksten Plastikbecher in der Hand.

„Chacha?", fragte ich.

„Chacha", bestätigten sie lachend.

Ich nippte am Glas, doch augenblicklich wurde mir verständlich gemacht, dass das nicht ginge. Also trank ich aus. Das Zeug war teuflisch stark. Ich sah die Plastikflasche an, die eigentlich für Wasser gedacht war. Aber Chacha wird selbstgebrannt und in alles abgefüllt, was dicht ist.

Binnen einer Stunde war die Flasche leer. Wann immer ich ein Glas trank, zwangen die drei mich, etwas zu essen. Chacha wird nur in Kombination mit Essen getrunken.

Brav gehorchte ich. Irgendwann beschloss einer der drei, das Auto heranzuholen und Musik zu machen. Ehe ich mich's versah, tanzte ich nachmittags um drei mit betrunkenen Georgiern auf der Wiese neben einem Auto. Obwohl wir kaum miteinander sprechen konnten, war die Stimmung ausgelassen.

Irgendwann tauchte eine Gruppe Touristen auf. Der Reiseführer, dem ich auf dem Rückweg vom Gletscher bereits begegnet war, begrüßte mich freundlich. Sie wollten sich dann langsam auf den Weg machen.

Ich sah ihn fragend an.

„Das ist unser Fahrer", sagte er und deutet auf einen meiner neuen Freunde.

Der Fahrer??! dachte ich bei mir und grinste dümmlich. Das war also der Fahrer. Er hatte eben einen Viertelliter 60-prozentigen Schnaps getrunken. Nun ja, vermutlich nicht zum ersten Mal. Chacha verbindet.

Als ich abends im Guesthouse ankam, war eine große Gruppe dort abgestiegen. Es handelte sich um Australier, um genau zu sein um einen Chor. Sie sangen polyphone georgische Lieder. Der Chorleiter war ein 60-jähriger Professor an der Universität zu Melbourne, der Georgien vor 20 Jahren verlassen hatte. Es war faszinierend, diese Gruppe von Menschen zu beobachten, die sich mit solcher Hingabe einem Thema widmeten, das ihnen ausgesprochen fremd sein musste.

Als der Abend dahinging, landeten wir schließlich bei Beatles-Liedern. Der Professor erzählte, dass er über die Beatles zur Musik gefunden hatte, was mich an meinen Papa erinnerte. Dieser Professor war eine musikalische Enzyklopädie. Ausnahmslos jedes Lied, das im Laufe des Abends gewünscht wurde, konnte er problemlos auf der Gitarre begleiten. Schnell war ich mittendrin in der Gruppe der Sänger und hatte einen Heidenspaß.

Auch war der Professor ein charismatischer Mann und

verstand sich darauf, allerlei spannende Anekdoten zu erzählen. Am zweiten Abend aber erlebte ich ihn als strengen und anspruchsvollen Lehrer seiner Gesangszöglinge.

Als der Chor zwei Tage später wieder abreiste, fragte ich die Gruppe, ob sie mich mit nach Mestia nehmen könnten. Der Professor meinte, das sei kein Problem.

Also verließ ich Ushguli gemeinsam mit den Australiern und machte mich auf den Weg nach Armenien.

Yerevan
Stadt der Langschläfer

30. September 2014

„Und was machst Du hier?", fragte ich.

„Ich gehe einmal zu Fuß um die Welt", antwortete der über und über tätowierte junge Italiener. Er saß auf einem Sessel und schaute sich eine Fernsehserie auf seinem Computer an.

Sein Name ist Mattia Miraglio. Er ist ein *ganz normaler Typ,* wie er selbst sagt.

Dennoch hatte er unterdessen einen eigenen Facebook-Fanclub, führte in der Zeit, die ich gemeinsam mit ihm im Envoy-Hostel in Yerevan (Eriwan) verbrachte, ein Interview mit dem größten italienischen Radio-Sender und zeigte mir den Fernsehbericht, der bei seinem Aufbruch im April im italienischen Fernsehen gesendet worden war. Fünf Jahre sollte seine Reise dauern.

Mattia war ein netter Kerl, der sich zu Anfang gar nicht hatte vorstellen können, dass aus seinem Lebenstraum so eine große Sache werden sollte. Seit er 16 war (er ist jetzt 26), hatte er alles Geld, das er verdiente, beiseitegelegt, um sich diesen Traum zu verwirklichen. Unterdessen hatte er Menschen, die seine Reise sponsorten. Doch er sagte, er werde nichts davon benutzen, wenn es nicht wirklich nötig sein sollte, sondern das Geld für wohltätige Zwecke spenden. Diese Reise, meinte er, sei letztlich nur für ihn. Wenn er den Menschen in Italien damit Hoffnung machen könne, freue ihn das. Aber letztlich gehe es um ihn.

Mattia beeindruckte mich. Er lebte seinen Traum. Zudem hatte er ein großes Herz. Als ich Pasta kochte und ihn zum Essen einlud, war er dankbar wie ein kleiner Junge.

Yerevan gefiel mir auf Anhieb. Ich kam nach einer Fahrt mit dem Nachtzug früh um sechs Uhr hier an. Die Stadt schlief noch und die Sonne tauchte alles in ein warmes Licht. Die dominierende Farbe war ein rostiger Rotton. Niemand war auf der Straße unterwegs. Überraschenderweise blieb das bis um elf Uhr so. Armenien ist das Land der Langschläfer.

Einige Tage später bekam ich in einem Guest House in Dilijan eine Szene mit, wo ein deutsches Paar darum bat, um sieben Uhr frühstücken zu dürfen.

„Seven o'clock?", fragte die Gastwirtin und ihr traten beinahe die Augen aus den Höhlen. „Not eight?", hakte sie fassungslos nach.

Erst, als die beiden fragten, ob sie nicht das Abendessen anstelle des Frühstücks verrechnen könnten und dafür auf das Frühstück verzichteten, lenkte sie ein. Das Geschäft ging letzten Endes doch vor.

Da ich erst um 14 Uhr im Envoy-Hostel einchecken konnte, hatte ich gut fünf Stunden Zeit, um die Stadt zu erkunden. Zuvor durfte ich allerdings im Hostel frühstücken. Das stellte sich nach der langen Fahrt als Glück heraus. Alle Cafés in der Stadt waren noch geschlossen, selbst nachdem ich mein Frühstück im Hostel beendet hatte.

Ich wusste sofort, dass Yerevan ein Ort ist, an dem ich mich wohlfühlen würde. Das blieb auch so, obwohl ich während meines kompletten fünftägigen Aufenthaltes krank war. Mein Zimmergenosse in Ushguli hatte mich dummerweise mit einer hartnäckigen Erkältung und Husten angesteckt.

Überall in der Stadt gab es Straßencafés, Bars und Clubs. Ich fragte mich, wie die alle in einer Stadt von gerade mal einer Million Einwohner überleben konnten. Aber natürlich war unterdessen Mitte September und die Touristen-Saison dabei auszulaufen.

Am ersten Abend besuchte ich die Oper. Sie war neben dem Platz der Republik der zweite zentrale Punkt in Yerevan. Es fand eine Aufführung von Verdis La Traviata statt. Ein Platz im ersten Rang in der Oper in Yerevan kostete 6 Euro. Unglaublich. Dabei war Armenien alles in allem teurer als Georgien. Es fiel mir deutlich schwerer, mein Tagesbudget von 25 Euro einzuhalten.

Ich wusste von vornherein, dass ich bei der Aufführung nichts verstehen würde. Auch das Programmheft gab es ausschließlich auf Armenisch – 39 Buchstaben, von denen ich keinen einzigen lesen konnte. Dennoch entschloss ich mich zu diesem Besuch – und er lohnte sich. Natürlich konnte ich die Handlung nicht detailliert nachvollziehen, andererseits war ich deshalb aufnahmefähiger für die Musik. Die Sängerin, die die Rolle der Violetta spielte, sang großartig. Immer wieder versank ich in der Musik und ließ meinen Gedanken freien Lauf. Ein Musikerlebnis der anderen Art. Mehr wie die Orgelkonzerte im Kölner Dom. Ohne den Anspruch, verstehen zu müssen. Somit hatten die Gefühle, die Verdis Musik ausdrücken, die Chance bis zu mir durchzudringen.

Tags darauf ging ich abends in eine Bar namens Calumet. Nach meiner Woche in den Bergen Swanetiens stand mir der Sinn nach Leben.

Ich entdeckte die Kneipe zufällig, folgte einfach Menschen hinab in einen Keller. Als ich mir einen Gin-Tonic bestellt hatte, fragte ich einige Leute an einem Stehtisch, ob einer der Hocker noch frei sei. Sofort bemerkten sie, dass ich allein war und verwickelten mich in ein Gespräch.

Später an diesem Abend lernte ich Armine und Nina kennen. Die beiden machten meinen Aufenthalt in Yerevan zum bisherigen Höhepunkt dieser Reise.

Armine stammte zwar aus Yerevan, lebte aber seit Jahren nicht in Armenien. Sie hatte zunächst in Paris studiert und wohnte nun in Guadeloupe. Nina hatte ebenfalls in Paris studiert. Derzeit arbeitete sie für ein Tourismus-Unternehmen in Yerevan.

Wir kannten uns keine Stunde, als Armine mich fragte, ob ich Lust darauf hätte, am nächsten Abend mit zu einem Konzert zu kommen, für das sie Freikarten habe. Natürlich hatte ich Lust.

Also trafen wir uns Samstagabend mit einer weiteren Freundin von ihr: Lusine, die in Austin, Texas, lebte und mit ihren gerade mal 29 Jahren die größte Englisch-Schule Yerevans aufgebaut hatte.

Das Konzert fand in einem neugebauten Radrenn-Stadion statt. Forsh ist eine Art armenischer Udo Jürgens. Vielleicht wäre das Konzert gut gewesen, wäre es nicht arschkalt und das Stadion der denkbar ungeeignetste Ort für ein Musikkonzert gewesen. Die Bühne stand auf dem Rasen oder vielmehr dem Schlammloch in der Mitte, das wohl hätte Rasen sein sollen. Die Zuschauer aber saßen auf der Tribüne – und das unter charmefreier Neon-beleuchtung. Niemand kam Forsh näher als 50 Meter. Der verzweifelte Versuch der Beleuchter, Atmosphäre zu schaffen, versickerte im Neonweiß der Flutlichtlampen. Eine Leinwand für eine Übertragung existierte nicht. Ich kannte natürlich keinen einzigen der armenischen Schla-ger, zu denen das Publikum halbherzig mitschunkelte. Nach einer halben Stunde waren wir so durchgefroren und desillusioniert, dass wir lieber in eine Bar weiterzogen.

In dieser Nacht lernten wir zwei Reisende kennen – Kyle, einen Kanadier, und Jack aus Australien. Sie sollten uns in den kommenden Tagen begleiten. Wir tanzten bis in die frühen Morgenstunden. Die Herzlichkeit, die ich in Yerevan allenthalben erfuhr, war unvergleichlich. Nina, Lusine und Armine – sie wurden in wenigen Tagen zu Freunden. Ich hatte das Gefühl, sie seit Jahren zu kennen. Wir sprachen über *alles*. Nina und Armine besuchten mich gar eine Woche später in Dilijan. Dort saßen wir bei eisiger Kälte nachts auf dem Balkon und unterhielten uns bis in die frühen Morgenstunden.

Auch das Team des Envoy-Hostel gab mir das Gefühl, zu Hause zu sein. Ani, Grigor und Arpine taten alles, um uns Travellern das Leben so angenehm wie möglich zu machen. Besseren Service als dort hatte ich noch nicht erlebt.

Am Tag nach dem misslungenen Konzert erklomm ich, ziemlich überfeiert, die *Kaskaden* – eine Mischung aus Treppen und Skulpturenpark in Yerevan. Was von unten einfach aussieht, erwies sich in meinem Zustand als arge Plackerei. Dennoch war es die Mühe wert. Auf jedem Treppenabsatz fanden sich verschiedenartige Skulpturen aus der Sammlung Cafesjian. Vor jeder lohnte eine kurze Rast und der Ausblick über die Stadt, der mich oben erwartete, war großartig. Nur der Berg Ararat in der Ferne war an jenem Tag leider von Dunst verhüllt.

Es war der armenische Unabhängigkeitstag, der 21. September. Die Kinder liefen mit Luftballons und in Nationalfarben bemalten Gesichtern umher. Die Menschen waren in Feierstimmung. Abends gab es Konzerte auf dem Platz der Republik, später ein Feuerwerk.

Tags darauf verließ ich Yerevan. Zwar tat es mir in der

Seele weh, Armine, Nina, Lusine, Jack und Kyle zurückzulassen, aber ich konnte es mir nicht leisten, mein Budget
weiter durch allabendliche Gelage überzustrapazieren.
Eins aber wusste ich mit Gewissheit: Ich würde wieder-
kommen!!

Istanbul (Teil I)
Nächtliche Irrwege und Deals mit Kleinganoven

8. Oktober 2014

„Du?" Sie sah mich an. Ihr Gesicht nahm eine ungewöhnlich blasse Färbung an. „Was machst DU denn hier?"

Danach Schweigen. Die nächsten fünfzehn Minuten
sagte meine Mutter kein Wort. Es hatte ihr im wahrsten
Sinne des Wortes die Sprache verschlagen.

Überraschung gelungen.

Tags zuvor war ich früh morgens in Istanbul eingetrof-
fen. Wann auch sonst, ist doch der Flughafen in Tbilisi
ausschließlich nachtaktiv. In Istanbul hatte mich Adnan
abgeholt, ein ehemaliger Schüler unserer Sprachschule.
Er hatte mich eingeladen, bei ihm zu wohnen. Nach einer
einstündigen Fahrt mit U-Bahn und Bus gelangten wir
zum Haus seiner Eltern. Dass dieses Bei-ihm-Wohnen ein
Besuch bei der ganzen Familie werden sollte, war mir zuvor nicht klar gewesen. Doch es störte mich nicht weiter.
Ich war neugierig, was mich in einer türkischen Familie
erwartete.

Ich hatte ja keine Ahnung.

Den ersten Tag verbrachte ich damit, mich von der
schlaflosen Nacht zu erholen und abends gemeinsam mit
Adnan den Stau der Großstadt zu erleben, als wir seine
Eltern vom jeweiligen Arbeitsplatz abholten. Wir brauch-

ten geschlagene dreieinhalb Stunden für eine Strecke, die ohne Stau vermutlich in einer halben Stunde zurückzulegen gewesen wäre.

Willkommen in Istanbul.

Das Verkehrschaos ist Hauptfeind der Lebensqualität. Tag und Nacht. Davon hatte mir Adnan schon im Sommer erzählt. Nun erlebte ich es hautnah – und die Vorstellung, dass dies keine einmalige Erfahrung, sondern Alltag sein sollte, war bedrückend. Diese Stadt ließ einem keine Zeit. Wann sollte man neben dem Weg zur Arbeit und zurück ein Leben führen?

Am ersten Abend fuhr Adnan mit mir an den Bosporus. Er war zwanzig und glaubte, das Gaspedal bis zum Anschlag durchtreten zu müssen, sobald 50 Meter kein Auto in Sicht war. Glücklicherweise hatte mich Indien in Bezug auf Autofahrer abgehärtet.

Die nächtlich erleuchtete Bosporus-Brücke raubte mir den Atem. Wir spazierten ein wenig umher, tranken einen Wein.

Alkohol ist in Istanbul weit teurer als in Deutschland. Dann fuhren wir weiter zum Taksim-Platz. Ich war bereits reichlich müde, hatte ja die Nacht zuvor nicht geschlafen, dennoch trafen wir uns mit zwei von Adnans Freundinnen. Ich solle ihm sagen, wenn ich nach Hause wolle, hatte er gemeint. Doch ich drang mit meinem Wunsch leider nicht zu ihm durch. Als wir die Einkaufsstraße Istiklal Caddesi hinunterliefen – in der Gegend reiht sich eine Bar an die andere – heulte plötzlich der Motor eines Motorrads auf. Die Maschine raste davon. Etwas schlug auf dem Boden auf. Funkelnd blieb es liegen.

Es war eine Pistole.

Zum ersten Mal fragte ich mich, ob ich Istanbul richtig eingeschätzt hatte. Adnan meinte, es sei sehr gefährlich hier. War das Ernst oder Ironie?

Den folgenden Tag verbrachte ich mit meiner Familie.

Meine Mutter, mein Onkel, meine Tante und ein befreundetes Ehepaar waren für ein paar Tage in der Stadt, um den Geburtstag meiner Mutter zu feiern. Das war auch der Grund meines Besuchs – wie bereits angedeutet, ohne dass sie es geahnt hätte.

Am Vormittag machten wir eine Schiffstour auf dem Bosporus. Noch war ich guter Dinge und dachte mir, dass dies gewiss eine andere Art von Tourismus sei, ich sie mir aber dennoch einmal anschauen könne.

Zwei Stunden später wollte ich den Tourguide am liebsten umbringen. Er war der langweiligste Reiseführer, den ich je erlebt hatte. Das lag nicht zuletzt daran, dass er alles zweimal sagte. Dass er alles zweimal sagte. Sonst hätten wir es vermutlich nicht verstanden, vermutlich hätten wir es sonst wohl nicht verstanden.

Glücklicherweise hatte ich die anderen morgens von der Schnapsidee abbringen können, im Anschluss an die Bootsfahrt auch noch die mehrstündige Bustour mitzubuchen. Die gebetsmühlenartige Litanei dieses rhetorischen Tieffliegers wäre schwerlich länger zu ertragen gewesen.

Ich bin es nicht gewöhnt, mich in einer Sechser-Gruppe durch die Stadt zu bewegen. So sehr ich mich bemühte, mich zurückzunehmen, fiel es mir bisweilen schwer, meinen Mund zu halten, wenn ich mit ansehen musste, wie die Damen auch dem fünften Parfum-Ramsch-Verkäufer auf der Straße solange geduldig zuhören, bis sie am Ende eine Tüte mit gefälschten Flakons in der Hand hielten, die niemand brauchte. Ja, es war so billig. Unbestreitbar. Und ich bin ein wenig ungeduldig, ich gebe es zu. Vermutlich das Schicksal desjenigen, der ans Alleinreisen gewöhnt ist.

Mein Highlight in den beiden Tagen mit der Familie war allerdings ein anderes: Als wir am zweiten Tag im Hof der Blauen Moschee standen, eilte ein dienstbeflissener Kleinganove auf uns zu. Er bleckte uns die bräunlichen Zähne entgegen und bot uns an, uns an der Warteschlange vorbeizuschleusen (sein erstes Angebot belief sich auf gerade mal 150 Türkische Lira – also etwas mehr als 50 Euro – ein stolzer Preis dafür, dass der Besuch der Moschee an sich gratis ist).

Dummerweise scheiterten meine Versuche, ihn wegzuschicken. Ein ums andere Mal fand er ein geneigtes Ohr. Letztlich wurde also eine Übereinkunft getroffen und wir folgten dem Spitzbuben in Richtung Eingang. Als er uns an der Schlange vorbeilotste, echauffierten sich die Wartenden. Zurecht. *This is not fair! We've been waiting here for more than an hour!* war noch das freundlichste, was uns nachgerufen wurde.

Ich wäre am liebsten im Erdboden versunken. Eisern sah ich gerade aus. Bloß nicht umdrehen.

Als wir nach diesem Walk-of-Shame innen angelangt waren, verteilte unser Kleinganove ein paar Broschüren.

Mir wisperte er zu: „Leg das Geld unauffällig hier rein. Aber Vorsicht – die Polizei!"

Am liebsten wäre ich in schallendes Gelächter ausgebrochen.

Nachdem ich die Info in Flüsterpost-Manier an den Zahlbeauftragten, meinen Onkel, weitergegeben hatte, setzten wir uns auf den Boden der Blauen Moschee. Scheinheilig erzählte uns der Gauner, wann die Moschee erbaut worden war und dass man sich vor dem Gebet zu waschen habe. Währenddessen fragte meine Tante fünf Mal, was jetzt passiert sei, was er zu mir gesagt habe. Ich schüttelte nur den Kopf.

Ringsum dieser wunderschöne Ort und ich fühlte mich schmutzig und das Lachen steckte mir noch immer im Halse, weil wir uns tatsächlich von diesem durchsichtigen Kleinkriminellen hatten abziehen lassen. Glücklicherweise verschwand er schnell. Noch bevor wir die Moschee verließen, tippte er mir allerdings noch einmal auf die Schulter und meinte, er habe zwei weitere Leute hineingeführt. Beachtlicher Stundenlohn. Einträglicher als die besten Drogengeschäfte. In den zwanzig Minuten unserer Bekanntschaft hatte er um die 40 Euro verdient. Den Rest des Nachmittages verblieb mir dieses düstere Lachbedürfnis unten im Halse, wann immer ich an diese abstruse Geldübergabe denken musste.

Das gemütliche Abendessen, jede Menge Wein und Raki versöhnten mich jedoch mit den Widrigkeiten des Tages. Und natürlich zu spüren, dass meine Mum sich aufrichtig freute, dass ich gekommen war.

Womit ich nicht gerechnet hatte, war, dass ein Großteil der der Istanbuler kein Wort Englisch sprach. Sobald man den touristischsten Kern rund um Sultanahmet (die Blaue Moschee) und Hagia Sofia verließ, war Türkisch die einzige Sprache.

Das bekam ich zu spüren, als ich am ersten Abend nach Hause gelangen wollte. Ich hatte Adnans Adresse in der Tasche und begab mich um kurz nach elf zur Neuen Moschee, von wo aus ich mit dem Bus fahren wollte. Bis elf gebe es viele Busse, so Adnan.

Ich hatte nicht damit gerechnet, dass es um zehn nach elf anders sein würde. War es aber. Ich zeigte zwei Busfahrern den Zettel mit der Adresse – um auf Nummer sicher zu gehen. Keiner sprach ein Wort Englisch. Beide aber war sich einig: Die Linie 99 habe es zu sein.

Dummerweise war dem nicht so.

Zwar kam ich im richtigen Stadtteil an, Eyüp, nur sind die Viertel in Istanbul leider so groß wie in Deutschland ganze Städte. Als ich also feststellte, dass ich oben auf einem Berg ankam, während ich eigentlich am Wasser hätte sein müssen, schwante mir Übles.

Der Busfahrer der Linie 99 nahm mich netterweise wieder mit hinunter und fragte einen Taxi-Fahrer nach der Adresse, die ich ihm gezeigt hatte. Dieser deutete das Goldene Horn hinab und zeigte mir zwei Finger. Ich deutete das als „Du musst bis zur zweiten Brücke" und gelangte zu dem Schluss, dass es so weit nicht sein könne.

Also beschloss ich zu laufen, obschon mein Onkel mir Taxi-Geld gegeben hatte.

Nein, dachte ich bei mir, der ich das Geld schon zuvor hatte ausschlagen wollen, *das schaffe ich auch allein.*

Dummer Fehler.

Zuerst musste ich, so sagte mir mein Orientierungssinn, auf die andere Seite des Goldenen Horns gelangen. Ich blickte nach rechts und sah eine riesige Brücke, die den Meeresarm überspannte. Über die musste es ja einen Weg geben!

Den gab es auch.

Dennoch war die Überquerung unheimlich. Zunächst handelte es sich bei der Fatih-Brücke um eine Autobahnbrücke, auf die zu gelangen gar nicht so einfach war. Als ich es letztlich geschafft hatte, herrschte oben mörderischer Verkehr. Tapfer stapfte ich auf dem kleinen Seitenweg am Geländer entlang, während mir ein nicht abbrechen wollender Strom von Autos entgegendonnerte. Die Brücke bebte ohne Unterlass, sodass es besser war, nicht stehen zu bleiben, wenn ich nicht in Panik geraten wollte.

„Musik!", dachte ich mir und stöpselte meine Kopfhörer ein. Diese Brücke war gruselig – und sie nahm kein Ende. Ich begann, laut zu singen. *If I lose my fame and fortune and my home is on the streets ...* Hörte ja sowieso keiner.

Nach gut zwanzig Minuten erreichte ich endlich die andere Seite.

Jetzt *konnte* es eigentlich nicht mehr weit sein.

Dachte ich. Doch wieder lag ich falsch.

Zwar hatte ich die Adresse, allerdings keine Ahnung, wo sich Adnans Haus auf der Karte befand. Das einzige, was ich wusste, war, dass ich am Abend zuvor aus seinem Fenster geschaut hatte. Von dort aus hatte ich ein blau angestrahltes Haus und darüber das grün erleuchtete Minarett einer Moschee gesehen. Nun, Moscheen gibt es in Istanbul wie Sand am Meer. Und Grün ist die Symbolfarbe des Islam. Dennoch hoffte ich auf die Einzigartigkeit dieser Kombination. Sonst hätte ich keine Chance.

Ich musste mich in der Nähe des Goldenen Horns halten, schließlich war Adnans Haus nicht weit vom Wasser entfernt gewesen.

Mein Weg führte mich durch einen Tunnel. Für Fußgänger war der offensichtlich nicht gedacht. Die Wagen bretterten an mir vorbei. Aber ich setzte brav einen Fuß vor den anderen, in der Hoffnung, dass der Tunnel mich wieder auf eine Straße führen würde und ich nicht umkehren müsste.

Endlich endete der Tunnel und ich gelangte wieder unter freien Himmel.

Der Weg zu Adnans Haus entpuppte sich als endlos. Ich lief und lief. Noch immer war ich völlig übermüdet, da ich nur wenige Stunden Schlaf abgekommen hatte. Es war unterdessen halb ein Uhr nachts. Ich hätte durchaus ein Taxi anhalten können, aber ich fürchtete, abgezockt zu werden. Jetzt wollte ich es auch allein schaffen. Nach der Strecke, die bereits hinter mir lag, würde ich das Geld keinem gierigen Taxifahrer in den Rachen werfen! Außerdem, so redete ich mir ein, konnte es nun wirklich nicht mehr weit sein.

Irrglaube, schändlicher Irrglaube!

Ich lief. Ich lief. Ich lief.

Bald! Bald musste ich ankommen!

Doch wieder bog ich um eine Ecke, wieder kein blaues Haus, keine grüne Msoschee. Nach einer guten Stunde erreichte ich Miniatürk. Ich hatte zwar keine Ahnung, was das war, aber ich *kannte* es. Adnans Schwester hatte es mir morgens auf der Busfahrt gezeigt, als sie mir geholfen hatte, meinen Weg ins Zentrum zu finden. Adnan war, seinem anderslautenden Versprechen zum Trotz, nicht rechtzeitig zurückgewesen, um mich zu begleiten. (Er hatte mich um drei Uhr morgens abgeliefert und die Nacht dann außer Haus verbracht.)

Jetzt konnte es nicht mehr weit sein!

Dachte ich. Doch abermals lag ich falsch.

Nicht aufgeben. Unbeirrt setzte ich einen Fuß vor den anderen. Meine Stimmung aber verfinsterte sich mehr und mehr. Ich hatte keinen Schlüssel, musste also klingeln. Unterdessen war es mitten in der Nacht. Ich befand mich irgendwo in einer 20-Millionen-Stadt auf der Suche nach einem grünen und blauen Licht. Es war absurd. Doch eine Mischung aus verzweifeltem Stolz, Willen und Geiz geboten mir weiterzugehen. Ich hatte das Geld in der Tasche. Aber so kurz vor dem Ziel aufzugeben, war ich nicht bereit.

Die wenigen Menschen, denen ich begegnete, mussten einen komischen Eindruck von mir gewinnen, wie ich da laut singend durchs nächtliche Istanbul streifte. Ich befand mich weit jenseits der Gegend, die irgendwelche Touristen besucht hätten.

Each day I live I want to be a day to give the best of me ... sang ich trotzig und weigerte mich, meine Stimme zu senken.

Ich würde das schaffen!

Ich ignorierte die seltsamen Blicke. Ich ignorierte die Finsternis und die von wenigen, zwielichtigen Gestalten bevölkerten Straßen ringsumher.

Dann kam schließlich der Punkt, an dem ich bereit war aufzugeben. Ich war immer dem Goldenen Horn gefolgt und alles war mir zumindest wage bekannt vorgekommen. Nun aber stand ich unter einem Schild, das in einen weiteren Tunnel wies. Das Goldene Horn war verschwunden und hier, da war ich sicher, war ich nie zuvor gewesen.

Noch einmal riss ich mich zusammen. Fragte an einer Tankstelle. Der Typ zeigte in eine Richtung. Ich konnte es nicht glauben. Ging weiter zu einem Döner-Imbiss, wo auf der nächtlichen Glut noch Fleisch geröstet wurde. Drei Typen standen umher. Lachten. Ich zeigte ihnen meinen Zettel. Der Grillmeister wies in die gleiche Richtung. Ich verstand die Welt nicht mehr, war nun aber doch überzeugt: Ich musste mich auf dem richtigen Weg befinden!

Also weiter!

Wieder vergingen zwanzig Minuten. Dann bog ich um um das tausendste Eck. Und da, vor mir, ein wenig hügelan, standen sie: das blaue Haus und die grüne Moschee!

Ich hätte einen Luftsprung machen können, wäre ich nicht so erschöpft gewesen.

Als ich klingelte öffnete niemand die Tür. Ich klingelte erneut. Panik stieg in mir auf. Nichts. Noch einmal, sagte ich mir, obwohl es mir schwerfiel, mitten in der Nacht an einer fremden Haustür zu klingeln. Doch ich hatte keine Ahnung, wohin ich sonst hätte gehen sollen (ein paar Tage später sollte das Schicksal mir beweisen, dass es stets viele Optionen gab).

Schließlich öffnete Adnans Vater mir schlaftrunken die Tür. Adnan war nicht da, doch sein Vater begrüßte mich herzlich. Ich bedankte mich tausendfach und sank letztlich erschöpft ins Bett.

Ein wenig stolz war ich schon. Zugleich fragte ich mich, wie dumm ein Mensch eigentlich sein konnte. Das Geld fürs Taxi hatte ich die ganze Zeit in der Tasche getragen. Es auszugeben aber, war ich nicht bereit gewesen.

Doch das war erst ein Vorgeschmack auf das, was mich in Istanbul erwarten sollte. Diese Stadt hielt noch allerlei Überraschungen für mich bereit. Schön war keine davon.

Istanbul (Teil II)
Bayram-Fest, eine Nacht im Gezi-Park und ein Rauswurf

14. Oktober 2014

Bayram ist das muslimische Opfer-Fest. Es gilt als höchster Fei-
ertag im Islam. Die Muslime feiern es in Gedenken an Ibrahim,
für Christen Abraham, der gemäß Überlieferung bereit war,
seinen Sohn Ismael (christl. Isaak) zu opfern. Ehe dies geschah,
wurde ihm von Gott jedoch Einhalt geboten. Daraufhin opfer-
te Ibrahim zu Ehren seines Gottes einen Widder. Noch heute
schlachten die Muslime an diesem Tag Schafe und Rinder. Das
Fleisch verteilen sie dann an Freunde, Verwandte und Bedürf-
tige.

Am Tag nach dem Geburtstag meiner Mutter fuhr ich mit
Adnan und seiner Verwandtschaft ein Stück aus Istanbul
raus. Die Familie gedachte einem solchen Opferritual auf
dem Land beizuwohnen.

Ich zweifelte nicht daran, dass ich dieses Ritual sehen
wollte. Allerdings war ich mir nicht sicher, wie ich es aufnehmen würde.

Die Fahrweise von Adnans Onkel stellte Adnans in den
Schatten. In halsbrecherischem Tempo heizten wir durch
die Stadt. Belustigt fragte Adnan mich, ob ich Angst hätte,
als er meinen verkniffenen Gesichtsausdruck bemerkte.
Ich solle mir keine Sorgen machen, meinte er.

Ein grauer Himmel hing über unseren Köpfen, als wir
schließlich aus dem Wagen stiegen. Auf einem abschüs-
sigen Hof war ein Zelt aufgebaut, in dem allerlei Rinder-
hälften von Haken hingen. Nichts, was ich nicht schon
gesehen hätte, zumindest im Fernsehen. Davor befanden
sich verschiedene Ställe mit zahlreichen Rindern und
Schafen.

Wir näherten uns dem Zelt. Ringsumher standen Männer und intonierten einen Gebetsgesang. Schnell, meinte Adnan zu mir. Ich folgte ihm. Als ich in das Zelt blickte, musste ich mich zusammenreißen. Tief atmen! Trotzdem wurde mir flau.

Auf dem Boden lag ein Ochse auf dem Rücken. Sein rechtes Bein war an der Decke festgebunden, sodass er sich nicht bewegen konnte. Der Rest seines Körpers ruhte auf einer Kuh, deren Kehle weit offenstand. Ihre Augen stierten blicklos ins Nichts. Der Bauch des Ochsen hob und senkte sich im Rhythmus seines Atems. Die Männer sangen noch immer.

Ein Mann mit blutiger Schürze kniete neben dem Tier. Er drückte den Kopf des Ochsen nach hinten, sodass die Kehle frei lag. In der Hand hielt er ein langes Messer. Der Mann streichelte dem Rind die Kehle. Auf und ab. Auf und ab.

Dann endete der Gesang.

Mit einem Mal ging alles sehr schnell. Der Schlachter setzte das Messer an und schnitt dem Tier die Kehle auf. Blut brach in einem Schwall hervor. Rohes Fleisch klaffte auf – ein unverständlicher Kontrast zu dem lebenden Tier. Sturzbäche von Blut ergossen sich auf den Asphalt und rannen den Hof hinab.

Ein letztes Beben lief durch den Körper. Dann war der Ochse tot. Kein Atem mehr. Aus einem lebenden Wesen war ein Stück Fleisch geworden.

Ich kämpfte. Musste mir die Übelkeit verbeißen. Adnan fragte, ob ich eine rauchen wollte. Ich bejahte und begleitete ihn. Wir stellten uns einige Meter abseits, sodass sein Vater uns nicht sehen konnte. Laut türkischer Tradition dürfen Söhne nicht vor ihren Vätern rauchen. Obwohl ich mich selbst nicht sehen konnte, konnte ich mir gut vorstellen, dass mir in diesem Augenblick jegliche Gesichtsfarbe fehlte.

Im Westen kommt Fleisch aus dem Supermarkt. Oder vom Metzger. Das ist ein Laden. Genau wie der Bäcker. Weiter nichts. Oder man bestellt es im Restaurant, wo es in einer feinen Sauce auf dem Teller angerichtet und serviert wird.

Genau das war der Grund, weshalb ich nicht Nein sagen konnte und wollte, als ich gefragt wurde, ob ich dieses Ritual sehen wollte. Ich wusste, dass wir uns belügen. Wir alle wissen es. Fleisch kommt nicht aus dem Supermarkt. Es materialisiert sich nicht aus dem Nichts in Hackfleischform unter einer Plastikfolie oder als Salami in einem Ring. Nur ist es in unserer Kultur so einfach, das zu ignorieren.

Als wir zurückkamen, sah ich einen Widder, der in einen eisernen Käfig gezerrt wurde. Nachdem die Tür hinter ihm zugestoßen wurde, begann er jämmerlich zu schreien. Er versuchte, seinen Kopf durch die Gitterstäbe zu schieben, scheiterte aber an den eigenen gewundenen Hörnern. Immer und immer wieder rannte er gegen die eisernen Stangen an.

„Er hat verstanden", sagte Adnan zu mir.

Panisch suchte der Widder nach einem Ausweg aus seinem Gefängnis. Als er realisierte, dass es kein Durchkommen gab, versuchte er, sich über die Gitterstäbe zu hieven. Der Käfig war oben offen, aber zu hoch, als dass er hätte hinausgelangen können. Es gelang ihm, die Vorderhufe auf das Gitter zu legen. Dann aber fiel er hintüber und krachte mit dem Rücken auf den Boden. Das musste schmerzhaft sein. Nichtsdestotrotz probierte er es erneut. Ein ums andere Mal.

Todesangst.

Vermutlich würde jedes Lebewesen alles versuchen, um dem herannahenden Tod zu entrinnen. Ich stand daneben und schaute das Tier an. Die sanften Augen. Das weiche Fell auf seiner Schnauze. Ich hatte Mitleid. Ertappte mich dabei, wie ich nach einem Ausweg suchte. Hätte ich den Widder kaufen können? Und dann? Aber ich wusste, dass das nicht möglich war. Ich konnte mich nicht gegen ein religiöses Fest stellen, egal wie gern ich das getan hätte.

Später sah ich den Widder sterben. Er wehrte sich mit allem, was ihm zu Gebote stand. Seine Hufe schleiften über den Asphalt des Hofes. Aber welche Chance hatte er gegen die kräftigen Hände eines Heranwachsenden, die ihn bei den Hörner packten? Gegen die geschliffene Klinge eines Schlachtermessers?

Als die Schneide seinen Hals öffnete, hielt ich mich unwillkürlich an Adnan fest. Das Blut schoss heraus. Die Beine des Widders traten um sich. Dann war es vorbei. Ich hatte genug gesehen. Als Adnan mich fragte, ob ich gehen wolle, sagte ich ja.

Danach fuhren wir mit Adnans Onkel zu Burger King. Ich aß einen Whopper. Unfassbar. Aber ich war noch nicht so weit, Konsequenzen zu ziehen. Das sollte ein paar Tage dauern.

Erst als ich in Tbilisi ankam und das erste Mal nach den chaotischen Tagen in Istanbul zur Ruhe kam, merkte ich, dass mich diese Bilder verfolgten. Ich lag auf der Matratze im Schlafsaal des Why-not-Hostel und versuchte einzuschlafen. Aber ich konnte diese Szenen nicht abschütteln. Der Bauch des Ochsen, der sich hilflos hob und senkte. Der geöffnete Hals, aus dem das Blut hervorbrach. Der klägliche und vergebliche Überlebenskampf des Widders. Die Männer, die dem Ochsen die Haut abzogen, während sein blutiger Schwanz noch am Körper hing und schlaff auf dem Bogen lag.

Mittlerweile war auch Julie da, die Freundin aus Nürnberg, mit der ich nun einen Monat reisen sollte. Sie ist Vegetarierin, sodass wir an ihrem ersten Tag in Georgien vegetarisch aßen. Als ich am folgenden Morgen am

Frühstückstisch des Hostels saß, konnte ich die Wurst nicht riechen. Ich musste sie von mir wegstellen. Auf dem Bayram-Fest hatte Adnan zu mir gemeint, es stinke. In diesem Augenblick hatte ich nur gedachte, es riecht nach Fleisch. Doch als ich die Wurst auf dem Tisch roch, roch sie nicht mehr nach Fleisch für mich. Sie roch nach Tod. Nach Mord.

Seither esse ich kein Fleisch mehr. Es gibt viele gute Gründe, vegetarisch zu leben: von den unwürdigen Bedingungen in der Massentierhaltung über die negative Energiebilanz bis zu ethisch-moralischen Überlegungen. In meinem persönlichen Falle hieß es, das mitanzusehen, was ich theoretisch lange gewusst hatte: Um Fleisch auf den Teller zu bekommen, muss ein Tier sterben. Jemand muss es töten.

Dabei zuzuschauen, konnte ich nicht ertragen. Es hat mich traumatisiert. Wenn ich in den folgenden Tagen versuchte einzuschlafen, kehrten meine Gedanken immer wieder zum Bayram-Fest zurück. Ich fühlte mich, als wäre ich von einem Eisberg gerammt worden. Daraus musste ich die Konsequenzen ziehen. Aber die Erinnerung ist trügerisch. Ich hoffe, ich werde mir diese Bilder immer ins Gedächtnis zurückrufen können, sollte ich in diesem Entschluss wanken.

Trotz allem erscheint mir das Bayram-Fest ehrlich. Am Tag des Opferfestes blicken die Muslime dem Tod dieser Tiere ins Auge. Wenn sie dennoch entscheiden, weiterhin Fleisch zu essen, kann ich das respektieren. Nur könnte ich es nicht.

Am Abend des Bayram trafen Adnan und ich uns mit Idil, einer Freundin aus seinem Studiengang. Nach den vorherigen Tagen hatte ich Lust, unbeschwert durch die Kneipen Istanbuls zu ziehen, zu trinken und zu feiern. Wir trafen uns am Taksim-Platz und zogen von dort aus los. Obschon Idil meinte, es müsse an Bayram liegen, dass die Stadt an diesem Abend nicht sehr voll sei, hatte ich das Gefühl, dass die Gassen aus allen Nähten platzten. Die Menschen tranken maßlos, obwohl Alkohol in Istanbul sehr teuer ist.

Als der Abend voranschritt, meinte ich, ich würde gerne in eine Gay-Bar gehen. Schließlich fanden wir eine, doch es stellte sich heraus, dass Idil nicht mit hineinkommen durfte. Nur für Männer. Dass Adnan alleine keine Lust hatte mitzukommen, war mir klar. Zudem hasse ich dieses Ausschlussprinzip. Also sagte ich, wir sollten woanders hingehen. Die beiden aber bestanden darauf, dass ich hineinginge. Wir würden uns einfach später wieder treffen.

Der Laden war brechend voll. Ich bestellte mir einen Gin Tonic, der beinahe zehn Euro kostete, dafür allerdings zu 80 Prozent aus Gin bestand. Der starke Drink tat seine Wirkung. Nach kurzer Zeit fand ich Gefallen daran, durch den Club zu stromern und zu tanzen. Um halb vier, als ich mich wieder mit den beiden traf, war ich bester Stimmung und hatte keinerlei Lust, nach Hause zu gehen. Die beiden wollten zu Idil nach Hause fahren. Kein Problem, meinten sie, ich solle mir einfach später ein Taxi nehmen und nachkommen. Idil schrieb mir ihre Adresse auf und ich willigte ein.

Als der Club schloss und ich noch eine Weile auf der Straße herumgetingelt war, ging ich zum Taksim-Platz und nahm mir ein Taxi. Ein Typ sprach mich auf Englisch an. Ich verhandelte über den Preis und wir vereinbarten 50 Lira. Dann setzte er mich ins Taxi eines Kollegen. Der fuhr los. Natürlich sprach er kein Englisch.

Leider erwies sich Idils *Kein Problem* als Irrglaube, wie sich so vieles in Istanbul als falsch herausstellte, was in anderen Städten selbstverständlich war. Ich hatte keine

Ahnung, wo ich hinmusste – schließlich war ich nie zuvor dort gewesen – der Taxifahrer aber dummerweise auch nicht. Wir fuhren nach Levent. Mir war schnell klar, dass Idils Haus nicht in diesem Viertel sein konnte, da es sich im europäischen Teil der Stadt befand, ich aber in den anatolischen musste. Allerdings sah ich mich außer Stande, diesen simplen Fakt zu kommunizieren. Der Fahrer fragte diverse Leute nach dem Weg, nur konnte ihm niemand helfen.

„Address-problem", meinte er.

Wir fuhren weiter und weiter. Es war unterdessen halb sieben Uhr morgens und die Dämmerung war hereingebrochen. Mehrmals musste ich mit dem englischsprachigen Kollegen am Taxistand telefonieren. Dieser fand irgendwann heraus, wo sich die Adresse befand. Das koste, sagte er mir am Telefon, 120 Lira (über 40 Euro). Nicht umsonst jedoch hatte ich vor Fahrbeginn einen Preis ausgehandelt. Ich war nicht bereit, beinahe das Dreifache zu bezahlen, zumal ich meine türkischen Freunde zuvor gefragt hatte, was die Fahrt maximal kosten dürfe. 50 Lira war die Antwort gewesen.

Der Fahrer wurde wütend und bedeutete mir mitten in der Pampa, ich solle aussteigen. Da ich ebenso verärgert war, tat ich das. Schließlich rief er mir nach und winkte mich zurück.

Wortlos und umgeben von einer Aura kaum verhohlener Wut fuhr er mich zurück zum Taksim-Platz.

Eine Stunde nachdem unsere Odyssee durch das nächtliche Istanbul begonnen hatte, gelangten wir also am Ausgangspunkt wieder an. Ich stieg aus.

Der Kollege, mit dem ich telefoniert hatte, stürzte auf mich zu: „You have to pay 50 Lira!"

Ich schüttelte den Kopf. Ich war am selben Ort wie zuvor und hatte eine unerbetene Stadtrundfahrt hinter mir. Keineswegs war ich gewillt, für diese Zeitverschwendung irgendetwas zu bezahlen.

„But who pays for fuel?", fragte der Mann ärgerlich. Er trat einen Schritt näher an mich heran. Ich machte ihm klar, dass mir das egal sei, ich es jedenfalls nicht sein werde.

„You have to pay. I'll call the police!", schrie er mich an. Langsam wurde auch ich sauer.

„Go ahead!", entgegnete ich. "Call the police then! We'll see what they say."

„I'll call the police", sagte er erneut, ein wenig hilflos diesmal. Aber ich fühlte mich im Recht, sodass ich keine Angst vor dieser Drohung hatte und abermals meinte, das könne er gern tun. Schließlich packte er mich am Kragen und stieß mich unsanft von sich.

Letztlich stand ich morgens um sieben also allein und völlig übermüdet auf dem Taksim-Platz. Ich hatte keine Chance zu Adnan zu gelangen. Zwar hatte ich die Adresse von Adnans Eltern in der Tasche und wusste unterdessen auch, wie ich dorthin gelangen konnte, aber ich wollte nicht früh um halb acht dort auftauchen und die Familie aus dem Bett klingeln.

So schlenderte ich hinüber zum Gezi-Park. Dort trieben sich noch einige Nachtschwärmer herum. Ich schnorrte mir eine Zigarette, da meine ausgegangen waren. Dann setzte ich mich auf eine Bank unter einem Baum. Mir fielen immer wieder die Augen zu.

Kurzerhand packte ich meine Tasche unter meinen Kopf und streckte mich aus. Binnen Minuten war ich eingeschlafen.

Zwei Stunden später erwachte ich wieder. Ich fühlte mich wie ausgespuckter Kaugummi, aber besser als zuvor. Inzwischen war es neun Uhr morgens. Gestern war die Familie um diese Zeit beim Frühstück gesessen, überlegte ich und entschied, mich auf den Nachhauseweg zu machen.

Ich wusste zwar, mit welchem Bus ich zu fahren hatte, allerdings stellte es sich als schwieriger heraus als erwartet, herauszufinden, wo dieser Bus abfuhr. Als es mir schließlich gelang, stieg ich in den Bus, der mich zu einem Bett bringen sollte. Verzweifelt versuchte ich, meine Augen offen zu halten, während ringsumher die letzten Nachteulen schnarchten.

Als ich bei Adnans Haus ankam, erfüllte mich ein Gefühl unendlicher Erleichterung. Ich hatte das erste Mal in meinem Leben in einem Park geschlafen, aber nun hatte ich es geschafft. Ich klingelte. Zweimal. Dreimal. Dann wurde die Tür geöffnet.

Ich fuhr mit dem Aufzug nach oben und Adnans Mutter stand in der Tür. Sie sah verschlafen aus. Offenbar hatte ich sie doch geweckt. Verdammt. Sie fragte nach Adnan und ich bedeutete ihr mit den Fingern, dass er gegangen sei. Dann machte ich die internationale Geste für Schlaf und deutete auf Adnans Zimmer.

Hundemüde legte ich mich ins Bett und schloss die Augen. Es war kurz vor zehn Uhr morgens. Endlich angekommen. Ich war gerade eingeschlafen, als es an die Zimmertür klopfte und Adnans siebenjährige Schwester in der Tür stand. Sie reckte mir ein Handy entgegen. Ich nahm es. Adnan war dran. Ich dachte, er wolle wissen, wo ich abgeblieben sei, doch weit gefehlt.

Meine Gehirnzellen arbeiteten noch nicht richtig, insofern brauchte ich einen Moment, um zu realisieren, was er zu mir sagte. Um genau zu sein sogar zwei, weil ich es so unglaublich fand, dass die Verarbeitung im Gehirn länger dauerte.

„Du musst jetzt gehen, Elyseo."

„Wie?"

„Ich hatte gerade einen riesigen Streit mit meiner Mutter. Türkische Tradition. Das geht so nicht. Du hast einen Fehler gemacht. Du hättest zu uns kommen sollen. Ich habe alles versucht. Aber du kannst nicht bleiben."

„Was?!", fragte ich. „Du meinst *jetzt*? Ich habe gerade 20 Minuten geschlafen und du sagst mir, ich muss *jetzt* gehen?"

„Ja. Genau. Du solltest dir ein Hostel suchen."

Mir fehlten die Worte. „Du schmeißt mich jetzt raus? Ich kann nicht mal ein paar Stunden schlafen? Und was ist mit meiner nassen Wäsche?"

„Es tut mir leid. Nimm alles mit."

„Alles? Auch die nasse Wäsche? Du meinst, meinen ganzen Rucksack?"

„Alles."

Nur langsam drangen seine Worte zu mir durch. Ich konnte es nicht fassen.

„Ich schreib dir eine SMS mit der Adresse eines Hostels."

„Ich habe nicht mal ein Telefon!" Aber ich wusste bereits, dass nichts, was ich in diesem Augenblick sagte, noch eine Rolle spielen würde.

„Ich schreibe meiner Mutter."

Und so geschah es.

Adnans Mutter, die Frau, die mich am Vorabend noch gefragt habe, was mir von ihrer Familie im Gedächtnis bleiben würde und was ich über sie dächte, lächelte mir ins Gesicht, während sie mir die Tür wies. Es war mir unbegreiflich. Ich wusste nicht einmal, was ich falsch gemacht hatte – weiß es bis heute nicht. Gegen welche Art Tradition hatte ich verstoßen?

Ich musste mich beherrschen, den äußeren Schein zu wahren. Durch meinen Kopf jagte einzig das Wort *Heuchlerin*. Doch ich machte gute Miene zum bösen Spiel, verließ das Haus und stand morgens um halb elf vollbepackt mit meinem Rucksack auf der Straße.

Gegen zwölf hatte ich endlich das Hostel gefunden. In Istanbul gibt dir leider jeder Antwort, auch wenn er keine Ahnung hat, wo der Ort ist, den du suchst. Das ist bisweilen anstrengend, vor allem mit zwanzig Kilo Gepäck auf dem Rücken. Bergauf, bergab, weil die Menschen nicht zugeben können, dass sie keine Ahnung haben und offenbar nicht verstehen, dass sie dir keinen Gefallen tun, wenn sie dich in die falsche Richtung schicken.

Den Rest des Tages fühlte ich mich hundsmiserabel. Verletzt. Schuldig. Missverstanden. Adnan meldete sich bis zum nächsten Abend, dem Abend meiner Abreise, nicht mehr bei mir. Das allerdings war mir recht. Ich hätte ihm nicht in die Augen sehen können. Ich traf ihn nicht noch einmal, bevor ich die Stadt verließ und habe ihn auch seither nie wieder gesehen.

Mein letzter Abend in Istanbul aber wurde wider Erwarten schön. Das lag an einer netten Begegnung mit drei Jungs aus Bristol, denen ich erzählen konnte, was mir widerfahren war. Das erleichterte mich. Auch verlebte ich eine weitere beinahe schlaflose Nacht. Diesmal allerdings, weil ich es so wählte.

Alles in allem war ich heilfroh, als ich nach anderthalbstündiger Fahrt mit Straßen- und U-Bahn am Montagabend den Atatürk-Flughafen erreichte. Ich verließ Istanbul, und freute mich darauf, ins beschauliche Tbilisi zurückzukehren. Dorthin, wo wenigstens die Taxifahrer ihre Stadt kannten, und wo ich nach langer Zeit wieder zum Vegetarier werden sollte.

The Hitchhikers' Guide to Georgia
Eine Anleitung zum Überleben

25. Oktober 2014

Als ich aus Istanbul zurückkehrte, erwartete mich meine Freundin Julie in Tbilisi. Es war lange her, dass ich mit einem anderen Menschen gemeinsam gereist war, doch rasch gewöhnte ich mich an das viele Lachen, das uns seit jeher verbunden hatte.

Wir verbrachten einige Tage an der Schwarzmeerküste in Batumi, einem Ort, der im Sommer vor Touristen überläuft, nicht aber um diese Jahreszeit. Danach reisten wir küstaufwärts nach Ureki, schliefen in einem leerstehenden Vier-Sterne-Hotel, streiften barfuß durch schwarzen Sand und beobachteten wilde Pferde am Strand, bevor wir nach Kutaisi, Georgiens zweitgrößter Stadt, weiterzogen. Höhepunkt unseres dortigen Aufenthalts war ein Besuch der Prometheus-Höhle bei Tskaltubo. Die Höhle ist eine 30 Kilometer lange Wunderwelt aus Stalaktiten und Stalagmiten. Einzig die Bootsfahrt auf einem unterirdischen See versetzte Julie in Todesangst. Hätte ich gewusst, dass ihre schlimmste Vorstellung war, unter der Erde in einem geschlossenen Raum zu ertrinken, ich hätte vermutlich nicht auf diese Fahrt bestanden. Das fand ich aber erst heraus, als wir bereits im Boot saßen.

Als wir Kutaisi am folgenden Tag in Richtung Batumi verließen, beschlossen wir zu trampen. Für Julie war es die erste Tramp-Erfahrung ihres Lebens.

Das erwies sich von einer Straßenkreuzung inmitten von Kutaisi allerdings als ungleich schwieriger denn erwartet.

Wir versüßten uns die Wartezeit mit Gesang und Gelächter. *Oh Lord, won't you stop me a Mercedes Benz ...*

Hitchhiker-Regel Nummer 1: *Bitte nie um einen Mercedes, wenn Du das Echo nicht verträgst.*

Ein Benz sollte es diesmal nicht werden. Noch nicht. Nur ein junger Strahlemann in einem Opel, der mit 150 km/h über die Landstraße raste und dem kein Überholmanöver zu riskant schien.

Autobahnen gibt es in Georgien kaum, sodass sich der Großteil des Verkehrs auf der Landstraße abspielt. Die Georgier sind allerlei Arten von verrückten Fahrern gewohnt und ziehen im Normalfall nach rechts, wenn jemand auf der Gegenseite überholt.

Nichtsdestotrotz war ich bereits nach wenigen Minuten heilfroh, dass unser Fahrer nur bis Samtredia fuhr; das ist ein dreißig Kilometer von Kutaisi entferntes Städtchen, in dem sich sämtliche Straßen des westlichen Georgien kreuzen.

Als ich ausstieg, war ich in Schweiß gewendet. Julie meinte, dass sie die ganze Zeit im Rückspiegel mein verbissenes Gesicht habe beobachten können. Nach einer Zigarette und fünfzehn Minuten Beruhigungszeit waren wir soweit weiterzufahren.

Hitchhiker-Regel Nummer 2: *Steige nie in einen Wagen, wenn der Fahrer nicht im Alter zwischen 60 und 75 ist. Vorsicht bei übertrieben fröhlichem Lächeln.*

Glücklicherweise hielt ein Lieferwagen mit einem älteren Georgier an, der direkt bis Batumi fuhr. Der Mann sprach praktisch kein Englisch. Nichtsdestotrotz reichte sein Kommunikationswillen aus, um uns nach einer Stunde per Gesten zu fragen, ob wir ein Paar seien. Als ich das verneinte, sah er mich ungläubig an.

„No sex?", fragte er und aus seinem Gesicht sprach Fassungslosigkeit. Ebenso wie aus unseren, als wir die Frage verstanden. Die Menschen sprechen kein Wort Englisch, aber es reicht immer noch aus, um Wildfremde zu fragen, ob sie miteinander ficken. Unglaublich.

Hitchhiker-Regel Nummer 3: *Wenn der Fahrer mit Dir über Dein Sexleben sprechen will, tu so, als ob Du keine Gestensprache mehr verstehst.*

Freitag ging ich zur iranischen Botschaft in Batumi, um das Visum abzuholen, das ich eine Woche zuvor beantragt hatte. Obwohl sowohl Julie als auch ich zügig weiterwollten, wurde es Montag, bis keiner von uns zu verkatert war, um die Reise tatsächlich anzutreten. In dieser Hinsicht ist Batumi ein gefährliches Pflaster: zu viele nette Menschen und unsere Lieblingsbar direkt gegenüber unseres Hostels.

Montag wollten wir schließlich nach Vardzia trampen, einem Ort in der Nähe der armenischen Grenze. Um dahin zu gelangen, brauchten wir erst eine Mitfahrgelegenheit nach Khulo.

Das stellte sich als schwierig heraus, obschon der Ort nicht weit von Batumi entfernt liegt. Zuerst aber mussten wir die Straße finden, die aus Batumi heraus und in Richtung Khulo führt. Eine Stunde lang liefen wir mit unseren Rucksäcken auf dem Rücken durch die Straßen Batumis. Kein einziges Verkehrsschild schien bereit, uns die Richtung zu verraten. Sobald wir das Zentrum verlassen hatten, machten wir nicht zum ersten Mal die Erfahrung, dass die meisten Georgier kein Wort Englisch sprechen. Zumindest, wenn sie nicht in der Tourismus-Branche tätig sind.

Als wir endlich die richtige Straße gefunden hatten, stellte es sich als schwierig heraus, dort wegzukommen. Batumi ist zu lang gestreckt, um bis an die Stadtgrenzen oder dahinter zu gelangen, wenn man schwer beladen ist, so wie wir es waren. Folglich standen wir inmitten einer Plattenbau-Siedlung und versuchten einen Fahrer zu finden, der nach Khulo fuhr. Das verlangte uns einiges an Geduld ab. Wenige Fahrer machten sich überhaupt die

Mühe anzuhalten. Bei denen, die anhielten, hatten wir kein Glück. Manchmal fragte ich mich, ob sie nicht nur hielten, weil sie neugierig waren. Die meisten Menschen hier gucken gern. Bisweilen grenzt es an Starrsucht.

Der krasseste Typ aber war ein alter Georgier, der ein wenig Englisch sprach. Er fragte, woher wir seien und wohin wir wollten.

„We want to go to Khulo", entgegneten wir.

„Why go Khulo? Khulo is country. Go to Germany!", erwiderte er fröhlich.

Als er weitergefahren war, brachen wir in schallendes Gelächter aus. *Go to Germany??* – Danke, toller Vorschlag.

Hitchhiker-Regel Nummer 4: *Lass Dich von wohlwollenden Alternativvorschlägen nicht von Deiner ursprünglichen Route abbringen.*

Nach gut zwei Stunden gaben wir unseren Versuch, nach Khulo zu trampen, auf. Gen Ende sagten uns zwei Menschen, dass es ein Problem sei, von dort nach Armenien zu gelangen, weil in den Bergen bereits Schnee liege. Also blieb uns nichts anderes übrig, als zurück nach Tbilisi zu fahren.

Julie hatte keinerlei Lust darauf, aber was sollten wir tun? Also: Marshrutka ins Stadtzentrum, einen Happen essen und dann mit Gepäck auf der anderen Seite der Stadt wieder raus.

Wir fanden uns inmitten des Hafens an einer verkehrsreichen Straße wieder. Julies Laune war auf dem Nullpunkt.

Ich bemühte mich, das auszugleichen, indem ich *Tbilisi, Tbilisi, Tbilisi* schrie wie ein indischer Busjunge oder Songs erfand wie *I try to go to Tbiliiiisi, but she says no, no, no.*

Mit zugehöriger Choreographie, versteht sich.

Endlich hielt ein Mann an. Er war Kapitän eines Frachtschiffs, wie sich herausstellte, und war auf dem Weg nach

Poti, kaum nördlicher als unser Strandort Ureki, aber immerhin kamen wir endlich los. Es war nachmittags um halb drei.

Als wir die Kreuzung erreichten, an der es in Richtung Samtredia und Kutaisi abging, bat ich ihn, uns dort rauszulassen. Daraufhin meinte er, er fahre uns nach Samtredia, da wäre es leichter wegzukommen und was sei schon eine Stunde mehr oder weniger.

Bis Samtredia waren es von dieser Stelle aus 60 Kilometer! Die Leute in Georgien können bisweilen überraschend nett sein – was in krassem Widerspruch zu ihrem eher mürrischen Auftreten steht.

Die Fahrt von der Küste nach Samtredia war wunderschön. Das Laub an den Bäumen leuchtete grün, rot und gelb, übergossen vom Licht des Herbstes. In der Ferne die schneebedeckten Gipfel des Kaukasus.

Hitchhiker-Regel Nummer 5: *Lobe den Tag nicht vor dem Abend. Du weißt nie, was noch kommen wird.*

In Samtredia standen wir kaum fünf Minuten an der Landstraße, als ein silbergrauer Mercedes-Sportwagen neben uns hielt. „You want to go to Tbilisi?"

Klar! Genau das war unser Ziel.

Es sollte sich als Fehler entpuppen, dass wir in diesen Wagen einstiegen. Aber zu diesem Zeitpunkt kannte ich *Hitchhiker-Regel 1* noch nicht.

Im Wagen saßen zwei Männer von Mitte vierzig. Der eine trug eine Sonnenbrille und sah aus wie ein Immobilienmakler. Er hatte ein Jahr in Deutschland gelebt und sprach ganz gut Deutsch. Sein Mitfahrer trug eine Lederjacke, sprach gut Englisch und erwies sich als außerordentlich mitteilsam. Jedes Wort, das er in unsere Richtung sprach, war unterweht von einer Wolke aus Alkohol.

Hitchhiker-Regel Nummer 6: *Bitte Deinen Fahrer um eine Atemprobe, BEVOR Du zu ihm in den Wagen steigst.*

Dann ging es los. Mercedes. Ein Mercedes fährt schnell. Das ist in Georgien nie besonders gut, wie ich unterdessen gelernt habe. Vor allem, da Geschwindigkeitsbegrenzungen prinzipiell als wohlmeinender Vorschlag ignoriert werden. Sprich, auf dem Schild heißt es 30 km/h und der Fahrer fährt 160.

Hitchhiker-Regel Nummer 7: *Steige nie, absolut nie, in einen tiefergelegten, silbernen Sportwagen.*

Julie und ich starrten uns an. *At first I was afraid, I was petrified ...*

Ich bin ein nervöser Beifahrer. Oder auch Mitfahrer. Der Business-Man raste los und mich drückte es in den Rücksitz. Tief durchatmen. Wir würden schneller als erwartet in Tbilisi sein. So wir je dort ankämen.

Nach einer halben Stunde hatte ich mich ein wenig an den Fahrstil des Ministerialbeamten aus dem Justizministerium gewöhnt. Das, erzählte er nämlich, sei sein Beruf. Ex-Soldat, jetzt Anwalt im Justizministerium. Er fuhr verrückt, riskant, aber doch fasste ich irgendwann ein Mindestmaß an Zutrauen. Zumindest auf gerader Strecke. Ohne Überholmanöver.

„No worries. We are Georgian. We are good drivers", versicherte uns der Beifahrer und ein Schwall Alkoholduft brandete über uns hinweg, während der Fahrer auf die linke Seite ausscherte und darauf vertraute, dass sein Mercedes die fünfzig Meter, die der herannahende LKW noch entfernt war, rechtzeitig überwunden hätte.

Der Beifahrer war Polizist und kam ursprünglich aus Kutaisi. Deshalb müssten wir kurz anhalten. Er wolle einem alten Freund Hallo sagen, den er Jahre nicht gesehen habe, erklärte er, als wir Kutaisi erreichten. „Nur fünf Minuten."

Hitchhiker-Regel Nummer 8: *Vergiss nie Deinen gesunden Menschenverstand. Wenn jemand nach Jahren einen alten*

Freund wiedersieht und nach fünf Minuten zurück ist, sollte
das deine Skepsis wecken.

„Sorry, sorry, sorry."

„Kein Problem", sagten wir.

Fünf Minuten später fuhren wir weiter. Das kam uns in diesem Augenblick nicht seltsam vor. Noch nicht. Während ich mit meinen Ängsten kämpfte, schloss Julie hinter ihrer Sonnenbrille die Augen. Und schlief ein!

Ich konnte es nicht fassen. Wir rasten durch einen Tunnel, was selbstverständlich kein Grund war, nicht ein riskantes Überholmanöver zu wagen – *Lady Diiiiiiii!* schrie es in mir – und Julie schlief. Sie schlief!

Hitchhiker-Regel Nummer 9: *Bevor Du daran denkst, per Anhalter zu fahren, sieh Dir Elton Johns Video Goodbye England's Rose an.*

Wir rasten durch die Berge. Kurven. Ich hasse Kurven. Der Ministerialbeamte hatte in der Fahrschule gut aufgepasst, ein wenig zu gut für meinen Geschmack, weswegen er in Kurven Gas gab. Den Teil der Lektion, der besagte, dass er vorher abbremsen musste, hatte er vermutlich verpasst.

Schwitzend saß ich auf dem Rücksitz, klammerte mich an meinem Rucksack fest, versuchte an etwas anderes zu denken. Egal was. Gelingen wollte es mir nicht. Zugleich war es eiskalt in diesem Wagen. Die Klimaanlage lief auf vollen Touren. Eine halbe Stunde bibberte ich und rang mit mir, dann fragte ich den inzwischen stilleren Polizisten, ob es möglich sei, die Temperatur ein wenig höher zu stellen.

Hitchhiker-Regel Nummer 10: *Lebe mit Temperaturen, wie sie eben sind. Frage nie nach Veränderung.*

„Oh!? Is it cold? Sorry, we drank before, we don't feel it's cold. Sorry, sorry!"

Oops. Vielleicht hätte ich doch besser weitergefroren.

Dann machten wir eine Pause.

„Warum weckt ihr mich?", fragte Julie, die mir zu Beginn der Reise noch erzählt hatte, wie schwer es ihr falle, *irgendwo* einzuschlafen.

„Pinkelpause!"

In den Bergen war es eiskalt. Dennoch war ich dankbar für die Verschnaufpause. Ich hatte ja keinen blassen Schimmer, wie viel besser es gewesen wäre, direkt bis Tbilisi durchzufahren.

Nun, auch die längste Kippe geht irgendwann zur Neige.

Entsetzt erkannte ich, was sich abspielte: Fahrerwechsel!

Mit quietschenden Reifen und aufwirbelndem Staub preschten wir vom Parkplatz zurück auf die Landstraße. Der Polizist schien überzeugt davon zu sein, dass es drei Fahrspuren gab. Einziges Problem: Es gab nur zwei.

Ich schielte zu Julie rüber. Ihre Augen ebenso geweitet wie meine. Ich versuchte mich an einem panischen Lächeln. Auf der Gegenspur: Autoschlangen. LKWs. Marshrutkas. PKWs. Mit Licht. Ohne Licht. Die Dämmerung war hereingebrochen. Ich griff nach Julies Hand. Die meine: schweißnass.

„Warum hältst Du Dich an mir fest? Ich kann's auch nicht ändern", sagte sie. Widerstrebend ließ ich, meine Hand auf der verzweifelten Suche nach Halt wild umhergreifend, los.

Hitchhiker-Regel Nummer 11: *Wenn Dein Fahrer in der 30-Zone 180 fährt, halt dich fest.*

Wir fuhren inzwischen 180. Noch immer auf der Landstraße in den Bergen – bei dichtem Verkehr. Ich zweifelte, dass wir dieses Auto lebend wieder verlassen würden. Mein Herz raste. Mein ganzer Körper war von kaltem Angstschweiß bedeckt. Ich musste mich festhalten!

„Denk an die Bootstour!", raunte ich Julie also zu.

Erst da verstand sie, wie ich mich fühlte. Und ab diesem Moment durfte ich ihr Bein quetschen.

Wir hielten an, um zu tanken. Das wäre unsere Chance gewesen auszusteigen. Aus irgendeinem hanebüchenen Grund blieben wir wie versteinert sitzen. Als wir weiterfuhren, machte Julie ein Video mit dem Handy. Leider gab es nicht im Geringsten das Gefühl dieser Fahrt wieder.

Ein Autofahrer kam uns auf unserer Spur entgegen. Der Polizist machte einen wilden Schlenker nach rechts und konnte eben noch ausweichen.

„Crazy man!", wandte er sich zu uns um (bei 180 km/h).

„You are the fucking crazy man!", wollte ich ihn anschreien. Ich tat es nicht.

Über die gesamte Fahrt hinweg wurden wir von entgegenkommenden Autos angehupt oder belichthupt. Dabei sei euch versichert: Die Georgier sind keine Sensibelchen, wenn es um den Straßenverkehr geht. Unsere Fahrer aber heimsten allerhand Aggressionen ein.

Bald, bald musste die Autobahn kommen. Ich wusste, es gab ein Stück davon vor Tbilisi.

„Vielleicht wird es da besser", flüsterte Julie mir über den Motorenlärm zu. Er erinnerte an ein Flugzeug auf der Startbahn.

Besser? Schlechter? Ich wusste es nicht. Wer könnte das sagen? Das war ein Mercedes. Und dieser Mann kannte keine Grenzen.

Dann kam sie, die Autobahn. Nichts, was unseren Fahrer allzu sehr hätte überraschen dürfen. Tat es aber doch. Die Warnbake, die aufgestellt war, um uns auf besagte Autobahn zu leiten, hätte er jedenfalls beinahe umgefahren. Mit 160 km/h.

Julie, die insgesamt besser mit der Situation umgehen konnte als ich, wisperte: „Vielleicht hat er es doch nicht im Griff."

„Wir sollten aussteigen!", flüsterte ich zurück.

Aber inzwischen war es dunkel. Und nun waren wir auf der verdammten Autobahn. Wie sollten wir da jemals wieder wegkommen?

Hitchhiker-Regel Nummer 12: *Setze Deine Hoffnung nie auf eine verdammte Autobahn.*

„Die sind auf Koks, glaube ich", sagte Julie. „Fällt Dir auf, dass sie die ganze Zeit schniefen?"

Nein. Das war mir bis zu diesem Moment nicht aufgefallen. Danach aber konnte ich es nicht mehr übersehen. Das erklärte auch den Fahrstil. Der Typ hielt sich für eine Wiedergeburt von Superman. Unverwundbar! Und dann der Fünf-Minuten-Besuch bei einem Freund, den er jahrelang nicht gesehen hatte. Alles klar.

Dennoch, ich gebe es nur ungern zu, wurde es auf der Autobahn ein wenig besser. Es gab nämlich keinen Gegenverkehr.

„Ich danke dem Herrn für die Autobahn!", schickte Julie nach ein paar Minuten ein Stoßgebet gen Himmel. Mit 200 Sachen bretterten wir dahin. Ich fürchtete jede Kurve. Derer gab es zahllose. Unser Polizist fuhr, wie man sich den schlimmstmöglichen Autofahrer vorstellt: Lichthupe, Auffahren bis auf wenige Zentimeter bei 200 km/h. Im Zweifel rechts überholen.

„Das zweite Pedal ist die verfickte Bremse!", war ich versucht zu schreien. Wieder unterdrückte ich den Impuls. Julie drückte mir einen Stein in die Hand. Aus der Prometheus-Höhle.

„Damit du was zum Festhalten hast." Ich war erstaunt, dass er am Ende der Fahrt noch genauso aussah wie zu Beginn.

Vorbildlich bremste der Fahrer auf die vorgeschriebene Geschwindigkeit runter, sobald wir uns einer bekannten Radarfalle näherten.

Zum Glück gab es in dem Tunnel, durch den wir auf der Autobahn mussten, gleich mehrere.

„Falls wir das überleben, Julie, erinnere mich daran, dass ich eine großzügige Spende für Radarfallen in Georgien überweise! Ich möchte dieses Land mit Radarfallen gepflastert sehen!"

Galgenhumor.

Wie fieberten wir der nächsten Entfernungstafel entgegen. Es dauerte schier endlos, bis sie auftauchte.

Hitchhiker-Regel Nummer 13: *Investiere in den Ausbau der örtlichen Verkehrsüberwachung, sobald Du lebend zu Hause angekommen bist.*

Tbilisi 33 km.

„Fünf Minuten!", sagte ich.

„Drei!", entgegnete Julie.

Und dann tauchte sie irgendwann vor uns auf: die Stadtgrenze! Und mit ihr, ein weiterer Grund zur Freude, der Stau! Wir konnten nicht mehr weiterrasen.

Die beiden fragten uns, wohin wir wollten, doch sobald ich den ersten vertrauten Ort erkannte, bat ich sie, uns dort rauszulassen. Lieber mit der U-Bahn weiter.

Wir landeten schließlich im Envoy-Hostel in Tbilisi. Das dortige Envoy liegt auf einem Hügel und der Weg hinauf ist steil. Vollkommen erschöpft schleppten wir uns hinauf. Da entschlüpfte mir – aus tiefster Seele und mit voller Inbrunst – der Satz, der den Tag wie nichts anderes zusammenzufassen vermochte: *Fuck that fucking shit!*

Julie brach in schallendes Gelächter aus.

Wir hatten überlebt.

Teheran
Welcome to Iran!

1. November 2014

Im VIP-Bus in 24 Stunden von Yerevan nach Teheran – eine Fahrt, vor der es mir bereits Tage zuvor grauste. Dann aber war alles weniger schlimm als erwartet. Zwar stellte ich mit Entsetzen fest, dass es keine Toilette in diesem Bus gab, was meine Morgenkaffee-gefüllte Blase vor eine dreistündige Herausforderung stellte, und auch all die hübschen Aufkleber von wegen Filmen, Computerspielen, kostenlosem Wifi wohl eher der Verzierung halber angebracht waren, aber ich hatte Platz. Auf einer 24-stündigen Fahrt war das womöglich das Wichtigste.

Am Vorabend war ich mit Julie, Nina, Lusine und Grigor noch einmal in Yerevan unterwegs. Julie und ich hatten eine ganze Woche dort verbracht, was nicht zuletzt daran lag, dass sie einige Tage magenkrank war. Insofern konnten wir uns kaum aus dem Envoy-Hostel, geschweige denn aus der Stadt selbst, fortbewegen. Die Unterstützung, die wir – allem voran Julie – durch das Envoy-Team erfuhren, war großartig. So unangenehm es ist, fern der Heimat krank zu sein, hätte es kaum an einem günstigeren Ort geschehen können. Einem Ort, an dem wir uns gut aufgehoben und umsorgt fühlten, was in solchen Momenten ein echtes Geschenk ist. Einem Ort, an dem alle uns das Gefühl gaben, dass wir nicht allein wären, komme, was wolle.

Als ich nach wenigen Stunden Schlaf früh um zehn am Busbahnhof ankam, bemerkte ich sofort, dass ich der einzige Tourist auf dieser Reise sein würde. Bei den restlichen Fahrgästen handelte es sich ausschließlich um Iraner.

Ein solcher VIP-Bus hat drei Sitze pro Reihe. Ich saß allein auf der linken Seite. Die Sitze lassen sich so weit zurücklehnen, dass man halbwegs bequem liegen kann. Die Fahrt von Yerevan durch die armenischen Berge im Süden dauerte ewig. Erst abends um acht kamen wir an der Grenze an. Es war bereits seit zwei Stunden dunkel.

Ein wenig nervös ließ ich die Grenzkontrolle auf der armenischen Seite über mich ergehen. Selbst mit einer Lupe ging die Grenzbeamtin zu Werke, um sich von der Echtheit meines Passes respektive Visums zu überzeugen. Dann war es so weit: Der Bus fuhr über die Grenze in den Iran.

Wieder hieß es aussteigen, alles Gepäck mitnehmen, Passkontrolle. Der erste Beamte direkt am Bus studierte ausgiebig den Pass der Dame vor mir, die mit ihrer kleinen Tochter unterwegs war. Als ich ihm meinen Pass gab, warf einen flüchtigen Blick darauf, strahlte mich an und sagte: „Welcome to Iran!". Ich traute meinen Ohren kaum.

Innen wurde mein Pass dann doch noch ausgiebiger in Augenschein genommen. So lange, dass ich mich bereits fragte, ob etwas nicht stimmte. Aber ich hielt mich zurück und sagte lieber nichts. Nach einer gefühlten Ewigkeit, der Stempel.

Ich hatte es geschafft: Ich war im Iran.

Als ich von zu Hause aufgebrochen war, hatte ich keine Ahnung gehabt, dass es mich hierhin verschlagen würde. Und nun war ich da.

Kaum hatte ich die Kontrolle hinter mich gebracht, lud mich ein älteres Ehepaar aus Tabris auf einen Chai ein. Bereits bei der letzten Rast in Armenien hatte ich kurz mit den beiden geplaudert und erfahren, dass ihr Sohn in Kanada und ein Neffe in Hamburg lebten. Unterdessen trug die Frau ein Kopftuch, wie auch alle anderen Mitfahrerinnen im Bus. Solange wir noch auf armenischem Boden waren, hatten die Wenigsten eins getragen.

Der heiße Chai war genau das, was ich in diesem Moment brauchte. Jetzt konnte mein Iran-Aufenthalt beginnen – und er begann, nach all den widersprüchlichen Gefühlen und Kommentaren der Vorwochen, mit Freundlichkeit. Wunderbar.

Noch an der Grenze wurde ich zum ersten Mal mit der verwirrenden Wunderwelt der iranischen Währung konfrontiert. Also zum einen gibt es da Iranische Rials. Die sind unglaublich wenig wert, ein US-Dollar hat derzeit einen Gegenwert von 32.200 Iranischen Rials. Um den Betrag der Summen zu reduzieren, mit den die Menschen im Alltag zu hantieren haben, gibt es deshalb alternativ die Bezeichnung Toman. Ein Toman entspricht zehn Rials.

Bei Preisen von etwa 170.000 Rial für einen Kaffee und ein Omelett ist damit allerdings noch immer wenig gewonnen. Weshalb die Menschen teilweise einfach 17 Toman sagen, obwohl sie 17.000 Toman oder eigentlich 170.000 Rial meinen. Letzteres steht auf den Geldscheinen. Ganz schön kompliziert das Ganze. Hinzu kommt, dass es im Iran zwar Geldautomaten gibt, diese allerdings keine der im Westen gängigen Bank- oder Kreditkarten akzeptieren (da diese alle amerikanischer Herkunft sind). Alles Geld für die Reise heißt es also in bar mitzubringen, das aber wiederum vorzugsweise in US-Dollar.

Wenn also der Kellner beim Frühstück zu mir sagt, das kostet 17 Toman, sieht die Rechnung in meinem Kopf ungefähr folgendermaßen aus:

```
    17 Toman
  = 17.000 Toman
  = 170.000 Iranische Rial
  ≅ 5,30 U$ × 0,8
  ≅ 4,20 Euro
```

Du verstehst, was ich meine. Eigentlich weiß man nie so genau, was man gerade bezahlt. Ich habe schon im Tone tiefster Empörung zu einer Kellnerin gesagt „Das ist aber teuer!", nur um danach festzustellen, dass ich gerade 50 Cent für einen Kaffee bezahlt und mich verrechnet hatte. Peinlich.

An der Grenze bekam ich also ein Bündel Geldscheine, von dem ich mir, ohne mit der Wimper zu zucken, ein Macbook gekauft hätte, hätte es sich um amerikanische Dollar gehandelt. Allerdings war das Bündel, das meinen Geldbeutel an den Rand seiner Aufnahmekapazität brachte, nicht mehr wert als 50 Dollar.

Noch einmal hielt der Bus an einem Rastplatz, damit wir zu Abend essen konnten. Abermals hielt ich mich an das Ehepaar, mit dem ich schon zuvor gesprochen hatte. Sehr hilfreich, da die Speisekarte komplett auf Farsi verfasst war. Das konnte ich ähnlich gut lesen wie Chinesisch.

Als Neu-Vegetarier hielten sich meine Optionen in Grenzen. Der Sinn stand mir nach dem Reise-Fraß und einem Teller Spaghetti mit Butter am Nachmittag ohnehin nach Salat. Als ich bezahlen wollte, lehnten die beiden dankend ab. Ich sei ihr Gast.

Das machte mich misstrauisch. Ich hatte bereits über *Ta'arof* gelesen, die persische Etikette. Um den Regeln des Ta'arof zu genügen, heißt es, erst einmal abzulehnen, wenn jemand für dich bezahlen möchte. Erst nach dem zweiten oder gar dritten Mal darf eine Zahlung seitens des Händlers, Taxifahrers oder Kellners akzeptiert werden.

Also widersprach ich. Dreimal. Viermal. Fünfmal. Dann akzeptierte ich die Einladung. Für mich als Deutschen ist das natürlich ungewöhnlich. Ich fühlte mich, als spielte ich ein Spiel, dessen Regeln mir nicht vertraut sind, und bewegte mich entsprechend wie auf Glatteis. Doch die beiden schienen die Einladung ernst zu meinen. Da war sie also, die vielgerühmte Gastfreundschaft der Iraner. Davon hatte ich bereits von einigen Reisenden gehört.

Nach meinem frugalen Mahl konnte ich endlich schlafen – schon seit 16 Stunden saß ich im Bus, ohne ein Auge zugetan zu haben. Als ich die Augen das nächste Mal aufschlug, dämmerte gerade der Morgen. Wir fuhren durch Ödland, am Horizont erhoben sich einzelne Berge, bisweilen kamen wir an kleineren sandfarbenen Städten vorbei. Knapp 200 Kilometer bis Teheran.

Kaum stieg ich in der iranischen Hauptstadt aus dem Bus, stürzte eine Schar aufgeregter Taxifahrer auf mich zu.

„Taxi, Mister? Taxi?"

Hier wird man, anders als in Indien, nicht geSIRt, sondern geMISTERt.

Drei Männer, die mit mir im Bus unterwegs gewesen waren, managten das Ganze für mich. Ob zum Guten oder zum Schlechten vermochte ich nicht zu sagen. Vermutlich hätte ich mich auch in der Metro zurechtgefunden. Andererseits ist das vollbeladen kein Vergnügen. Einziges Problem: Ich hatte keine Ahnung, wohin ich wollte. Der einzige Anhaltspunkt, den ich hatte, war die Aussage eines anderen Reisenden: „In der Nähe vom Imam Khomeini Platz gibt es einige billige Absteigen."

Also dorthin.

Wie üblich brachte mich der Taxifahrer in ein überteuertes Hotel und spekulierte auf eine Provision. Manchmal ist finanzielle Inflexibilität ein echter Segen.

Nein, danke – auch wenn es *nur* 100 Dollar pro Nacht kostet. 10 wären besser.

Nachdem ich meinen Provisionsspekulanten abgeschüttelt hatte, stiefelte ich allein weiter und fand schließlich eine erschwingliche Bleibe. Dort war ich allerdings der einzige Tourist. Auch das kärgliche Einzelzimmer – *jail sweet jail!* – vermochte meine Stimmung nicht aufzuhellen. Also raus auf die Straße. Ohnehin tat Bewegung nach der Busfahrt not.

Ziellos strich ich durch die Straßen in der Nähe des Imam Khomeini Platzes. Das Überqueren der Hauptverkehrsstraßen war in Teheran abenteuerlicher als in jeder anderen Stadt, die ich bislang kennengelernt hatte. Die Motorradfahrer fuhren auch entgegen der Fahrtrichtung und um die Bremsen ihrer Fahrzeuge schienen sämtliche Verkehrsteilnehmer extrem besorgt. Anders jedenfalls konnte ich mir nicht erklären, weshalb niemand je auf die Idee kam, die seine zu benutzen. Einen gewissen Wagemut erforderte eine solche Straßenüberquerung also. Aber daran mangelte es mir nicht. Nie zu vorsichtig gucken und dann einfach drauf los.

Sobald ich den Golestan-Palast hinter mir ließ und mich dem Basar näherte, strömten mir Menschenmassen entgegen. Die Frauen trugen Kopftuch oder Burka, wie es im Iran gesetzlich vorgeschrieben war.

In Teheran allerdings machten sich die Frauen, allem voran die jungen Frauen, einen Sport daraus, das Kopftuch soweit wie möglich zurückzuschieben und so viel Haar wie möglich zu zeigen. Auch Make-up und Stil waren im westlichen Sinne modern.

Im Basar selbst tobte das Leben.

Als mir der Geruch frischen Kaffees in die Nase stieg, hielt ich an. Echter Espresso! Zwar mit Milchpulver, aber immerhin. Und verdammt lecker! Ich unterhielt mich mit Mohammed, dem Mittzwanziger, dem der Laden gehörte. Am Ende wollte ich zahlen.

Nein, sagte er, du bist eingeladen.

Ta'arof, dachte ich mir und fragte abermals, wie viel der Kaffee koste. Erst als er nach dem fünften Mal immer noch darauf bestand, dass ich nichts bezahlen dürfe, und eine Gruppe Perserinnen mir auf Englisch versicherte, dass ich eingeladen sei, glaubte ich ihm. Schon wieder! Unfassbar. Ich war seit beinahe einem Tag im Land und hatte noch nichts bezahlt, weil ich ständig von Wildfremden eingeladen wurde. Und das obwohl ich mich redlich bemühte, diese Angebote auszuschlagen!

Danach wurde es Zeit, die Ernährungslage für Vegetarier in Teheran auszukundschaften. Ich folgte der Empfehlung des *Lonely Planet* und suchte das Khoshbin-Restaurant auf, wo es nicht nur eine englische Speisekarte, sondern auch vegetarische Gerichte gab. Die Auberginen-Paste mit Reis schmeckte ausgezeichnet. Erleichtert atmete ich auf. Wieder einmal war das drohende Verhungern abgewendet. Stets eine meiner größten Sorgen.

Egal, wohin ich auch ging, die Menschen begrüßten mich lächelnd, erkundigten sich, woher ich käme oder warfen mir einfach nur ein *Welcome to Iran* entgegen. Das erinnerte mich sehr an Indien. Inmitten all dieser Herzlichkeit fühlte ich mich augenblicklich wohl.

Abends fuhr ich mit der U-Bahn ins Stadtviertel Taleghani, wo ich in ein Künstler-Haus ging. Das lag im Honarmandan-Park, dem Künstler-Park. Junge Teheraner stellten dort ihre Werke aus. Ich schlenderte durch die Galerie, konnte nichts lesen, mochte aber viele der Bilder.

Danach sprach mich draußen ein junger Mann an und wir begannen über Filme zu sprechen. Er liebte Lars von Trier und Rainer Werner Fassbinder. Im Park verkaufte er DVDs von ausgefallenen Filmen. Ich hatte oft gehört, dass der Iran in nichts dem entspreche, was unsere westlichen Medien berichteten, aber dass mich gleich mein erster Tag immer wieder darin bestätigen würde, hatte ich in dieser Form doch nicht erwartet. Nachdem ich im Café Gallery noch einen frischen Minztee getrunken hatte, fuhr ich zurück in meine Gefängniszelle.

Tags darauf zog ich ins Mashhad-Hostel um. Dort gab es nämlich noch andere Backpacker. Mit einem von ihnen, einem jungen Litauer, verbrachte ich meinen zweiten Tag. Wir fuhren in den Norden der Stadt, bis zum Ende der Metro-Linie 1, dem Tajrish-Square. Von dort aus liefen wir an die Stadtgrenze nach Darband. Das liegt am Fuße der nördlich von Teheran gelegenen Alborz-Berge. Unzählige Teheraner hatten an diesem Freitag die gleiche Idee wie wir: Der Weg in die Berge ist eine der wenigen Möglichkeiten, dem Wahnwitz des Teheraner Straßenverkehrs zu entkommen. Interessanter als die zahllosen Teehäuser mit ihren Sitzgelegenheiten, teils auf Teppichen über dem Fluss, schienen allerdings wir beiden blonden Europäer zu sein. Jeder wollte ein paar Worte mit uns wechseln oder uns zumindest etwas zurufen.

Den ganzen Tag hing eine graue Dunstglocke über der Stadt – erst als wir kurz vor Einbruch der Abenddämmerung etwas höher hinausgelangten, zeigte sich der blaue Himmel. Kein Wunder, bei all dem Verkehr. Unser täglich Smog gib uns heute.

Mein Begleiter redete den ganzen Tag ohne Unterlass. Nichts schien ihn aufhalten zu können. Weder mein mäßig-interessiert-bis-genervter Gesichtsausdruck noch die Möglichkeit, seinem Gesprächspartner (also mir) irgendwelche Fragen zu stellen. Mit seinen 21 Jahren war er der festen Überzeugung, alle Fragen der Weltpolitik inklusive Antworten komplett verstanden zu haben und bügelte meine Einwände nieder, wagte ich es denn, eine Zwischenfrage zu stellen. Ich tat es ohnehin kaum.

Am Abend fühlte ich mich erschlagen. Als der Litauer mich dann fragte, ob wir am Sonntag gemeinsam weiter nach Süden trampen wollten, war meine Entscheidung gefallen. Bis dahin hatte ich mit mir gerungen, ob ich noch eine weitere Nacht in Teheran bleiben sollte. So aber packte ich am folgenden Morgen schleunigst meine Sachen und sah zu, dass ich fortkam. Ganz im Ernst: Lieber den ganzen Tag meinen eigenen Gedanken nachhängen!

Der Litauer hatte mir jedoch geholfen – und wenn es nur war zu verstehen, was ich auf gar keinen Fall wollte: Menschen, die mich mit Beschlag belegten, koste es, was es wolle.

Kashan und Esfahan
Selbstgeißelung und architektonische Wunder

9. November 2014

„Ich sah diesen faszinierenden Hubschrauber im Landeanflug. Klick, ein Foto. Klick, noch eins. Plötzlich stürmte eine Gruppe breitschultriger Uniformierter auf mich zu. Gewehr im Anschlag.

What you do, Mister?

Mir wurde heiß. Just a photo, lächelte ich verlegen.

You come with us. Fotos not allowed. Military. You explain. Police must ask questions.

Und schon saß ich auf der Rückbank eines Militärwagens. Hinter mir wurde die Tür zugeschlagen."

Aber ich greife vor.

Nachdem ich Teheran hinter mir gelassen hatte, verbrachte ich zwei Tage in einem *traditionellen Hotel* in Kashan. Traditionelle Hotels sind historische iranische Häuser, die in Hotels umgewandelt wurden. Meines hatte einen weitläufigen Innenhof. In seiner Mitte befand sich ein Wasserbecken, um das herum verschiedene Teppich-Sitzgruppen verteilt waren. Die Eingangstüren zu den Zimmern sind so niedrig, dass ich mich am zweiten Tag fragte, wie oft ich wohl noch vergessen könnte, mich zu ducken, wenn ich die Stufen aus dem Bad hinaufstieg.

Kashan ist ein beschauliches Städtchen. Historische Häuser, eine kleine Moschee, ein Basar. Dennoch fühlte ich mich von an Anfang an wohl. Der Empfang im Hotel war herzlich und Atir, die Dame an der Rezeption, erzählte mir, dass sie kurz zuvor begonnen hatte, Deutsch zu lernen. Da ich noch kein Wort Farsi (Persisch) sprach, schlug ich ihr vor, am folgenden Abend ein Tandem Deutsch-Farsi zu machen, worauf sie sich gern einließ.

Die letzten Tage des Monats Muharram waren angebrochen – ein Trauermonat im muslimischen Kalender, in dem der Ermordung Imam Husseins gedacht wird, eines Enkels des Propheten Mohammed. Die Geschichte des Imam Hussein erinnerte mich an die Geschichte Jesu'.

Die Städte waren von schwarzen Flaggen übersät, überall hingen schwarze oder grüne Transparente, sogar das Wasser in Kashans Brunnen war rot gefärbt. Das Ganze wirkte im ersten Moment auf mich sehr düster, allerdings erzählte Atir mir, dass das Fest eher Karnevals-Charakter habe. Vor allem die jungen Mädchen liebten es, weil sie bis zwölf Uhr nachts auf der Straße bleiben durften. Musik-Gruppen mit riesigen Trommeln zogen durch die Stadt, dazu ertönte Gesang.

Nach zwei Tagen in Kashan zog ich am vorletzten Tag des Muharram weiter nach Esfahan. Schon die beiden Stunden mit Atir genügten, dass ich einige Jungs am Busbahnhof in Erstaunen versetzen konnte, weil ich ein paar Brocken Farsi sprach. Die Sprache ist mir fremd, allerdings erscheint sie mir einfacher als Georgisch oder Armenisch. Zudem verspürte ich von Anfang an eine gewissen Neigung, mich mit ihr auseinanderzusetzen.

Esfahan gilt als die schönste Stadt im Iran. Nach einer knapp dreistündigen Busfahrt durch Ödland, Berge und ein riesiges Militär-Areal, in dem Raketen gen Himmel zeigten, erreichte ich den dortigen Busbahnhof. Da ich unterdessen die Zahlen beherrschte, hatte ich mir vorgenommen, mich nicht wieder von Taxifahrern abzocken zu lassen. Eigentlich sind die Iraner sehr zurückhaltend damit, Touristen auszunehmen – ganz im Gegensatz zu den Indern – das gilt allerdings nicht für die Taxifahrer.

Hatte ich jedoch geglaubt, dies würde sich ändern, weil ich auf Farsi sagen konnte, was ich zu zahlen bereit war, hatte ich mich geirrt. Aus zwei Taxis stieg ich wieder aus, weil der Fahrer mir einen 100.000 Rial-Schein hinhielt, während ich gesagt hatte, dass ich ein Sammeltaxi wollte und nicht mehr als 10.000 Rial zu zahlen bereit wäre. Erst beim dritten Versuch hatte ich Glück und kam zumindest für 30.000 Rial in die Stadt.

Es war noch früh am Nachmittag, sodass ich mich auf den Weg machte, um die Stadt zu erkunden. Der Imam-Platz in Esfahan ist der zweitgrößte Platz der Welt. An seiner Seite erheben sich die Kuppeln zweier Moscheen und ein Palast. In seiner Mitte befindet sich ein Wasserbecken mit Springbrunnen.

In den angelegten Gärten saßen die Perser und unterhielten sich, rauchten oder spielten Fußball. Fußball scheint – wie beinahe überall auf der Welt – ohnehin das Lieblingsthema der Männer hier zu sein. Jeder fühlte sich dazu berufen, mir zur Weltmeisterschaft der Deutschen zu gratulieren. So sie auch keine Ahnung von Deutschland haben mochten, kannten sie doch zumindest den Namen eines Fußballvereins oder einzelner Spieler.

Und natürlich Hitler. Nirgends außer im Iran wurde ich bislang mit Aussagen wie *Hitler good!* oder *Hitler great man! Very good emperor!* konfrontiert. Bei derlei Geschwätz die Höflichkeit zu wahren, fiel mir schwer. Allerdings habe ich es bislang geschafft, nicht aus der Rolle zu fallen, wenngleich ich natürlich widersprach. Nur war es ausgesprochen schwierig, mit Menschen zu diskutieren, die praktisch kein Englisch konnten. Die Geste des Halsdurchschneidens in Kombination mit *He killed millions* verstand jedoch selbst der Dümmste. Auf weitere Diskussionen ließ ich mich nicht ein. Wenngleich ich mich fragte, weshalb eine deutsche Supermacht besser sein sollte als die amerikanische, die die Iraner doch offensichtlich so verabscheuen.

Mein zweiter Tag in Esfahan war Ashura, der letzte Tag des Monats Muharram. Schon früh am Morgen zogen riesige Prozessionen durch die Straßen der Stadt. Schwarz gekleidete Männer, die sich symbolisch selbst geißelten. Dazu benutzten sie Holzstangen, an deren Ende mehrere Eisenketten angebracht waren. Auch schlugen die Menschen sich rhythmisch auf die Brust. Das musste doch weh tun! Die Iraner, die ich fragte, versicherten mir jedoch, dass dies nicht schmerzhaft sei.

Mit der Prozession zogen Musikgruppen mit riesigen Trommeln durch die Straßen. Einzelne Männer intonierten einen Klagegesang, der von den Marschierenden aufgegriffen wurde. Der Imam-Platz war voller Menschen. Kinder tollten ausgelassen umher. Allenthalben wurde kostenlos Chai oder heiße Schokolade ausgeschenkt. Sollte ich geglaubt haben, dass die religiösen Gebräuche der Muslime exklusiv Gläubigen vorbehalten seien, so irrte ich. Jeder war herzlich eingeladen. Auch Essen wurde auf den Straßen ausgegeben, worauf ich als Neu-Vegetarier allerdings verzichten musste. Das Thema Vegetarismus erwies sich im Iran im Allgemeinen als problematisch. Die meisten Restaurants boten beinahe ausschließlich Kebabs und ähnliche Fleischgerichte an. Bisweilen fand sich *ein* vegetarisches Gericht auf der Speisekarte. In der Woche im Iran aß ich vermutlich mehr Auberginen als in den fünf Jahren zuvor. Obwohl ich auf Farsi sagen konnte, dass ich kein Fleisch *und* kein Hühnchen aß – das ist in den Ländern dieser Region nämlich nie das gleiche –, schauten die Menschen mich verständnislos an. Wie konnte jemand kein Fleisch essen, schienen sie sich zu fragen.

Wie so oft sah ich mich auf dem Platz binnen kürzester Zeit umringt von einer Gruppe 14-jähriger Jungs, die mich aus strahlenden Augen ansahen. Vermutlich ist dieser Blick der Grund, weshalb ich dieses Alters so mag: In ihm liegt eine schier unbezähmbare Neugierde auf das Leben. Jeder Augenaufschlag spricht von der Hoffnung auf eine glorreiche Zukunft. Alles Fremde saugen sie voller Begeisterung in sich auf.

Nach einer Weile verließ ich den Imam-Platz und machte mich auf in Richtung Masjed-e Jameh, einer weiteren Moschee, bei der ich an diesem Tag jedoch nie angelangen sollte. Auf dem Weg dorthin sprach mich nämlich Ali Reza an, ein Iraner, ein wenig älter als ich selbst, der sehr gut Englisch sprach. Fortan begleitete er mich an diesem Ashura-Tag und nichts Besseres hätte mir geschehen können. Zunächst zweifelte ich an seinen Motiven, war mir doch aus Indien lebhaft in Erinnerung geblieben, dass die meisten Menschen sich für mich als Touristen nur interessierten, weil sie sich etwas von mir erhofften. Nicht so jedoch Ali Reza. Von ihm erfuhr ich den Hintergrund der Ermordung des Imam Hussein und er führte mich zu einer Zeremonie, die ich ohne ihn kaum gefunden hätte. An verschiedenen Orten in der Stadt spielten die Menschen die historischen Geschehnisse nach. Wir gelangten in ein Zelt, wo verschiedene Männer und Jungen in Ritter-Kostümen auf Pferden oder Kamelen saßen. Andere trugen die Gewänder der Wüste, gewaltige Säbel baumelten an ihren Seiten. Faszinierend.

Den Nachmittag verbrachte ich allein, abends aber traf ich mich wieder mit Ali Reza. Mit seinem Auto fuhren wir über den Fluss, der seit Monaten kein Wasser führte, und gelangten in den Süden der Stadt. Auf einem der ältesten Friedhöfe der Welt fanden weitere Zeremonien zur Feier des Ashura-Tages statt. Zugleich befinden sich auf diesem Friedhof die Gräber der Abertausenden von Soldaten, die im Krieg zwischen dem Iran und dem Irak in den 80-er Jahren gefallen waren. *Gefallen,* welch Euphemismus.

Jedes einzelne Grabmal ziert eine Tafel mit einer Fotografie des Getöteten. Es handelte sich um jene Art Ort, die eine tiefe Traurigkeit in mir weckte. Die meisten der ermordeten Soldaten waren kaum mehr als Kinder, teils gerade mal 15 Jahre alt, wie beispielsweise Ali Rezas Cousin, dessen Grab wir besuchten.

Dennoch feierten die Menschen auch an diesem Ort fröhlich. Mir schlug die gleiche Herzlichkeit entgegen, die mir bislang überall in diesem Land begegnet war. Hatte ich beispielsweise damit gerechnet, dass die Frauen im Iran komplett verhüllt seien und züchtig zu Boden schauten, ist das Gegenteil der Fall. Zwar gilt für alle das Gesetz, das Haar zu bedecken, doch waren die Mädchen ähnlich neugierig und offen wie die Jungen. Oft wurde ich angelächelt oder angesprochen – oft waren es die Mädchen in der Familie, die am besten Englisch sprachen. Der Frauenanteil an den iranischen Universitäten lag so hoch, dass sich der ehemalige Präsident Ahmadinedschad genötigt sah, eine Männerquote einzuführen.

Als ich mit Ali Reza auf diesem Friedhof stand – umgeben von den Porträts der im Krieg gestorbenen Jugendlichen, mit all den Erfahrung von Gastfreundschaft und Hilfsbereitschaft meiner ersten Tage in diesem Land – wurde mir mit einem Mal weh ums Herz.

„Ich wünschte", sagte ich zu Ali Reza, „dass all die Menschen hierherkämen, die glauben, der Iran sei das Reich des Bösen. Ich wünschte, sie alle könnten sehen, mit welcher Herzlichkeit und Offenheit die Perser Fremde empfangen. Es macht mich so traurig, den Unterschied zwischen dem, was wir in Europa von euch vermittelt bekommen, und der Realität zu erleben."

Und das war, was ich in diesem Moment fühlte. Eine tiefe Traurigkeit ob all der Lügen, die uns trennten, wo es doch so vieles gab, was uns Menschen einte.

All die Verleumdungen. Die komplette Berichterstattung, mit der ich in unseren Medien über Jahre hinweg zugeschüttet worden war – nichts davon hatte auch nur im Ansatz mit der Wirklichkeit zu tun, wie sie mir im Iran begegnete. Mag sein, dass dies das schönste Land ist, das ich je bereist habe. Zu den Faszinierendsten gehört es allemal.

Nachdem wir den Friedhof verlassen hatten, brachte mich Ali Reza zu einer alten Brücke am Fluss, die nächtlich beleuchtet war. Die Brücke war zu Zeiten der Schahs errichtet worden, sodass eine Loge über den Wassern (die es damals noch gab, weil der Staudamm, der den Fluss von Esfahan fernhält, noch nicht errichtet war) allein der königlichen Familie vorbehalten war. Noch heute ist diese Loge stets verschlossen und Besuchern nicht zugänglich.

Später bat ich Ali Reza, mich ins Hostel zu bringen, weil ich müde war. Es war ein langer Tag gewesen.

In meinem Zimmer saß Ma Qui, ein Chinese aus Peking, und lächelte mich freundlich an. Als er sagte, dass er bereits seit zwei Tagen in Esfahan sei, wunderte ich mich, da ich ihn im Hostel zuvor nicht gesehen hatte. Auf meine Frage, weshalb er das Hostel gewechselt habe, entgegnete er, das habe er nicht, er habe einen Chai mit ein paar Polizisten getrunken.

Ich wollte wissen, was er damit meinte.

„Ich sah diesen faszinierenden Hubschrauber im Landeanflug", begann er. „Klick, ein Foto. Klick, noch eins. Plötzlich stürmte eine Gruppe breitschultriger Uniformierter auf mich zu. Gewehr im Anschlag."

„What you do, Mister?!"

„Mir wurde heiß. Just a foto, lächelte ich verlegen."

"You come with us. Fotos not allowed. Military. You explain. Police must ask questions."

„Und schon saß ich auf der Rückbank eines Militärwagens. Hinter mir wurde die Tür zugeschlagen."

Ich schluckte.

Er saß mir gegenüber und lächelte unbeirrt.

„Und dann?", wollte ich wissen.

Dann hätten sie ihn mit aufs Polizeirevier genommen. Auf sieben verschiedenen Polizeistationen sei er alles in allem gewesen, habe die gleichen Fragen beantworten müssen, immer und immer wieder. Wen er kenne im Iran. Wie die Namen der Eltern dieser Person seien. Der Großeltern. Was er hier mache.

Diese Prozedur dauerte zwei Tage und endete vor dem Hohen Gericht. Dort ließ ihn der Richter letzten Endes gehen, wenngleich er ihm zuvor versicherte, dass er ihn für die Aufnahme militärischer Einrichtungen ebenso gut mit drei Jahren Gefängnis hätte bestrafen können.

Ma Qui trug es mit Fassung. Ich bezweifelte, dass ich einen ähnlichen Stoizismus an den Tag gelegt hätte. Dabei waren wir einer Meinung, dass es sich um eine wundervolle Geschichte handelte, wenn man sie im Nachhinein erzählte. Wie die meisten Ereignisse, die einem Gänsehaut und Angstschweiß verursachen, während man sie erlebt.

Meinen vorletzten Morgen in Esfahan widmete ich dem Besuch der Moscheen Masjed Sheikh Lotfollah und Masjed Shah. In der Masjed Shah wurden gerade die Zelte des Ashura-Festes abgebaut, dennoch konnte ich die verschiedenen Höfe und Hallen besuchen. Obschon ich bekanntlich kein Sightseeing-Fan bin, ist die islamische Architektur umwerfend. Nicht allein die Architektur selbst, wenngleich jedes Gewölbe sich vom nächsten unterscheidet, sondern das Spiel des einfallenden Lichts ist es, was die Moscheen so unvergleichlich macht.

Ein ums andere Mal musste ich innehalten, schier überwältigt von der Schönheit des Anblicks. Noch beeindruckender war schließlich die Masjed-e Jameh, die ich tags darauf besuchte. Hunderte von Säulen, verschiedene Gewölbe und Säle erstreckten sich um einen sonnenbeschienenen Innenhof. Jeder Schritt barg eine neue Überraschung.

Das ist es, was die Besichtigung von Moscheen und Palästen im Iran zu einem Vergnügen macht. Es ist spannend. Zudem liegt mir die islamische Ästhetik mehr als goldüberladene Kirchen.

Den Nachmittag verbrachte ich mit Adrien, einem Franzosen, der nach Abschluss seines Bauingenieur-Studiums beschlossen hatte, von Frankreich über die Ukraine, Georgien, Armenien, den Iran und Zentralasien nach China zu reisen, um den Spuren des Akkordeons zu folgen. Er zieht mit seinem eigenen Akkordeon umher und sucht die Einflüsse dieses Instruments in den verschiedenen Ländern, nimmt zusammen mit einheimischen Musikern traditionelle Musikstücke auf und folgt dabei der Route der alten Seidenstraße.

(Die Musik, die Adrien im Iran gesammelt hat, findet ihr hier: http://accordeonistan.com/iran/?lang=en Auf diesem Blog könnt ihr auch die Musik aus den anderen Ländern finden, die er bereist hat.)

Mit ihm suchte ich einen Computer-Laden in Esfahan, da er sich in Shiraz einen nicht funktionstüchtigen Computer hatte andrehen lassen, den er reparieren lassen wollte, um seinen Blog auf den aktuellen Stand zu bringen. Auch er hatte beim Ashura-Fest Iraner kennengelernt und diese hatten ihm den Laden eines Freundes empfohlen.

Leider stellte sich die Adress-Angabe als unauffindbar heraus – zumindest für uns Reisende. Letztlich sprachen uns zwei iranische Mädchen an und fragten, ob sie uns helfen könnten. Adrien bat sie, mit seinem Freund am Telefon zu sprechen und sie taten ihm den Gefallen. Nach dem Gespräch meinten sie, sie würden uns hinbringen. Schwups saßen wir auf der Rückbank eines Autos und es ging los. Weit war es zwar nicht, dennoch musste die Fahrerin mitten auf einer befahrenen Straße einen U-Turn iranischen Stils hinlegen: soll heißen, Lenkrad nach links reißen und los. Die Straße war allerdings nicht breit genug, sodass das Rangieren begann. In diesem Augenblick hatte die Beifahrerin die Idee, dass sie unbedingt ein Foto von uns bräuchte und holte ihr Handy heraus.

Symptomatisch für die Generation Selfie erstarrten wir und bleckten unsere Zähne der Linse entgegen. Alle – inklusive der Fahrerin. Einziges Problem: Wir waren noch immer inmitten unseres Wendeversuchs. Das fiel uns jedoch erst auf, als die Autofahrer auf beiden Seiten der Straße ein empörtes Hupkonzert anstimmten. Ups.

Also beendete die Fahrerin den U-Turn, während Adrien und ich in schallendes Gelächter ausbrachen, das noch Stunden später hochbrandete, wenn wir uns an diese Szene erinnerten. Das Komischste daran war, dass keiner von uns auch nur eine Sekunde darüber nachgedacht hatte, was wir da taten. Diese Generation Selfie ist auf Lächeln konditioniert. Bemerkenswert, wie weit dies reicht.

In einem persischen Computerladen braucht man in etwa so viel Geduld wie in der Notaufnahme eines Klinikums am Wochenende. Drei Stunden später verließen wir den Laden wieder. Erfolglos.

Draußen blies ein eisiger Wind und wir sahen zu, dass wir zurück in die Stadt kamen. Dort besuchten wir Peshman und seine Frau – zwei weitere Freunde, die Adrien beim Ashura-Fest kennen gelernt hatte. Beide arbeiteten als Kunsthandwerker und verzierten in mühevoller Kleinstarbeit Silberschalen mit einem Hammer und den zugehörigen Werkzeugen. Es bedarf unerschöpflicher Geduld, all diese winzigen Figuren, Schriftzüge und Ornamente in eine solche Schale zu hämmern. Als wir im Anschluss an unseren Besuch in einem der Silberläden zu Gast waren, wo Peshmans Arbeiten verkauft werden, fragte ich mich dennoch, wer dergleichen kauft. Es steckt unermesslich viel Arbeit in diesen Stücken, gewiss, kaufen jedoch würde ich sie nie und nimmer – völlig unabhängig davon, dass eine solche Silberschale an die zweieinhalb Tausend Euro kostet.

Was ich an Adrien bewunderte, war seine Engelsgeduld im Umgang mit Menschen, die kein Englisch sprachen. Er war zwar bereits seit einem Monat im Iran und sein Farsi umfasste ein paar Worte mehr als meins, dennoch legte er eine Ausdauer an den Tag, was diese Konversationen anging, die mir gänzlich abging. Solche Gespräche erschöpften mich und ließen mich völlig erschlagen zurück. Selbst auf die Gefahr hin, unhöflich zu wirken, vermied ich es, sie in die Länge zu ziehen – nicht so jedoch Adrien, dessen Mimik und die einzelnen Wortfetzen, die er den Gesprächspartnern darbot, für allgemeine Heiterkeit sorgten. Ich beneidete ihn um dieses Talent, zugleich aber dachte ich mir, dass ich es womöglich nicht anders wollte. Ich hatte irgendwann im Laufe der Jahre gelernt, Dinge zu meiden, die mich unverhältnismäßig viel Energie kosteten und derlei Kommunikationsversuche über einen längeren Zeitraum fielen darunter.

Immer wieder auf dieser Reise durch Georgien, Armenien und den Iran stellte ich fest, dass diese Länder zwar nicht so untouristisch sein mochten, wie ich es erwartet hatte, dass die Reisenden aber anders waren als diejenigen, die mir in Indien begegnet waren. Vielleicht war das der untouristischste Aspekt, den ich auf einer globalisierten Welt erwarten durfte: Reisende, die versuchten, den weniger ausgetretenen Pfaden zu folgen, ganz so wie es diejenigen getan hatten, die Jahrzehnte zuvor Indien bereist hatten.

Garmeh
Die Einsamkeit der Wüste

14. November 2014

Stille. Das ist das Besondere an der Wüste. Ich saß auf einem Sandhügel. Ringsumher war es still. In diesem Moment schien es mir, als hätte ich nie zuvor Stille erlebt. Wahre Stille.

Garmeh ist eine Oase ungefähr 400 Kilometer von Esfahan entfernt, in der Nähe einer kleinen Stadt names Khoor. Als Alex, ein Medizinstudent, und ich im Dunkeln in Garmeh ankamen, hatten wir beiden den gleichen Gedanken, ohne dass einer von uns ihn ausgesprochen hätte: Das ist ja nur ein stinknormales Dorf.

Morgens dann wachte ich um halb sechs auf. In meinem kleinen Zimmer auf dem Dach des Lehmhauses war es empfindlich kalt und ich musste mich durch das ganze Haus hinunter zur Toilette begeben. Der erste Streifen Morgenröte zierte den Horizont. Obwohl ich hundemüde war, konnte ich meinen ersten Sonnenaufgang inmitten der Wüste nicht verpassen. Es war bitterkalt auf dem Dach des Ateshooni-Gasthauses, also hüllte ich mich in alle Klamotten, die ich dabeihatte.

Langsam, ganz langsam kroch der Tag heran. Mir wurde klar, dass Alex und ich falsch gelegen hatten: Keineswegs handelte es sich bei Garmeh um ein normales Dorf.

Eine nach dem anderen, so schien es, tauchten die Palmen aus dem Dunkeln auf. Tatsache – dieser Ort war eine Oase. Eine Oase, wie ich sie mir vorstellte, vielleicht ohne den zughörigen See in der Mitte, der mein Bild davon vervollständigt hätte.

Kleiner Tipp am Rande: Mach keine Selfies, wenn Du im wahrsten Wortessinne noch nicht geradeaus schauen kannst. Abgrunderfahrung! Ich musste sie sofort löschen und habe beschlossen, mich nie mehr morgens um halb sechs irgendjemandem zu zeigen. Sei's drum, dieser Vorsatz dürfte nicht schwer in die Tat umzusetzen sein, wenn ich mir mein Leben so ansehe.

Die Tage in Ateshooni waren Entspannung pur. Inmitten der Dast-e Kavir-Wüste gab es nichts zu tun, außer auf die nächsten Mahlzeiten zu warten, ein wenig umherzuspazieren und die Ruhe zu genießen. Das tat mir gut, war ich doch in den wenigen Tagen im Iran schon viel herumgekommen.

Den ersten Abend verbrachte im Gespräch mit Ali, einem Iraner aus Shiraz, der eine Reisegruppe aus Norwegen begleitete. Zwischen Ali und mir bestand von Anfang an eine Verbindung. Er sprach ausgezeichnet Englisch und wir unterhielten uns über Stunden, wobei ich ihn darum bat, mir einige Ausdrücke auf Farsi beizubringen. Nach einer Weile meinte er, ich könne ihn auf jeden Fall in Shiraz besuchen kommen und bei ihm wohnen, wenn er von seiner Tour zurück sei. Das fand ich großartig, wollte ich doch gern die Erfahrung machen, in einem iranischen Heim zu leben. Dann rief er einen Freund in der Stadt Kerman an – Ehsan – und fragte den, ob er Lust habe, mich für ein paar Tage bei sich aufzunehmen. Ehsan sagte sofort zu.

Ich war begeistert – vor allem, weil ich mich so gut mit Ali verstand, dass ich wusste, es wäre keinerlei Stress für mich, bei ihm oder seinen Freunden unterzuschlüpfen.

Am zweiten Abend stieß eine 20-köpfige Gruppe deutscher Frauen zu uns, die alle im Iran lebten. Durch die Reiseleiterin dieser bisweilen interessanten, bisweilen anstrengenden Mischpoke erfuhr ich an meinem vorletzten Tag in Ateshooni ein wenig mehr darüber, was es bedeutete, in einer Oase ein Hostel aufzumachen, über das im *Lonely Planet* berichtet wurde.

Eine Oase besteht aus einer eingeschweißten Gemeinschaft von Menschen, die auf engstem Raum zusammenlebt – und das inmitten einer ausgesprochen unwirtlichen Umgebung. Die Wüste ist des Menschen Feind, da es dort kein Wasser gibt. In unserer hoch technologisierten Umwelt wird uns kaum bewusst, welch Damoklesschwert über den Menschen schwebt, wenn sie Gefahr laufen, ohne Wasser dazustehen.

Kleine Gemeinschaften neigen dazu, sich gegen äußere Einflüsse zu sperren. Auch haben sie oftmals konservativen Charakter. Nicht anders verhält es sich mit der Dorfgemeinschaft in einer Oase. Alles Fremde ist den Menschen verdächtig. Sie fassen es als Bedrohung auf. Das gilt nicht minder für einen Heuschreckenschwarm von Touristen, der mit einem Mal über einen Ort wie Garmeh herfällt und mehr Wasser verbraucht als die restliche Dorfgemeinschaft zusammen. Die Begeisterung der Oasenbewohner darüber ist leicht vorstellbar.

In einer Oase gibt es in der Regel einen Mann, der für das Wasser verantwortlich ist. Diese Aufgabe wird von einer Generation an die nächste vererbt. Man mag sich nun denken, dass es sich hierbei um eine höchst ehrenvolle Angelegenheit handelt – das ist indes nur eine Seite der Medaille. Zugleich lastet ein immenser Druck auf der Person, die dieses Amt innehat. Ohne Trinkwasserversorgung gibt es in der Oase kein Überleben.

Oftmals geht die Verantwortung gar soweit, dass Söhne von Wasser-Verantwortlichen einer Oase sich das Leben nehmen, wenn der Vater stirbt. Ein Entkommen aus dieser Pflicht gibt es nämlich nicht. Sich abzusetzen, beispielsweise in die Hauptstadt Teheran, hat keinen Sinn, weil der Flüchtige aufgespürt und zurückgeholt werden würde.

Als nun das Ateshooni-Guesthouse mit einem Mal einen höheren Wasserverbrauch aufwies als das restliche Dorf, beschlossen die Männer der Oase einstimmig, die Verantwortung für das Wasser auf den Gastwirt Maziyar zu übertragen.

Auch ist eine Dorfgemeinschaft von knapp 200 Seelen überfordert von den Strömen von Touristen, die seit der Aufnahme des Guesthouses in den *Lonely Planet* in die Oase einfallen. Selbstverständlich kann man sich Schöneres vorstellen, als morgens die Haustür zu öffnen und als erstes in die weit geöffnete Linse einer Canon-Kamera zu blicken.

Was mich erschreckte, war, dass die Aufnahme in den *Lonely Planet* tatsächlich über finanzielle Zuwendung erfolgt. Vermutet hatte ich das längst, es nun aus fremden Mündern bestätigt zu hören, war dennoch etwas Anderes.

Auch der Titel des Reiseführers wirkt heutzutage angesichts seiner Popularität wie der blanke Hohn. Mit Sicherheit kann der Reisende sich darauf verlassen, dass die Orte, die im *Lonely Planet* positiv oder gar enthusiastisch besprochen werden, binnen Kurzem alles andere als einsam sind.

In Maziyars Fall verhielt es sich nun nach dem Motto *Die Geister, die ich rief.*

Dennoch wünsche ich ihm Glück, hat Maziyar es doch bislang vermocht, einen heimeligen Ort zu schaffen, an dem ich mich ausgesprochen wohlfühlte. Abends setzte der Musiker Maziyar sich zu den Gästen und erfreute sie mit Trommel-, Didgeridoo- und Schellenklängen. Auch wurden in Ateshooni alle Mahlzeiten gemeinsam eingenommen, was rasch ein Gefühl von Gemeinschaft aufkommen ließ.

Das Haus selbst, aus dem ortsüblichen Gemisch aus Lehm und Stroh erbaut und innen mit Teppichen ausgelegt, vermittelte das Gefühl von Exotik und Abenteuer, zumal ich das Glück hatte, auf dem Dach eines der schönsten Zimmer dort zu bekommen.

Letztlich hinterließ ein solcher Aufenthalt also einen zwiegespaltenen Eindruck. Eine tolle Zeit war es, so viel stand fest, aber im Endeffekt war auch ich einer der Touristen, die das Gleichgewicht einer solchen Oase empfindlich stören. Das auszublenden wollte mir nach all dem, was ich dort erfuhr, nicht mehr gelingen.

Dor-dor und Nasen-OPs
Jugend im Iran (Yazd und Kerman)

17. November 2014

„Dann fahren wir die Straße wieder hinunter. Wenden. Fahren die Straße wieder hinauf. Drehen um. Fahren runter. Manchmal über Stunden. Immer im Kreis. All die schönen Mädchen sind hier. Wenn wir Glück haben, können wir einem oder mehreren unsere Nummer geben." Dariush strahlt mich aus seinen schwarzen Sternaugen an. „Außerdem *driften* wir mit dem Auto."

„Driften?", frage ich.

„Ich bin ein sehr guter Drifter", nickt er stolz. „Willst Du es sehen?"

Vorsichtshalber lehne ich ab. Ich habe schon so eine Vorstellung. Und tatsächlich bedeutet driften, während der Fahrt die Handbremse anzuziehen und den Wagen herumzureißen.

Das stundenlange Auf- und Abfahren im Kreis nennt sich *Dor-Dor*. In Ermangelung von Bars, Kneipen oder Clubs ist es abends die beliebteste Vergnügung der iranischen Jugend. Was sonst sollten sie auch tun? Die Wünsche und das Verlangen von Jugendlichen sind überall auf der Welt gleich. Dagegen konnte noch kein Regime zu keiner Zeit etwas ausrichten.

Dariush, Amin, Sooroosh und Mehrdad sind Freunde von Ehsan, der mich in Kerman bei sich aufgenommen hat, weil sein Freund Ali ihn aus der Wüste angerufen und ihn darum gebeten hatte. Ehsan war ein Business-Man wie er im Bilderbuch steht – ohne Telefon am Ohr konnte ich ihn mir bereits nach wenigen Tagen kaum vorstellen. Seine Frau Alyeh bestätigte das und grinste, als ich sie fragte, ob er immer so viel telefoniere.

Zwischen seinen Telefonaten war Ehsan ein ausgesprochen zuvorkommender und warmherziger Zeitgenosse, der seinen 9-monatigen Sohn Parsa über alles liebte. Das fiel einem nicht schwer – der Kleine grinste den ganzen Tag und freute sich. Mich starrte er meist erst fassungslos an, bevor er das Gesicht zu einem breiten Grinsen verzog.

Als Ehsan mich am zweiten Abend zum Shazde-Garten in Mahan brachte, beschlossen die vier Jungs, uns zu begleiten. Wie so oft hatte ich als Tourist im Iran das Gefühl von Wechselseitigkeit: Wir als Touristen besuchten die Touristenattraktionen, waren zugleich selbst aber die Attraktionen für die jungen Iraner (ob diese neun Monate oder Anfang 20 waren, spielte dabei kaum eine Rolle).

So überraschte es mich nicht, als die vier darauf bestanden, dass ich in ihrem Auto mitfahren solle, als wir den Shazde-Garten verließen und nach Mahan fuhren.

Es war einer der Momente, die ich nicht vergessen würde: Ich fand mich umringt von einem Chor von Jungs, die gemeinsam ihr Repertoire an iranischen Volksliedern zum Besten gaben, auf einer Autobahn wieder. Es war herrlich.

Später lernte ich eine der Kuriositäten Kermans kennen: Mais-Ali. Ein Besuch bei ihm, einem Mann mittleren Alters, der die ganze Straße mit vorlauten Sprüchen unterhielt, während er den Mais-Grill mit einem elektrischen Ventilator antrieb, war Pflichtprogramm für einen gelungenen Abend in Kerman.

Nachdem die vier Jungs mich zum Pizza-Essen eingeladen hatten – selbstverständlich kam es nicht in Frage, dass ich bezahlte, schließlich war ich Gast – brachten sie mich zu Ehsan nach Hause. Er war schon früher zurückgefahren, da Parsa im Auto zu schreien begonnen hatte.

Als wir uns verabschiedeten, fragte Dariush, ob ich einen iranischen Kuss wolle. Ich lächelte ihn an und lernte die iranische Art, sich unter Freunden zu verabschieden, kennen – drei Küsse auf die Wangen.

Der Iran war ein Land, das mich berührte.

Meine Gastgeber Ehsan und Alyeh waren zauberhaft zu mir - obschon sie mich nie zuvor gesehen hatten. Sie nahmen mich nicht nur bei sich auf, verköstigten mich und stellten mich der ganzen Familie vor, sondern sorgen auch für Rund-um-die-Uhr-Entertainment.

Mit Kind und Kegel zogen wir durch Kerman, besichtigten Hamam, Basar, und Bibliothek. Danach ging es in ein traditionelles iranisches Restaurant, wo es für mich, wen überraschte es, mal wieder Auberginen gab.

Als Ehsan am zweiten Morgen meines Aufenthalts in Kerman für einige Stunden arbeiten musste, bat er seinen Cousin Rahman, der kein Wort Englisch sprach, mich umherzuführen. Unser Gespräch verlief vermittels meines *Farsi-Frasebooks*, den paar Brocken, die ich unterdessen sprach, Körpersprache und jeder Menge gutem Willen. Schnell kristallisierte sich heraus, dass es uns beiden lieber war, eine *Qalyun* (das Farsi-Wort für Wasserpfeife) zu rauchen, als Sehenswürdigkeiten anzuschauen.

Trotz unserer eingeschränkten Verständigungsmöglichkeiten hatten wir jede Menge Spaß. Rahman, weil er merkte, dass ihm meine Gegenwart die Aufmerksamkeit der Umstehenden bescherte und ich, weil ich feststellte, dass Kommunikation eben auch ohne Worte auskam.

Kerman war eine der weniger touristischen Städte im Iran. Dennoch war mein Aufenthalt dort bei Weitem interessanter als der in Yazd zuvor. Das lag sicherlich daran, dass mir der Austausch mit Menschen mehr bedeutete als Sightseeing.

Ehsans Bruder fragte mich am ersten Tag in Kerman, was meine Hobbys seien. Es fiel mir schwer, diese Frage zu beantworten – tat es immer, weil *Hobby* für mich irgendwie so ein 80-er Relikt war, das im Poesiealbum gleich unter der Frage nach dem Lieblingsessen stand. Im Laufe des Tages kam mir eine Antwort in den Sinn: Wenn es etwas gab, was ich als mein Hobby bezeichnen könnte, war es der Versuch, zu verstehen. Was auch immer und wen auch immer. Selbst wenn Ehsans Bruder wieder einmal einer war, der mich fragt, ob ich Hitler gut fand – und offensichtlich ein Ja als Antwort erwartete – versuchte ich unterdessen, das zu verstehen. Bei der Häufigkeit dieser für uns Deutsche so absurden Frage wurde mir jedenfalls einmal mehr klar, wie unvorstellbar groß der Einfluss von Medien und Regierung ist. Ahmadinedschad mit seiner Israel-feindlichen Einstellung und seiner Verleugnung des Holocausts hatte derlei Thesen in den Köpfen der Menschen wohl verstärkt. Dass sie bereits zuvor dort waren, bezweifle ich nicht. Allzu oft begegnete mir die Frage, ob mir klar war, dass der Name *Iran* den gleichen Ursprung wie das Wort Arier habe.

Mittlerweile aber scheute ich mich nicht mehr, dazu Stellung zu beziehen. Die verwunderten Blicke nahm ich gern in Kauf. Ich glaube nicht an Rassen. Wenn die Iraner mir dann von der Ähnlichkeit zwischen den Deutschen und den Persern vorschwärmen, bitte ich sie nur, mich und sich selbst anzusehen und frage sie, wo genau sie diese Ähnlichkeit zu erkennen vermeinten. (Damit hier keine Missverständnisse aufkommen: Das sollte keineswegs wertend gemeint sein. Nur bin ich blond und hellhäutig, während die Menschen, die mir gegenüberstanden, stets schwarzhaarig und dunkelhäutig waren.)

Ohnehin, versicherte ich ihnen, sei es mir egal. Für mich zählen weder Rasse, Religion, Hautfarbe noch sexuelle Gesinnung, sondern einzig und allein, um welche Art Mensch es sich bei meinem Gegenüber handelt.

Dann erzählte ich davon, dass ich sowohl gute israelische wie auch amerikanische Freunde habe. Und das, obwohl ich mit der Politik der israelischen Regierung ebenso wenig einverstanden sei, wie mit der amerikanischen. Meist konnte ich das unwidersprochen stehen lassen.

In Yazd verbrachte ich zwei Tage, bevor ich nach Kerman kam. Yazd war eine Wüstenstadt. Die Altstadt träumte vor sich hin, sodass Ruhe herrschte, selbst wenn im November nicht die Hitze der ausschlaggebende Grund sein konnte. Mehr als 22 Grad dürfte es nicht gehabt haben. Die Gemütlichkeit blieb bestehen.

Da die Temperaturen im Sommer auf über 50 Grad ansteigen, ist das Stadtbild geprägt von Windtürmen. Windtürme stellen natürliche Klimaanlagen dar. Auf den Dächern befinden sich in alle Richtungen offene Lehm-Türme, in denen sich der Wind fängt. Von dort aus wird er ins Haus hinabgeleitet, um es zu kühlen.

In Yazd unterzukommen war billig – eine Übernachtung mit Frühstück im traditionellen Orient-Hotel kostete gerade mal 2o Touman, also 4,80 Euro. Bislang vermutlich die günstigste Hostel-Übernachtung im Iran. Im Normalfall kostete eine Übernachtung im Schlafsaal um die 8 Euro.

Beim Herumstreifen durch die Gassen der Stadt traf ich alte Bekannte wieder: Massimo, einen Italiener, dem ich den Tipp mit Garmeh verdankte, und Shan, eine Chinesin, die ich in Esfahan kennen gelernt hatte. Wir beschlossen am Folgetag einen Ausflug in die Region zu machen, da Yazd selbst nicht allzu viel zu bieten hatte.

Unser Ziel war die Ruinenstadt Kharanaq. Die Überreste der Stadt sind 3000 Jahre alt. Wie beinahe überall im Iran hieß es, zunächst Ödland und Weite zu durchqueren, um nach Kharanaq zu gelangen. Die Atmosphäre war beeindruckend.

Leider waren unsere anderen Ausflugziele, Chak-Chak, eine Pilgerstädte der Zoroastrier, und die Stadt Meybod nicht gleichermaßen faszinierend. Dass unser Tour-Guide den Esprit eines Latein-Lehrers hatte, machte es nicht eben besser. Zum Glück hatten wir Massimo an Bord, der es mit seiner witzigen Art stets schaffte, mir ein Lächeln aufs Gesicht zu zaubern.

Chak-Chak liegt inmitten eines Felsmassivs. Das Feuer dort brennt als Zeichen der Zoroastrier seit anderthalb Jahrtausenden. Die Anlage selbst war dennoch nicht besonders ansprechend gestaltet. Erinnerte an ein Gefängnis, bemerkte Massimo treffend.

Spannend waren allerdings das Eis-Haus und der Tauben-Turm in Meybod. Das Eishaus wurde seinerzeit genutzt, um während des Sommers Eis zur Verfügung zu haben. Es handelt sich um eine Lehm-Ziegel-Konstruktion mit dicken Mauern und einer Kuppel obenauf. Im Inneren geht es in ein mehrere Meter tiefes Becken hinunter.

Kaum vorstellbar, dass es möglich war, das Eis des Winters ohne Hilfe von Elektrizität über die Gluthitze des iranischen Sommers zu retten. Gewonnen wurde das Eis in einem schattigen Becken im Hofe des Eishauses. Sobald das Wasser im Winter gefror, wurde das Eis herausgebrochen und ins Eishaus geschafft.

Die Taubentürme, die es im Iran allenthalben gibt, dienten verschiedenen Zwecken. Der Tauben-Kot, der sich in den Türmen ansammelte, wurde als Dünger verwendet – jedoch nicht, ohne dass er zuvor gewässert wurde. Unverdünnt hätten die Ausscheidungen die Pflanzen verätzt. Taubenfleisch und Taubeneier wurden gegessen – beidem wurden unterschiedliche Heilwirkungen zugeschrieben.

Zwei Stunden später als geplant erreichten wir nach unserem Tagesausflug schließlich Yazd, von wo aus ich mit Hängen und Würgen noch meinen Bus nach Kerman erreichte.

Zum Abschluss will ich noch über ein Thema erzählen, das mich beschäftigt, seit ich im Iran unterwegs bin.

Von Anfang fielen mir junge Menschen ins Auge – Männer wie Frauen –, die ein weißes Pflaster auf der Nase tragen. Irgendwann fragte ich Ali Reza, meinen Begleiter in Esfahan, was es damit auf sich habe. Er bestätigte, was ich bereits vermutet hatte: Die Pflaster verbargen die Überreste von plastischen Eingriffen.

Im Iran ist es unter jungen Erwachsenen en vogue, sich die Nase richten zu lassen. Die Menschen versprächen sich davon, so Ali Reza, eine bessere Partie auf dem Heiratsmarkt zu machen. Das Problem sei allerdings nicht nur die naive Eitelkeit, die sich dahinter verberge, sondern auch, dass im Iran aufgrund der Sanktionen keine guten Medikamente erhältlich seien. Viele der Nasenpatienten erwachten gar nicht erst wieder aus der Narkose.

Natürlich auch eine Möglichkeit, sich keine weiteren Sorgen um die Chancen auf dem Heiratsmarkt machen zu müssen.

Obwohl es widersinnig war, weil es letztlich keinerlei Rolle spielte, erschreckte es mich, dass ich mehr Männer als Frauen sah, die sich einer solchen Nasen-OP unterzogen hatten. Vermutlich empfand ich dies als verwunderlich, weil in unserer Kultur traditionell eher Frauen unter das Joch von Schönheitsidealen gezwungen werden. Im Iran jedenfalls schwappte eine Welle von plastischen Operationen als Modeerscheinung übers Land – ähnlich wie im Westen Piercings oder Tattoos.

Irgendwo tief drinnen verursachte mir das eine eisige Kälte. Vielleicht war das aber ebenso spießig, wie wenn die ältere Generation in den westlichen Ländern angesichts von Piercings oder Tätowierungen die Nase rümpft.

Shiraz
Stadt der Poeten

10. Dezember 2014

Die Plakette mit der Nummer 1 lag verloren in meiner Hand. Gebieterisch hielt ich sie noch einmal hoch. Der Busfahrer sah mich verständnislos an.

„Luggage?", fragte ich.

Er zeigte in den leeren Kofferraum des VIP-Buses. So sehr ich mich bemühte, auch ich konnte dort kein Gepäck entdecken.

Es war morgens um halb acht, am Tag vor meiner Rückreise nach Deutschland. Ich stand in Esfahan am Busbahnhof und hatte kaum geschlafen, was nicht zuletzt daran lag, dass unser ursprünglicher Bus eine Panne hatte. Nachts um drei hatten sämtliche Fahrgäste in einen anderen Bus umsteigen müssen. Da wir allerdings zwei Stunden inmitten von Nirgendwo gestanden hatten und währenddessen an die 500 Mal die Klappe des Kofferraums auf- und zugeschlagen wurde, hatte ich nicht damit gerechnet, dass sich niemand um das Gepäck kümmern würde, sondern war den anderen Fahrgästen arglos in den neuen Bus hinterher getappt.

Ein Fehler, wie sich nun erwies. So unvorstellbar es schien, hatte offenbar keiner der anderen Gepäck im Kofferraum gehabt.

Ich riss mich zusammen. Noch hatte ich einen Tag. Einen Tag, den ich durchaus in den gleichen Klamotten und ohne Zahnbürste oder derartige Luxusartikel verbringen konnte, ohne dass es mich aus dem Gleichgewicht bringen sollte. Der Fahrer bedeutete mir, ihm zu folgen. Im Gegensatz zu seinen Kollegen am Schalter sprach er einige Worte Englisch. Am Ende sagte er mir, dass das Gepäck am nächsten Morgen um acht da sein werde.

Mal sehen, dachte ich bei mir und machte mich ohne meinen schweren Rucksack auf dem Rücken auf den Weg zum Amir-Kabir-Hostel.

Zuvor aber war ich im Süden. Die vorletzte Station auf meiner Reise war Shiraz (oder zu Deutsch Schiras) – Stadt der Poeten, wie mir bereits ein Ehepaar Wochen zuvor in Armenien erzählt hatte. Nach einem ausgiebigen Frühstück im 4-Sterne-Hotel – nein, ich hatte nicht im Lotto gewonnen, aber das Buffet kostete sage und schreibe 2,40 Euro – holte mich Ali ab, der Tourguide, den ich im Ateshooni-Gasthaus in der Wüste kennen gelernt hatte (http://www.myirantour.com – Falls du vorhast, in den Iran zu fahren, kann ich dir Ali nur wärmstens ans Herz legen).

Da er und seine Frau in Sadra wohnten, einem Vorort von Shiraz, der mit 200 000 Einwohnern die Größe einer eigenen Stadt hatte, deponierte ich mein Gepäck in dem Hotel, in dem ich gefrühstückt hatte. Obwohl ich dort beinahe vier Stunden zubrachte, um zu frühstücken und auf Ali zu warten, waren die Rezeptionisten einfach nur nett zu mir. Sie boten mir sogar an, mein Gepäck dort zu lassen – und das, obwohl ich nicht einmal Gast des Hauses war. Typisch Iran.

Schnell merkte ich, dass Ali seine Reiseführer-Qualitäten kaum unterdrücken konnte – er bombardierte mich mit historischen Details und Anekdoten zu allen Sehenswürdigkeiten der Stadt. Gleich zu Beginn bremste ich ihn jedoch und bat ihn, mein Freund und nicht mein Tourguide zu sein. Das aus zweierlei Gründen: Zum einen kam er gerade von einer mehrwöchigen Tour mit norwegischen Touristen zurück und hatte sich ein paar freie Tage redlich verdient, zum anderen genügte es mir oft, Dinge zu sehen und zu spüren, ohne allzu viel über sie zu erfahren. Die Namen persischer Monarchen und Dynastien, die ich nie zuvor gehört hatte und mir ohnehin nicht merken konnte, waren dabei wenig hilfreich. Auch begann ich mich, nach beinahe drei Wochen im Iran, an Moscheen sattzusehen. Es wurde Zeit, Sightseeing-technisch einen Gang runterzuschalten.

Der Höhepunkt in Shiraz war das Grabmal des Poeten Hafez. Ali meinte gar, es sei sein liebster Ort in ganz Iran. In der Tat ist Hafez' Mausoleum außergewöhnlich. Das liegt nicht nur an der schönen Gestaltung – es liegt in einem weitläufigen Garten –, sondern auch daran, dass stets die Klänge persischer Musik erklingen, ganz wie Hafez es sich in seinem Vermächtnis gewünscht hatte. Hunderte, wenn nicht Tausende von Menschen pilgern Tag für Tag zu dieser Grabstätte, um Hafez ihre Referenz zu erweisen.

Goethe höchstselbst, der Hafez in seinem West-östlichen Divan ein Denkmal gesetzt hat, würde vor Neid wohl erblassen, sähe er all die jungen Iraner, die noch zu Beginn des 21. Jahrhunderts aus freien Stücken Hafez' Dichtungen zitieren, wohingegen seine eigene Dichtung bei jungen Deutschen eher erzwungenermaßen konsumiert wird.

Als wir nun am Grabmal standen, begann Ali Gedichte von Hafez zu rezitieren – auf Farsi und auf Englisch. Obwohl ich auf Farsi kein Wort verstand, musste ich rasch meinen Blick senken, um die Tränen zu verbergen, die mir in die Augen traten. Auch die Umstehenden warfen ihm bewundernde Blicke zu. Vielleicht war es das, was diesen Ort so besonders macht: Er lag irgendwo außerhalb der Zeit, in einer Welt, die nie ganz real war.

Hafez, der als Nationaldichter des Iran gilt, widmete sich in seinen Werken hauptsächlich den Themen Wein und Weib – eine Tatsache, die beim herrschenden Islambild überraschend schien. Waren im Iran nicht Alkohol verboten und die Frauen hatten sich zu verhüllen, um nicht die Begierden des Mannes zu wecken?

Allerdings lieferte mir Ali umgehend eine Erklärung für dieses Paradoxon: Natürlich seien Rausch und Begehren nur metaphorisch zu verstehen, als Rausch und Begehren, die einen in der Liebe zu Gott erfassten.

Ich runzelte die Stirn, ließ es aber dabei bewenden. Wie Hafez diese Deutung seiner lebensfrohen und Diesseits-orientierten Dichtungen empfunden hätte, werden wir niemals erfahren. Womöglich war es meiner westlichen Arroganz zu verdanken, dass ich dergleichen nicht auf metaphysische Freuden uminterpretierte.

Am Abend fuhren Ali und ich schließlich mit verschiedenen Sammel-Taxis nach Sadra, wo seine Frau Shima uns bereits erwartete. Shimas Familie kam auf eine Stippvisite vorbei und lud uns für den folgenden Abend zum Essen ein – vegetarisch, was bei den meisten Iranern gemeinhin kaum mehr als ein Achselzucken auslöst. Shimas Vater war politisch höchst interessiert und Ali musste den Übersetzer für unsere Diskussion spielen.

War ich zu Beginn meiner Tage im Iran noch zurückhaltend, was Meinungsäußerungen in Bezug auf Politik anging, hatte ich diese Zurückhaltung inzwischen aufgegeben, da ich ein ums andere Mal mit der Offenheit der Menschen dort konfrontiert worden war. Nach all den kritischen Tönen, die ich bezüglich Regierung und islamischer Revolution gehört hatte und nach dem wenig subtilen Aufbegehren der Frauen gegen das Kopftuchgebot, sprach ich frei von der Leber weg. Interessanterweise begegnete mir in all den Gesprächen, die ich führte, eines nie: Amerika-Feindlichkeit. Ganz im Gegenteil – die iranische Bevölkerung schien sich wesentlich mehr an den USA zu orientieren als die Deutschen. Für viele galt Amerika als das gelobte Land, war gar Ziel von Auswanderplänen.

Letztlich war auch dies nicht verwunderlich: Menschen lassen sich ihre Geisteshaltungen ungern von der Regierung vorschreiben.

Für mich waren die Tage mit Ali in Shiraz erfüllt von neuen Eindrücken und vielerlei Unternehmungen. Wiederum war es ungewohnt, dass alles für mich geplant und organisiert wurde. Glücklicherweise gelang es mir, rasch zu akzeptieren, dass ich nicht um meine Meinung bezüglich meines Tagesablaufes gefragt wurde, sondern dass einfach entschieden wurde.

Vermutlich verdiente Shiraz den Titel *Stadt der Poeten* nicht, läge nur Hafez hier begraben. Doch auch Saadi, der zweite der großen persischen Poeten, fand in Shiraz seine letzte Ruhestätte.

Saadis Grabmal lag ebenfalls in einem weitläufigen Garten. Auch sein Mausoleum war mit vielerlei Ornamenten verziert, nur fehlte die Musik, die der Begräbnisstätte des Hafez' ihre besondere Aura verlieh. So lockte Saadis Grab auch weniger Besucher an als das des Hafez'.

Die letzte große Station auf meiner Iran-Reise war schließlich die Ruinenstadt Persepolis. Als wir dort ankamen, fanden wir ein für den Iran ungewöhnliches Szenario vor: Der Himmel war grau, es war windig und Sand wirbelte durch die Luft. Ein kleiner Sandsturm.

Die Ruinen von Persepolis sind 2500 Jahre alt, aber gut erhalten, da sie beinahe ebenso lange unter Sand verborgen lagen. Alexander der Große zerstörte die Stadt im Jahre 330 vor Christus – da war sie gerade mal zweihundert Jahre alt. Erst vor knapp hundert Jahren wurde der Großteil davon in Ausgrabungen freigelegt.

Die Ruinen der Stadt strahlen etwas aus, dem ich mich nicht entziehen konnte. Die Reliefs am Aufgang zum größten Palast der Stadt, der Apadana, sind so gut erhalten, dass noch heute die Herkunft der unterschiedlichen Besucher zu erkennen ist, die dem persischen Herrscher ihre Aufwartung machten und dafür verewigt wurden. Symbolisch wurden ihnen unterschiedliche Tiere, Kleidungsstücke oder Frisuren zugeordnet, um anzuzeigen, aus welchem Teil des seinerzeit riesigen persischen Reiches sie kamen.

Nach dem Besuch der Ruinenstadt nahm ich am selben Abend den Nachtbus nach Esfahan. Du erinnerst Dich: der, aus dem ich morgens ohne mein Gepäck wieder ausstieg.

Obwohl mein Flug vom Ayatollah Khomeini Flughafen 30 Kilometer südlich von Teheran aus ging, hatte ich beschlossen, meine Heimreise von Esfahan aus zu beginnen. Nach meinem Aufenthalt in Teheran zog es mich nicht zurück ins Chaos und den Gestank der Megalopolis. Hinzu kam, dass mein Rückflug um fünf Uhr morgens startete, sodass die beste Lösung schien, von Esfahan aus den Nachtbus zu nehmen, war das doch zugleich die einzige Gelegenheit, vor dem Flug noch eine Mütze Schlaf zu erhaschen. Außerdem hielt der Bus direkt vor dem Flughafen, fuhr einmal stündlich und kostete wohl ein Sechstel dessen, was ich für ein Taxi aus Teheran gezahlt hätte.

Durch schieren Zufall lief ich am ersten meiner beiden Tage in der Millionenstadt Esfahan wieder Ali Reza über den Weg. Er fuhr mit dem Fahrrad an mir vorbei, erkannte mich sofort und kümmerte sich den Rest der Zeit um mich.

Ich freute mich, nach Esfahan zurückzukehren, wusste ich doch, dass das Wasser zurück war.

Wasser zurück?, wirst Du Dich nun fragen. Aber so war es. Während meines ersten Aufenthaltes dort führte der Zayandeh-Fluss kein Wasser – so wie den Großteil eines jeden Jahres. Die Regierung lässt den Fluss vor Esfahan stauen und leitet ihn in eine trockenere Region um. Ergebnis ist, dass sich ein ausgedörrtes Flussbett durch die Stadt und unter den historischen Brücken hindurch schlängelt. Nun aber war das Wasser zurück und das Flussufer wurde zum Vergnügungspark. Überall saßen Menschen und plauderten, flanierten am Ufer entlang, rauchten Qalyun oder lagen einfach nur in der Herbstsonne.

Von Ali Rezas Telefon rief ich noch einmal meinen Freund Ali in Shiraz an und erzählte ihm, dass mein Rucksack auf dem Weg verschollen sei, woraufhin er meinte, er kümmere sich darum. Interessanterweise war ich trotz des Verlusts meines Gepäcks den ganzen Tag über entspannt. Als unterdessen erfahrener Iran-Reisender dachte ich mir: Nichts wird geschehen. Die Menschen hier sorgen dafür, dass nichts geschehen wird.

Und so war es auch. Ali rief mich am selben Nachmittag zurück. Mein Gepäck sei jetzt am Busbahnhof, sagte er.

Unglaublich. Ali Reza bot mir an, mich mit dem Auto dorthin zu fahren und das Gepäck abzuholen.

Meinen letzten Tag verbrachte ich auf dem Basar in Esfahan. Der große Unterschied zu einem Basar in Indien ist, dass niemand mir etwas aufschwatzen wollte.

Am letzten Abend dann besuchte ich mit Ali Reza ein Qalyun-Bar, wo wir solange Qalyun rauchten, bis es knapp wurde, meinen Bus zu erwischen. Aber natürlich ließen Ali Reza und sein Cousin es sich nicht nehmen, mich zum Busbahnhof zu fahren. Ich hatte nichts anderes erwartet.

Iran kompakt
ein Abgleich zwischen Realität und Befürchtung

18. Dezember 2014

Von ungläubigen Blicken, Unverständnis bis zu Kommentaren wie „Das macht mir Bauchschmerzen" oder „Ich bin in Sorge" erntete ich alle möglichen Reaktionen, als ich Freunde und Familie wissen ließ, dass ich plante, in den Iran zu fahren. Das kam nicht von ungefähr.

Seit den Terroranschlägen vom 11. September 2001 hat der von George W. Bush proklamierte *Clash of Cultures* Ausmaße angenommen, die zuvor unvorstellbar gewesen wären. Vorurteile, Missverständnisse und Angst beherrschen das Denken vieler Menschen bezüglich des Islam.

Es beginnt schon bei unsauberen Begrifflichkeiten. Die Vermengung der Worte Muslim und Islamist bleibt bei der Häufigkeit der Verwendung des letztgenannten nicht aus. Ein folgenschwerer Irrtum, da der durchschnittliche muslimische Gläubige mit den radikalen Islamisten ähnlich viel zu tun hat, wie der durchschnittliche Christ mit dem Ku-Klux-Klan. Nichtsdestoweniger gilt gerade die Islamische Republik Iran – spätestens seit George W. Bushs Ausspruch von der *Achse des Bösen* – als Brutstätte des Übels auf der Welt.

Inwiefern hat dies mit der Realität zu tun? Muss der Reisende im Iran um Leib und Leben fürchten?

Antworten auf häufige Fragen

1. Wie ist das mit Frauen im Iran?
Nach meinen Erfahrungen in Indien, wo ich zwei Monate lang praktisch mit keiner einheimischen Frau sprach, weil die Trennung der Geschlechter unhinterfragt funktioniert, rechnete ich damit, dass dies im Iran ähnlich wäre. Ich erwartete von Kopf bis Fuß verhüllte Frauen, von denen einzig die Augen zu sehen wären. Als ich dann über die Straßen Teherans, Esfahans oder anderer iranischer Städte lief, staunte ich nicht schlecht. Es schien Mode zu sein, das gesetzlich vorgeschriebene Kopftuch so weit hinten wie irgend möglich zu tragen. Unter dem Hidschab sind viele iranische Frauen stark geschminkt und tragen moderne westliche Kleidung, die wohl auch auf den Straßen von Paris kein Aufsehen erregen würde.

Natürlich gibt es auch Frauen, die es mit dem Verschleierungsgebot anders halten. Je religiöser eine Frau ist, desto weiter geht die Verschleierung. Es gibt also durchaus Frauen, deren Körper komplett schwarz verhüllt ist. Auch gibt es heilige Orte, wo Frauen sich komplett verhüllen müssen – manche Schreine beispielsweise. Dort können entsprechende Tücher allerdings entliehen werden.

Meiner Erfahrung nach hassen viele Frauen im Iran das *Hidschab*-Gebot. (Hidschab bedeutet Schleier.) Sobald sie ihr Zuhause betreten, nehmen sie die unerwünschte Kopfbedeckung ab. Wenn Besuch kommt, tragen sie den Schleier je nach Religiosität des Besuchers. In meiner Gegenwart verzichteten die meisten Frauen im Haus darauf, den Hidschab zu tragen, es sei denn, sie selbst waren streng religiös.

Das Tragen des Hidschabs hat indes keinerlei Auswirkung auf das Verhalten gegenüber Männern. Die Frauen im Iran verhielten sich mir gegenüber ausgesprochen offen. Viele Frauen und Mädchen sprachen mich als westlichen Touristen auf der Straße an. Oft geschah dies auch, wenn die ganze Familie dabei war, sodass beispielsweise Väter ihre Töchter drängten, mit mir zu sprechen, sodass diese ihre Englisch-Kenntnisse erproben konnten.

Der Anteil von Frauen in Bildungseinrichtungen ist überdurchschnittlich hoch, weshalb Ex-Präsident Ahmadinedschad an den Universitäten gar eine Männer-Quote erließ. Dieser Umstand wird die Entwicklung der Frauenrechte in Zukunft sicherlich maßgeblich beeinflussen.

Dennoch ist die religiös motivierte Geschlechter-Trennung tief ins Bewusstsein der iranischen Bevölkerung eingedrungen. Als Mann dürfte ich eine Frau beispielsweise nicht berühren, es sei denn, sie wäre mit mir verheiratet oder entstammte meiner engsten Familie. Also auch kein Händedruck zur Begrüßung, geschweige denn eine Umarmung! Auch in öffentlichen Verkehrsmitteln wie Bussen wäre es undenkbar, dass ein Mann sich auf einen freien

Platz neben eine Frau setzt. Sollte kein anderer Platz frei sein, wird umgesetzt, und das mit größter Selbstverständlichkeit.

Als Reisende im Iran haben Frauen allerdings, soweit ich das aus meiner männlichen Perspektive zu beurteilen vermag, nicht mit Problemen zu rechnen. Auch Ausländerinnen müssen zwar ein Kopftuch tragen, ansonsten aber fiel mir nie auf, dass sie irgendwelche Probleme gehabt hätten. Selbstverständlich steht es ausländischen Frauen frei, neben männlichen Touristen im Bus zu sitzen.

2. *Kann ich mich im Iran frei äußern oder komme ich dann ins Gefängnis?*

Sicherlich sollte in einem autoritär geführten Staat wie dem Iran Bedachtsamkeit bei öffentlich getätigten Aussagen eine Rolle spielen. Zu Beginn meiner Reise hielt ich mich mit Meinungsäußerungen bezüglich Politik und Religion stark zurück. Je mehr ich aber beobachtete, wie die Iraner selbst mit diesen Themen umgingen, umso mehr verlor ich meine Hemmungen. Ob dies naiv war, weiß ich nicht.

Iranische Oppositionelle haben auch im Jahr 2014 mit Repressalien zu rechnen. Das private Äußerungen zu solchen führen würden, wage ich zu bezweifeln. Zumindest konnte ich bei den Menschen, mit denen ich sprach, keinerlei Zurückhaltung erkennen.

Auch habe ich von keinem anderen Touristen gehört, der diesbezüglich Probleme gehabt hätte.

Die Stimmung vieler Menschen im Iran ist, im Gegensatz zur offiziell vertretenen Linie, pro-amerikanisch. Viele Iraner empfinden die USA als gelobtes Land und neigen mehr als die Europäer dazu, die negativen Aspekte der amerikanischen Hegemonial-Politik auszublenden. In den drei Wochen meines Aufenthaltes sprach ich mit etlichen Iranern, deren Ziel es war, in die USA oder nach

Kanada auszuwandern. Inwiefern sich dies in Zeiten eines Präsidenten Trump geändert haben mag, kann ich nicht beurteilen.

Die Einstellung der Menschen gegenüber der eigenen Regierung schien mir gemeinhin kritisch zu sein. Viele halten gravierende Veränderungen im Leben der Iraner nur für eine Frage der Zeit. Auch die Meinung, dass es in Ordnung sei, wenn die Dinge sich langsam veränderten, kam mir immer wieder zu Ohren. Der Iran ist 35 Jahre nach der muslimischen Revolution noch immer ein stark westlich orientiertes Land.

3. Wie sieht es im Iran aus? Ist der Iran ein „Entwicklungsland"?

Als ich mit dem Bus von Yerevan nach Teheran fuhr, war das Erste, was mir morgens auffiel, die Qualität der Straßen. Nicht, dass mich das besonders interessierte, aber im Vergleich zu sämtlichen Ländern, die ich in diesem Jahr bereist hatte, war der Unterschied enorm. Das ganze Land ist durchzogen von größtenteils sechsspurig ausgebauten Autobahnen, die in einem Top-Zustand sind.

Die Iraner selbst mäkeln oft über den Stand ihrer Entwicklung. Da es für Iraner aber ausgesprochen schwierig ist, ein Visum für die EU oder die USA/ Kanada zu bekommen, haben die meisten keine Auslandserfahrungen. Die wenigsten Menschen, die ich traf, hatten den Iran je verlassen. Das lag allerdings nicht daran, dass es ihnen seitens der Regierung verboten wäre.

Der Verkehr in den Städten ist halsbrecherisch. Das Stadtbild, mit all den blinkenden Läden und der für uns fremdartigen Schrift, erinnert eher an asiatische Großstädte als an Europa.

Eines der größten Probleme für den westlichen Touristen (allem voran im November, wenn es bereits um 17 Uhr dunkel wird) ist, dass es im Iran keinerlei Kneipen oder Bars, geschweige denn Clubs gibt, wo man seine Abende verbringen könnte. Das soziale Leben ist somit stark von der religiösen Herrschaft geprägt. Alkohol ist verboten. Tanzen ebenso. Es gibt allerdings wohl dennoch Menschen, die zu Hause trinken und Partys feiern. Ich selbst habe das aber nicht erlebt. Was es an sozialen Orten gibt, sind Qalyun-Cafés, wo Wasserpfeife geraucht wird. Frauen sind hier für gewöhnlich nicht erwünscht. Bei Touristinnen werden jedoch Ausnahmen gemacht.

Bezüglich technischer Entwicklungen ist der Iran im Vergleich zu Deutschland ein paar Jahre hinten dran. Smartphones sind noch nicht so verbreitet wie hier – Handys allgemein allerdings schon, nur haben die Menschen teils noch ältere Modelle.

Das Internet ist im Iran verbreitet, allerdings bisweilen sehr langsam. Viele Seiten sind von Staats wegen gesperrt, sodass ein VPN-Tunnel nötig ist, um auf Facebook oder teilweise nur auf den normalen Mail-Account zuzugreifen. Das frisst Zeit. Viele Iraner haben nichtsdestoweniger einen Facebook-Account.

Es lässt sich kein System erkennen, welche Seiten von der iranischen Regierung gesperrt werden. Insofern bist Du als Tourist gut beraten, Dich vorher um einen VPN-Tunnel zu kümmern.

4. Wie werde ich als Westler behandelt? Beäugen mich die Leute kritisch? Sind sie unfreundlich zu mir? Ist es gefährlich für mich?

Ich habe noch in keinem Land Menschen erlebt, die mich mit solchem Interesse, solcher Offenheit und Gastfreundschaft behandelt haben wie im Iran. Es gab keinen einzigen Moment, in dem ich das Gefühl gehabt hätte, mich in Gefahr zu befinden. Selbst in Momenten wie dem Verlust meines Rucksacks kurz vor meiner Rückreise blieb ich entspannt, weil ich zu diesem Zeitpunkt bereits gelernt hatte, dass die Iraner sehr gut darin sind, sich um dich zu kümmern. Die persische Gastfreundschaft geht somit weiter als alles, was ich bislang erlebt hatte. Die Menschen dort gaben mir ein Gefühl der Sicherheit und des Aufgehoben-Seins.

Was mich am meisten beeindruckte, war, dass dies gänzlich ohne finanzielles Interesse geschah. Im Iran über einen Basar zu laufen ist ein Vergnügen, weil niemand versucht, dir etwas aufzuschwatzen. Wenn Menschen dich auf der Straße ansprechen, geschieht das nie, um dich in ein Geschäft zu zerren – gänzlich anders als in Indien, wo ich mir oft wie ein *walking wallet* vorkam und die Menschen mit allerlei Tricks arbeiten, um Touristen auszunehmen.

5. Wie ist das mit der Sprache? Kann ich mich im Iran überhaupt orientieren oder sind alle Schilder nur auf Farsi geschrieben? Sprechen die Menschen Englisch?

Allen Unkenrufen zum Trotz sind die meisten Straßenschilder im Iran zweisprachig. Auf den Autobahnen gibt es Hinweisschilder auf Farsi und einige Meter später auf Englisch. In den meisten Restaurants gibt es zweisprachige Speisekarten. Nur in kleineren Fast-Food-Läden kommt es bisweilen vor, dass die Speisen einzig in Farsi aufgelistet sind. Zeigen hilft dann weiter. Oder nach einem iranischen Gast Ausschau zu halten, der dir im Normalfall mit Freuden zur Seite steht, so er Englisch spricht.

Was die Menschen auf der Straße angeht, sprechen die meisten Menschen zumindest ein paar Brocken Englisch, allem voran die jüngere Generation. Ältere Menschen sprechen bisweilen kein Englisch, sind aber dennoch stets redlich bemüht, mit Dir zu kommunizieren. Das kann bisweilen ein wenig anstrengend werden – je nachdem, ob Du ein Farsi-Frasebook hast oder selbst ein wenig Farsi sprichst. Farsi ist für uns Westler nicht eben einfach zu lernen, vor allem nicht in ein paar Wochen. Bei Menschen unter 40 findest Du auch Leute, die ein Englisch sprechen, das dem vieler Europäer in nichts nachsteht.

Das Schöne ist ohnehin, dass die Iraner im Allgemeinen eine Engelsgeduld an den Tag legen, wenn es darum geht, sich mit dir zu verständigen. Einige der schönsten zwischenmenschlichen Erlebnisse hatte ich mit Menschen, die kein Englisch sprachen, meinem Farsi-Frasebook und jeder Menge gutem Willen. Dazu muss man allerdings in Stimmung sein.

6. Was darf ich im Iran auf keinen Fall tun? Was muss ich beachten, um mich nicht in Schwierigkeiten zu bringen?

Du solltest auf keinen Fall Fotos von militärischen Anlagen, Soldaten oder Polizisten machen. Das kann schnell ins Auge gehen. Der Iran wird von einem autoritären Regime regiert. Selbst wenn das in deinem Alltagsleben als Tourist keinerlei Rolle spielt, gilt es, dies im Hinterkopf zu bewahren. Komm auch nicht auf die Idee, Militäranlagen aus einem fahrenden Bus zu fotografieren. Es sei denn, du bist scharf darauf, ein paar Nächte in einem iranischen Gefängnis zu verbringen und die Gepflogenheiten bei Gericht kennen zu lernen.

Ansonsten gelten die üblichen Regeln: Respektiere die Religion der Menschen und ihre religiösen Gebräuche. Du bist im Iran prinzipiell überall herzlich willkommen, seien es religiöse Zeremonien, das Gebet in den Moscheen, Schreine etc. Es ist nur natürlich, dieser Offenheit mit dem gebührenden Respekt zu begegnen. Fragen zu Islam und muslimischen Ritualen aller Art beantworten dir die Iraner stets bereitwillig.

7. Kann ich als Schwuler in den Iran fahren oder ist das ein Problem?

Homosexualität sollte keinesfalls öffentlich zur Schau gestellt werden, da sie im Iran verboten ist und mit rigorosen Strafen belegt wird.

Persönlich habe ich auf Reisen wenig Probleme damit, mich als asexuelles Wesen zu begreifen und meine Homosexualität, die ja ohnehin nur eine von vielen Facetten meiner Persönlichkeit ist, für die Zeit der Reise in den Hintergrund treten zu lassen.

Ich erzählte nur einem Iraner davon, dass ich schwul bin, und das war Ali, mein Freund und Tourguide, bei dem ich das Gefühl hatte, ihm das anvertrauen zu können. Selbst für ihn war diese Information schwer verdaulich. Er lachte erstmal zehn Minuten lang, was wohl eine Übersprunghandlung war, da er keine Ahnung hatte, wie er mit diesem Thema umgehen sollte. Danach allerdings stellte es kein weiteres Problem zwischen uns dar. Vermutlich war ich der erste Schwule, dem er wissentlich in seinem Leben begegnet war.

Fazit:

Wenn ich nur eine Sache nennen dürfte, die ich auf dieser Reise gelernt habe, wäre es Folgende: Was Länder wie den Iran angeht, bist du gut beraten, nicht allen Medien-Berichten uneingeschränkt Glauben zu schenken. Der Iran, den ich erleben durfte, hatte nichts mit dem zu tun, was mir im deutschen Fernsehen und der Presse über Jahre hinweg gebetsmühlenartig vorgekaut worden war.

Deshalb mein Rat: Wenn Dich irgendein Ort aus welchem Grund auch immer interessiert – fahr hin, bilde dir dein eigenes Urteil. In der heutigen Zeit ist das möglich.

Das ist keine Aufforderung dazu, jede Vorsicht außer Acht zu lassen. Sehr wohl allerdings ist es eine Aufforderung, ein gesundes Misstrauen walten zu lassen.

Letztlich sind wir, egal, wo wir uns auf diesem Planeten aufhalten, egal, wo wir leben, vor allem eins: Menschen.

Lasst uns das nie vergessen, wenn wir dabei sind, über andere zu urteilen. Uns verbindet viel mehr, als uns trennt. Wir alle sind Menschen.

Danksagung

Allen voran gebührt mein Dank den Menschen, die ich auf meinen Reisen über die Jahre hinweg kennenlernen durfte und die mein Leben seither bereichert haben.

Was dieses Buch angeht, gilt mein besonderer Dank meiner Mutter, Anneliese Uhlich, die mit vollem Einsatz ein Korrektorat meiner Texte geleistet und mich auch ansonsten bei diesem Projekt liebevoll begleitet und unterstützt hat.

Für das wundervolle Cover danke ich Alf Streitberger – ohne ihn wäre das nicht möglich gewesen.

Für ihre Geduld bei der Beantwortung meiner Tausenden von Fragen, ihre Freundschaft und die großartige Arbeit bei Buchsatz und Erstellung des E-Books gebührt mein Dank Kia Kahawa (https://www.kiakahawa.de/).

Nicht unerwähnt lassen möchte ich an dieser Stelle auch Jasmin Zipperling, die mir in der Phase vor Fertigstellung des Buches mit Rat und Tat zur Seite stand und stets Zeit und Muße aufbrachte, um meine Unsicherheiten durch ihre Euphorie auszugleichen. Danke dafür!

Für die Erstellung der Website zu diesem Buch danke ich Diogo Miguel Santana Abrantes da Silva, auf den bei Not am Mann immer Verlass ist.

Und natürlich danke ich dem Rest meiner engsten Familie: Britta Uhlich, Hans-Peter Uhlich, Uschi Frank, Stefan Frank und Jan Frank, auf deren Unterstützung ich, komme was wolle, zählen darf. Ich weiß das sehr zu schätzen.

Weiterhin geht ein Dank an meine Tante, Gabi Stengel, für die Unterstützung bei der Titelfindung. Einen Abend lang bombardierte sie mich mit Vorschlägen; aber ohne sie wäre ich wohl nicht auf *Kuriositäten* gekommen und der Titel klänge jetzt wie der eines Kochbuchs.

Und – weit weg, doch niemals fern – meine Freunde, auf die ich seit Jahren unverbrüchlich zählen kann:

Caro Hack, Julie Alderson, Marion Streitberger, Mario Gliemann, Nic Santa, Nine Riedel, Pauline Riedel, Ursula Hetzel, Barbara Prinz, Natascha Lindo, Gabriel Luciani, Sylvie Volz, Eva Blenk und Nika Sachs.

Mögt ihr mit diesem Buch auch wenig zu tun gehabt haben, so habt ihr mit meinem Leben doch ALLES zu tun.

Nicht weniger weiß ich die Liebe und Unterstützung meiner neuen Freunde in Lisboa zu schätzen: Hugo Miguel Azevedo Vaz, Ricardo André Silva Ramos, Joana Calais Leitão Carvalho Mendes, Simon Scharf, Marieta de Jesus Morais Garcias und Gustavo Pita Soares.

Ohne euch würde ich dieses Abenteuer niemals überstehen! Danke, dass es euch gibt!

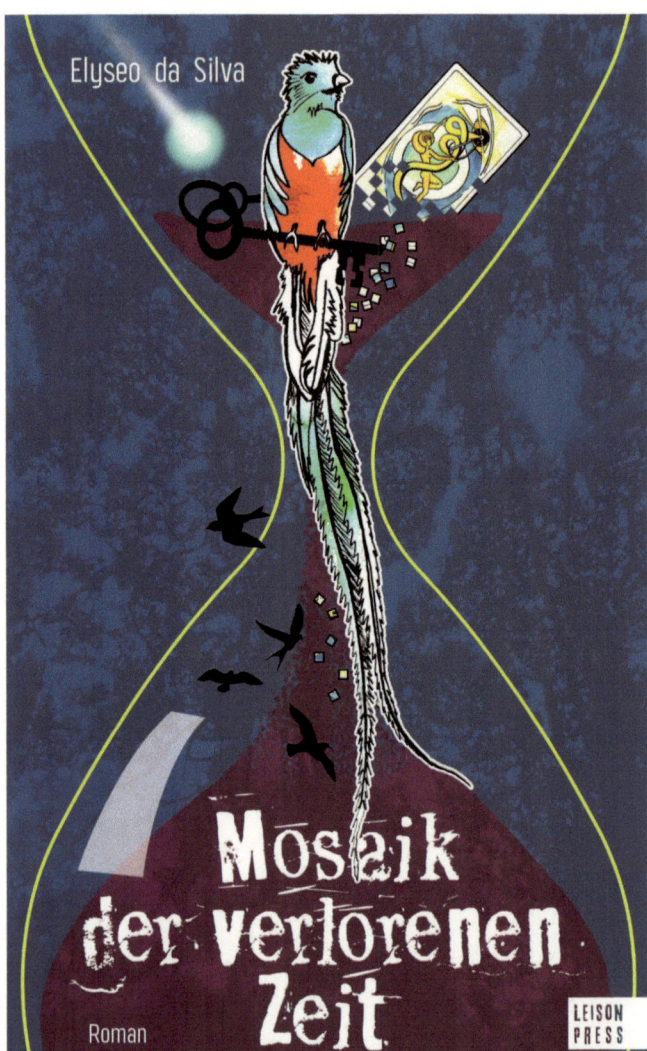

Elyseo da Silva

Mosaik der verlorenen Zeit

Roman

LEISON
PRESS

Mosaik der verlorenen Zeit
Ein kaleidoskopischer Roman

Leser-Meinungen zum *Mosaik der verlorenen Zeit*:

„Dieser Roman ist eine tiefgründige Zeitreise über Generationen, Nationen und Kontinente hinweg. Die unterschiedlichen Erzählstränge sind wie Mosaiksteinchen, die sich irgendwann zu einem Gesamtbild zusammenfügen."
Petruschka auf *amazon.de*

„Es erinnert an die große südamerikanische Erzähltradition, wie Elyseo da Silva Geschichten und Geschichte zu einem ganz und gar unerwarteten Plot verbindet."
Amazonkunde auf *amazon.de*

„Wie man aus Bruchstücken Mosaike legt und was man in diesem facettenreichen Bild am Ende der Reise letztlich erkennt, das mag für jeden Leser eigene Farben und Formen haben."
Kundin aus Nürnberg auf *thalia.de*

„Großes Kino."
Brigitte Cleve auf *amazon.de*

„Die feinfühligen Beschreibungen und derben Wahrheiten überraschen ebenso, wie sie verwirren, und doch ergibt alles einen Sinn."
The Bunny auf *amazon.de*

„Ein Buch, bei dem man am Ende gerne wieder von Neuem anfangen möchte."
Amazonkunde auf *amazon.de*

www.mosaikderverlorenenzeit.de